TABLEAU HISTORIQUE

DES MALHEURS

DE LA

SUBSTITUTION,

PAR M^{R.} D'ACHÉ.

CINQUIEME TOME,

Seconde partie.

A VOROUX GOREUX.

CHEZ L'AUTEUR.

Tout exemplaire qui ne porteroit point la signature de l'Auteur, doit être regardé comme d'édition contrefaite, & probablement fautive.

DOUZIÈME MÉMOIRE

JE commencerai mon douzième Mémoire par l'abrégé de notre histoire en vers François; & puis je donnerai une suite d'événements des princes de la maison régnante. Dans l'abrégé de notre histoire, bien des gens ont comme confondu nos princes & les usurpateurs, dans les titres, le rang, le nom, l'ordre, le nombre de nos rois; c'est une copie que je donne: la donnerai avec exactitude. Je la prendrai dans le Recueil des époques les plus intéressantes de l'Histoire de France, par M. Viard fils, maître d'histoire & de géographie; édition de Paris, 1770.

ABRÉGÉ DE L'HISTOIRE DE FRANCE EN VERS.

PREMIÈRE RACE

De 22 rois Mérovingiens.

420. I. roi. PHARAMOND.

PHARAMOND des François fut chef et premier roi.
On croit qu'il établit cette fameuse Loi
Que l'on nomme *Salique*, et par qui la couronne
Dans cet état puissant aux seuls mâles se donne.

428. II. roi. CLODION-LE-CHEVELU, son fils.

Clodion, second roi, surnommé *Chevelu*,
Fit la guerre aux Romains, & deux fois fut vaincu.

447. III. roi. MÉROVÉE, élu.

Mérovée après lui fut élu roi de France ;
Sa valeur fut son droit, et non pas sa naissance.
Digne de ce haut rang, ce roi se signala
Aux plaines de Châlons, où le fier Attilla,
Roi des Huns, et fléau de la nature entière,
A cent mille des siens vit mordre la poussière.

458. IV. roi. CHILDÉRIC I, son fils.

Childéric, de l'état par son peuple chassé,
Vit un fier étranger sur son trône placé.
Il brava chez Bazin par son intempérance,
Les loix, le droit des gens et la reconnoissance.
Ce Roi, dans ses états dut son heureux retour
Au zèle ingénieux d'un seigneur de sa cour :
Il revint en vainqueur ; on oublia ses vices :
Et de son peuple alors il devint les délices.

481. V. roi. CLOVIS I, son fils.

Clovis fut un héros, mais trop peu modéré.
Du sang de ses parents il fut trop altéré.
Soissons, et Tolbiac, et Vouillé, pour sa gloire
Retentirent trois fois des chants de la victoire ;
Un miracle éclatant lui désilla les yeux ;
Il abjura l'erreur et quitta les faux dieux.

511. VI. roi. CHILDEBERT I, son fils.

Clodomir et Thierry, Childebert et Clotaire,
Partagèrent entr'eux les états de leur père ;
Coutume fort contraire au bonheur de l'état,
Qui ternissoit du trône et la gloire et l'éclat.
Childebert par le sort eut Paris en partage.
Ce roi fut libéral, eut beaucoup de courage ;
Mais trop ambitieux, fut dans sa cruauté
Sourd a la voix du sang et de l'humanité.

558. VII. roi. CLOTAIRE I, son frère.

Clotaire devenu roi de toute la France,
De son père Clovis réunit la puissance.
Il vainquit les Saxons, et son fils criminel ;
Mais il punit ce fils en père trop cruel.

562. VIII. roi. CARIBERT, son fils.

La France en quatre parts fut encore divisée.
Caribert ne montra qu'une ame efféminée ;
Et ce prince à l'amour abandonnant son cœur,
Préféra la mollesse au soin de sa grandeur.
Sigebert, Chilpéric & Gontran gouvernèrent
L'état qui leur échut, alors qu'ils partagèrent :
Sigebert roi de Metz, Chilpéric de Soissons,
Et Gontran d'Orléans, si fertile en moissons.

567. IX. roi. CHILPÉRIC I, son frère.

Chilpéric hérita des états de son frère.
Néron de ses sujets, cruel, et sanguinaire,
Il se souilla du sang des plus grands de sa cour :
A son épouse même il fit ravir le jour
Pour partager son trône avec une furie
Dont on connoît assez l'affreuse barbarie,
Et qui voyant ses jours par son crime en danger,
Prévint ce roi barbare, et le fit égorger

584. X. roi. CLOTAIRE II, son fils.

Clotaire deux son fils, fut roi sous la régence
De cette femme impie, et bientôt sa prudence
Lui mérita les noms de Juste et de grand Roi.
Au Saxon indomptable il sut donner la loi ;
Mais envers Brunehault barbare en sa justice,
Il livra cette reine au plus affreux supplice.

6

Affable, libéral, brave, et législateur,
Il sut rendre à nos loix leur ancienne vigueur.

628. XI. roi. DAGOBERT I, son fils.

Dagobert sout'nt bien son rang et sa puissance,
Et le Gascon rébelle éprouva sa vaillance.
Il fonda Saint Denis, où son corps fut porté,
Ainsi que ceux des rois de sa postérité.

638. XII. roi. CLOVIS, son fils.

Clovis second, son fils, fut foible et sans courage.
Son frère eut l'Austrasie à titre d'apanage.
Sous ce roi le premier surnommé *Fainéant*,
Le trône est avili, l'état est languissant:
Et le maire absorbant la puissance suprême,
Usurpera bientôt l'honneur du diadême.
La famine à la France aussi se fit sentir:
Ce peuple gémissoit, et pour le secourir
Clovis de Saint Denis enleva les richesses,
De Dagobert son père éclatantes largesses.

660. XIII roi. CLOTAIRE III, son fils.

Le troisième Clotaire en sa fleur moissonné,
N'eut de roi que le nom, quoiqu'il fût couronné;
Et le maire abusant d'une injuste puissance,
A la sage Batilde enleva la régence.
Cette reine avoit fait sous son gouvernement
Régner avec l'honneur la bonté seulement;
Mais le perfide Ebroin, monstre affreux d'avarice,
Fit régner à son gré l'orgueil et l'injustice.

668. XV. roi. CHILDÉRIC II, son frère.

Childéric deux, son frère, au trône fut placé.
Bientôt de la vertu ce prince abandonné,

Parut voluptueux, injuste, sanguinaire.
Il vainquit Ebroïn combattant pour son frère,
Et tous deux dans un cloître il les fit enfermer:
Mais toujours plus cruel, loin de se réformer,
Bodillon outragé pour venger son injure,
De ce prince odieux délivra la nature.

673. XV. roi. THIERRY 1, son frère.

Thierry son successeur fut du cloître tiré ;
Mais ce roi fainéant fut si peu révéré,
Que Pepin profitant de sa foiblesse extrême,
Le vainquit, et garda l'autorité suprême.

690. XVI. roi. CLOVIS III, son fils.

Le troisième Clovis ne régna que cinq ans.
Il fut de tous nos rois un des plus fainéants,
Et Pepin d'Héristel conservant sa puissance,
Fut l'amour des François et l'honneur de la France.
Digne en effet du trône et rempli de douceur,
Il sut faire admirer ses vertus, sa valeur.

695. XVII. roi. CHILDEBERT II, son frère.

Childebert deux succède à Clovis trois son frère ;
Mais quoique vertueux, foible jouet du maire,
Il ne put d'un sujet rabaisser la grandeur,
Ni du trône avili relever la splendeur.

711. XVIII. roi. DAGOBERT II, son fils.

Dagobert deux son fils porta peu la couronne:
Au valeureux Pepin trop foible il s'abandonne.
Celui-ci tout puissant et maître de son roi,
Sage et toujours heureux au Frison fait la loi.
Son fils Charles Martel, digne fils d'un tel père,
Hérita du pouvoir de cet illustre maire.

718. XIX. roi. CLOTAIRE IV.

Clotaire élu par lui ne régna que deux ans :
On ne sait ce qu'il fit, ni s'il eut des enfants,

719. XX. roi. CHILPÉRIC II, fils de Childéric II.

Chilpéric Daniël enfin tiré du cloître,
Vit du brave Martel la puissance s'accroître.
Ce Héros sut fixer la fortune en tous lieux,
Et deux fois du monarque il fut victorieux.
Chilpéric étoit brave, actif, plein de prudence :
Le bonheur de Martel lui ravit sa puissance.
Il combattit toujours, loin d'être fainéant,
Et du sort, le mérite est seul indépendant.

721. XXI. roi. THIERRY II, de Chelles, fils de Dagobert. II.

Thierry deux après lui porta le diadême.
Sous son règne, où Martel fut plus roi que lui-même.
Le Sarrasin vaincu, le Frison terrassé,
Le Bourguignon soumis, l'Aquitain rabaissé,
De ce héros heureux, chéri de la victoire,
Ont illustré le nom au temple de mémoire.

743. XXII. roi. CHILDÉRIC III, l'Insensé, son fils.

Childéric trois, son fils, surnommé *l'Insensé*,
Après un interrègne au trône fut placé.
L'ambitieux Pepin que la gloire environne,
Avec la liberté lui ravit la couronne.
Ce roi fut le dernier des Mérovingiens,
Et Pepin le premier des Carlovingiens.

DEUXIÈME RACE

De XIII rois Carlovingiens.

750. XXIII. roi PEPIN LE-BREF, fils de Charles Martel.

PEPIN, nommé *le Bref*, fut élu roi de France.
Ce roi fit respecter & chérir sa puissance.
Il abolit enfin les dangereux emplois
De ces maires rivaux et tyrans de leurs rois,
Plus puissants dans l'état que le monarque même,
Et bravant dès long-temps l'orgueil du diadême.
Du Siège apostolique il fonda la grandeur,
Et fut toujours du pape un zélé défenseur.
La valeur, de ce roi fut le noble apanage,
La victoire en tous lieux seconda son courage,
Trois fois du fier Astolphe il fut l'heureux vainqueur,
Et l'Aquitain rébelle éprouva son grand cœur.

768. XXIV. roi. CHARLEMAGNE & CARLOMAN, ses fils.

Charlemagne héritier des vertus de son père,
Réunit tout l'empire à la mort de son frère.
Ce roi, de ses voisins la terreur et l'effroi,
Détrôna le Lombard, au Saxon fit la loi,
Soumit le fier Breton, conserva l'Aquitaine,
Et défendit les droits de l'Eglise romaine.
Politique profond, brave et grand conquérant,
Il rétablit l'éclat du sceptre d'occident.

814. XXV. roi. LOUIS I, le Débonnaire, son fils.

Louis son successeur, surnommé *Débonnaire*,
Empereur et roi foible, et trop malheureux père,

10

Du trône fut deux fois par ses fils renversé,
Deux fois en dépit d'eux il y fut replacé.

840. XXVI. roi. CHARLES LE CHAUVE, son fils.

Son fils Charles-le-Chauve eut la funeste gloire
A ses frères ligués d'arracher la victoire,
Et Fontenai témoin de ce combat affreux,
Vit des torrents de sang rougir ses champs poudreux.
Les barbares sous lui répandus dans la France,
Désolèrent l'état, bravèrent sa puissance,
Et les Normands cruels sortis du fond du nord,
Semèrent en tous lieux la terreur et la mort.
Ce prince couronné dans Rome et dans Pavie,
Mourut empoisonné, revenant d'Italie.

877. XXVII. roi. LOUIS II, le Bègue, son fils.

Louis deux, dit *le Bègue*, eut beaucoup d'équité,
Mais il se servit mal de son autorité,
Et les seigneurs soustraits à son obéissance,
Usurpèrent bientôt la suprême puissance.

879. XXVIII. roi. LOUIS III. & CARLOMAN, ses fils.

Il eut pour successeurs Louis trois, Carloman,
Qui furent la terreur du farouche normand.
Et le trône peut fait pour souffrir de partage,
Les vit régner ensemble, et régner sans ombrage.
Ces deux princes avoient des vertus, de l'honneur,
Et montrèrent toujours la plus haute valeur.
Louis régna deux ans, l'autre un peu davantage,
Ils moururent tous deux à la fleur de leur âge.

884. XXIX. roi. CHARLES-LE-GROS.

Charles nommé *le Gros*, empereur d'occident,
Vint régner pour le simple encore trop enfant;

Mais ce roi malheureux que chacun abandonne,
Avec le jugement perd aussi la couronne.
Autrefois souverain de tant d'états puissants,
Dans l'opprobre il finit des jours trop languissants.

888. XXX. roi. EUDES, élu.

Eudes sans aucun droit que sa valeur extrême,
Par un choix glorieux reçut le diadême.
Deux fois le fier normand éprouva sa valeur,
Et deux fois de ce peuple il fut l'heureux vainqueur.
Courageux et prudent, bien fait de sa personne,
Digne par ses hauts faits de porter la couronne,
Ce prince eut les vertus d'un roi d'élection.
La grandeur de l'état fut son ambition.

898. XXXI. roi. CHARLES-LE-SIMPLE, fils de Louis-le-Bègue.

Charles-le-Simple enfin au trône de ses pères,
Trouva dans ses vassaux de puissants adversaires.
Ce roi céda sa fille et le champ Neustrien
Au brave et fier Rollon qui se rendit chrétien :
Vaincu par un sujet, il perdit la couronne,
Et mourut dans les fers, enfermé dans Péronne.

924. XXXII. roi. RAOUL, élu.

Raoul fut un grand roi, sage et plein de valeur,
L'honneur du trône enfin, mais un usurpateur.
Devant lui le hongrois, le féroce Bulgare,
Perdirent tout-à-coup leur audace barbare.

936. XXXIII. roi. LOUIS IV, d'Outremer, fils de Charles-le-Simple.

Louis quatre du nom, surnommé d'*Outremer*,
Vengea Charles-le-Simple en punissant Herbert.

Il voulut de Richard enlever l'héritage ,
Mais le chef des danois rabaissa son courage.
Dans la fleur de son âge il termina son sort ;
Un accident fatal fut cause de sa mort.
Il étoit courageux, mais un peu trop facile,
Il eut fait un grand roi dans un état tranquille ;
Mais le trône ébranlé , le trouble en ses états,
Exigeoient des talents que ce roi n'avoit pas.

954. XXXIV. roi. LOTHAIRE , son fils.

Son successeur Lothaire, actif, prudent et sage,
Contre le fier Othon signala son courage,
Mais ce roi généreux, digne d'un meilleur sort,
Trouva dans son palais le poison et la mort.

986. XXXV. roi. LOUIS V, le Fainéant, son fils.

Du dernier de ce sang Louis remplit la place.
Il n'eut rien des vertus des héros de sa race.
Au mépris des François il fut abandonné ,
Et par Blanche sa femme il fut empoisonné.

TROISIÈME RACE

De XXXI rois Capétiens.

987. XXXVI. roi. HUGUES CAPET.

Capet, qui des François mérita la couronne,
N'avoit aucun des droits que la naissance donne ;
Mais il étoit actif, prudent, plein de valeur,
Généreux, politique , et doué d'un grand cœur.
Il sut gagner du peuple et l'amour et l'estime,
Il prit et renferma son prince légitime,
Et fixant dans Paris sa demeure et sa cour,
Il en fit de nos rois le plus brillant séjour.

996. XXXVII. roi. ROBERT, fon fils.

Robert son successeur, humain, prudent et sage,
Eut toutes les vertus pour premier apanage,
Mais rebelle à l'église ainsi qu'aux loix du sang,
Il se vit foudroyer du fond du vatican.
Ce prince réunit la Bourgogne à la France :
On le vit peu jaloux d'augmenter sa puissance,
Refuser un empire et ce sceptre éclatant
Qui soumit l'univers aux loix de l'occident.
On le met justement au rang des meilleurs princes,
Sa bonté s'étendit sur toutes ses provinces ;
Roi de ses passions comme de ses sujets,
Sa mort causa des pleurs et de justes regrets.

1031. XXXVIII. roi. HENRI I, fon fils.

Henri son fils aîné régna malgré sa mère.
Il céda la Bourgogne au duc Robert son frère,
Et volant au secours du célèbre bâtard ;
Il sut de la victoire arborer l'étendard.
Ce prince belliqueux, de valeur héroïque,
Fut un roi plein d'honneur, pieux et politique.
La maison de Savoye et celle des Lorrains,
Ont pour tiges Gérard, Humbert aux blanches mains.

1060. XXXIX. roi. PHILIPPE I, fon fils.

Philippe trop peu sage, éprouva la vaillance
D'un héros outragé, terrible en sa vengeance :
Il méprisa la gloire, il avilit son cœur,
Et suivit ses penchants aux dépens de l'honneur.
Godefroi sous son règne, armé d'un saint courage,
Tira Jérusalem d'un honteux esclavage,
Et se vit proclamer par un choix glorieux,
Souverain des chrétiens opprimés dans ces lieux.

1108. XL. roi. LOUIS VI, le Gros, son fils.

Louis six, dit *le Gros*, commença cette guerre,
Qui jusqu'à Charles sept occupa l'Angleterre,
Et porta le premier ce divin étendard
Qui descendit du ciel, si l'on en croit Froissard.
Du sort à Brenneville il connut l'inconstance,
Mais il fit au germain redouter sa puissance.
Aux seigneurs peu soumis il sut donner la loi:
Un peu de politique en eût fait un grand roi.

1137. XLI. roi. LOUIS VII, le jeune, son fils.

Louis sept à Vitri barbare en sa colère,
Souleva par son crime et le ciel et la terre,
Mais sensible aux avis du bienheureux Bernard,
Contre les sarrasins il leva l'étendard.
Il vit dans les lieux saints échouer sa puissance,
Fut pris et délivré dans son retour en France,
Manqua de politique, et par un coup d'éclat
Perdit Eléonore et démembra l'état.

1180. XLII. roi. PHILIPPE II, Auguste, son fils.

Philippe Auguste heureux, juste et plein de courage,
Fut ceint du diadême à la fleur de son âge.
On vit les douze pairs, chacun selon ses droits,
A son sacre assister pour la première fois.
Ce prince avec Richard entreprit la croisade
Pour Lusignan vaincu près de Tibériade,
Et des seigneurs françois vit les heureux destins
Fonder en orient l'empire des latins.
A l'assassin d'Artus il prit la Normandie,
Et le fit condamner à perdre aussi la vie.
Pour dompter l'Albigeois il vit partir Montfort,
Qui fut dans ses projets arrêté par la mort;

Enfin toujours heureux, couronné par la gloire,
Ce monarque à Bovine enchaîna la victoire.
Il conquit la Touraine, et l'Artois et l'Anjou,
Le Maine et Montargis, l'Auvergne et le Poitou.

1223. XLIII. roi. LOUIS VIII, Cœur de lion, son fils.

Louis huit à sa mort devenu roi de France,
Avoit du peuple anglois éprouvé l'inconstance.
Ce prince belliqueux, nommé *Cœur de lion*,
Fit une guerre heureuse à la fière Albion,
Et vainquit l'albigeois, malheureux hérétique
Contre qui se croisa souvent le catholique.

1226. XLIV. roi. LOUIS IX, le saint, son fils.

Louis neuf, roi pieux et rempli de valeur,
Ne s'écarta jamais des sentiers de l'honneur.
A Taillebourg, à Saintes, environné de gloire,
Sous ses heureux drapeaux il rangea la victoire,
Et dans la Palestine armé pour les saints lieux,
Long-temps de l'infidèle il fut victorieux;
Mais le fier sarrasin pour venger cet outrage,
Le vainquit à Massour, enchaîna son courage,
Et sa mort termina ces voyages fameux
Tant de fois entrepris, si souvent malheureux,
Et dont le premier but étoit la délivrance
Des lieux où du Sauveur s'opéra la naissance.

1270 XLV. roi. PHILIPPE III, le Hardi, son fils.

Philippe-le-Hardi, digne fils d'un héros,
Terrassa l'infidèle et repassa les flots.
Ce prince redoutable au crime, à l'injustice,
Du perfide la Brosse ordonna le supplice:
Mais sous ce règne heureux la Sicile en fureur,
Renfermant dans son sein le carnage et l'horreur,

Outrageant à la fois le ciel et la nature,
Versa le sang françois pour laver une injure.

1285. XLVI. roi. PHILIPPE IV, le Bel, son fils.

Philippe, dit *le Bel*, généreux, plein de cœur,
Devant Courtrai vaincu, près de Mons fut vainqueur.
Ce prince avec le pape eut de vives querelles,
Brûla les Templiers, crut leurs mœurs criminelles,
Le premier dans l'état fit altérer l'argent,
Et fixa dans Paris le premier parlement.

1314. XLVII. roi. LOUIS X, le Hutin, son fils.

Louis-Hutin son fils, régna peu sur la France,
Et Charles de Valois partagea sa puissance.
Victime de ce prince, Enguerrand malheureux
Subit injustement le sort le plus affreux.

1316. XLVIII. roi. PHILIPPE V, le Long, son frère.

Philippe dit *le Long*, brave et bon politique,
N'eut le bandeau des rois que par la loi salique.
Il fut prudent, habile, et rempli de douceur ;
Il aima les savants et fut leur protecteur.

1321. XLIX. roi. CHARLES IV, le Bel, son frère.

Charles-le-Bel son frère, eut aussi sa puissance.
Il punit de Gérard la coupable opulence,
Mais il vécut sans gloire et régna sans éclat,
N'ayant jamais rien fait pour le peuple et l'état.

1328. L. roi. PHILIPPE VI, de Valois, petit-fils de Philippe-le-Hardi.

Philippe de Valois tout rempli de vaillance,
Par la loi de l'état devint roi de la France.

Triomphant

Triomphant à Cassel, à Créci malheureux,
Il éprouva sur l'onde un sort trop rigoureux,
Fit en perdant Calais une perte cruelle,
Acquit le Viennois, établit la gabelle.

1350. LI. roi. JEAN-LE-BON, son fils.

Jean dit *le Bon*, son fils, fut brave et généreux :
Mais par son imprudence à Poitiers malheureux,
Il vit le désespoir irritant le courage
Triompher du grand nombre, emporter l'avantage,
Trop long-temps prisonnier d'un superbe ennemi,
Il n'eut la liberté, la paix qu'à Bretigni.
Paris se vit en proie à la guerre civile,
Et Marcel à l'anglois alloit livrer la ville,
Mais le brave Maillard, citoyen généreux,
Prévint ce noir complot, punit ce malheureux.
Ce prince aima l'éclat, mais non pas la mollesse,
Fut grand dans le malheur, fidèle à sa promesse ;
Je voudrois, disoit-il, que l'honneur exilé,
Eût dans le cœur des rois un asyle assuré.

1364. LII. roi. CHARLES V, le Sage, son fils.

Charles cinq plus prudent, plus heureux que son père,
Du fond de son palais sut vaincre l'Angleterre.
Secondé par le sage et vaillant du Guesclin,
Il releva bientôt l'état sur son déclin ;
Et voulut que nos rois au sortir de l'enfance,
Majeurs à quatorze ans, connussent leur puissance.
Charles fut de la France et la gloire et l'honneur,
Adoré de son peuple il en fit le bonheur,
Heureux par ses vertus il eut le nom de Sage,
Et jamais roi ne fut regretté davantage.

1380. LIII. roi. CHARLES VI, son fils.

Charles six éprouva le sort le plus affreux.
Vainqueur à Rosebec, mais depuis malheureux,

A la discorde il vit la France abandonnée,
Et ne put retrouver sa raison égarée.
Aux plaines d'Azincourt, trop funestes tombeaux,
L'anglois de notre sang fit rougir ses drapeaux,
Et plus cruels encore on vit dans la patrie,
Bourguignons, armagnacs, animés par l'envie,
Usurpant le pouvoir, bouleversant l'état,
Se venger tour-a-tour par un assassinat.
Ce roi triste jouet de l'injuste fortune,
Finit dans les douleurs une vie importune.

1422. LIV. roi. CHARLES VII, le Victorieux, son fils.

Charles sept sur l'anglais conquit son propre état.
L'histoire dit qu'il dut son trône et son éclat
Au courage étonnant d'une fille guerrière,
Que l'anglois fit brûler la prenant pour sorcière.
Ce prince enfin vainqueur auprès de Fourmigni,
Fit trembler à son tour son superbe ennemi,
Et sur le grand Talbot remporta la victoire:
Mais séduit par l'amour il négligea la gloire,
Et se livra lui-même aux horreurs de la mort,
Craignant que le poison ne terminât son sort.
Il fut malheureux fils, et plus malheureux père,
Mais il fut très-vaillant, généreux et sincère.

1461. LV. roi. LOUIS XI, son fils.

Louis son successeur, mauvais fils, mauvais roi,
Vit ses sujets ligués pour lui donner la loi.
Infidèle aux traités, il pensa dans Péronne
Avec la liberté perdre aussi la couronne.
Ce prince institua l'ordre de saint Michel,
Fut superstitieux, politique et cruel.
Il punit la Balue atteint de perfidie,
A Saint-Paul, à Nemours il fit perdre la vie.

Il vit une autre Jeanne, exemple des françois,
S'armer pour la patrie et défendre Beauvais.
Il réunit aussi la Bourgogne à la France,
Mais toujours soupçonneux, il bannit la clémence.

1483. LVI. roi. CHARLES VIII, son fils.

Charles huit plus affable, aimé de ses sujets,
Signala sa puissance à force de bienfaits.
Ce prince étant mineur, sa sœur eut la régence,
Mais le duc d'Orléans voulut la préférence :
Un combat malheureux lui ravit cet honneur,
Et devant Saint-Aubain il trouva son vainqueur.
Ce roi par un hymen posséda la Bretagne,
Conquit Naples et Florence en moins d'une campagne,
Et volant à Fornoue en roi victorieux,
S'ouvrit en ses états un retour glorieux.

1498. LVII. roi. LOUIS XII, arrière-petit-fils de Charles V.

Louis duc d'Orléans, de ses sujets le père,
Méprisa la vengeance, et dompta la colère.
Il vainquit Ludovic, conquit le Milanois,
Soutint près d'Aignadel l'honneur du nom François,
Vit Nemours à Ravenne animé par la gloire,
A la fleur de son âge enchaîner la victoire,
Et ce jeune héros, du sang des demi-dieux,
Terminer ses destins par un sort glorieux.
A Novarre, la Suisse aiguisant son courage,
De tant d'exploits brillants lui ravit l'avantage,
Et devant Guinegate il vit ses escadrons
N'opposer à l'anglois que de vils éperons.
» Ce roi qu'à nos aïeux donna le ciel propice,
» Sur son trône avec lui fit asseoir la justice.
» Il pardonna souvent, il régna sur les cœurs,
» Et des yeux de son peuple il essuya les pleurs.

1515. LVIII. roi. FRANÇOIS I, arrière-petit-fils de Louis duc d'Orléans, second fils de Charles V.

François premier régna par le droit de naissance.
Il fut grand, magnanime, et l'honneur de la France.
Son règne est l'âge heureux où l'on vit dans l'état
Les sciences, les arts, renaître avec éclat.
Ce Prince eut d'un héros la valeur en partage,
Trois jours à Marignan signala son courage,
Et faisant tout céder à sa rare valeur,
Du suisse opiniâtre il resta le vainqueur :
Mais il perdit Bayard dans la triste retraite
Où le traître Bourbon confirma sa défaite,
Et se vit à Pavie encor plus malheureux,
Prisonnier d'un rival moins que lui généreux.

1547. LXIX. roi. HENRI II, son fils.

Henri second son fils, sut régner avec gloire,
Il se vit à Renti chéri de la victoire,
Mais ainsi que François trahi par le destin,
Il connut ses rigueurs auprès de Saint-Quentin ;
Et ce combat funeste allarmant sa puissance,
Répandit la terreur dans le sein de la France.
Par Guise cependant il reprit aux anglois,
Guines et Thionville, et le port de Calais.
A Cateau-Cambresis, par une faute affreuse
Il conclut une paix *maudite et malheureuse ;*
Et termina son règne et sa vie à la fois
En prenant le plaisir d'un funeste tournois.
C'est ce même Henri qui joignit à la France,
Metz, Toul, et Verdun, soumis à sa puissance.

1559. LX. roi. FRANÇOIS II, son fils.

François deux dont le règne est court et malheurenx,
Vit le germe naissant de ces troubles affreux

Qui firent trop long-temps arroser nos provinces
Du sang des citoyens et du sang de nos princes.
Les Guises, sous ce roi ministres trop puissants,
Triomphèrent d'Amboise et des projets des grands ;
Et la mort de ce prince épargna l'infamie
A Condé qui bientôt devoit perdre la vie.

1560. LXI. 101. CHARLES IX, son frère.

Son frère Charles neuf vit gouverner l'état
Comme Rome autrefois par un triumvirat,
Et Vassi lieu témoin d'un massacre inutile,
Donna l'affreux signal de la guerre civile.
A Dreux et Saint-Denis, Jarnac et Montcontour,
Quatre fois l'huguenot fut vaincu sans retour ;
Mais ce prince ordonnant le plus affreux des crimes,
De cent mille sujets fit autant de victimes.
On vit avec horreur dans ce jour odieux
Contre le protestant le françois furieux,
Armé du fanatisme et de la barbarie,
Du sang des citoyens inonder la patrie :
Le roi même y trempa ses homicides mains,
Et par un sort affreux termina ses destins.
» Dieu déployant sur lui la vengeance sévère
» Marqua ce roi mourant du sceau de sa colère ;
» Son sang à gros bouillons de son corps élancé,
° Vengeoit le sang françois par ses ordres versé ;
» Il se sentoit frappé d'une main invisible,
» Et le peuple étonné de cette fin terrible,
» Plaignit un roi si jeune et sitôt moissonné,
» Un roi par les méchants dans le crime entraîné,
» Et dont le repentir permettoit à la France,
» D'un empire plus doux quelque foible espérance.

1574. LXII. 102. HENRI III, son frère.

Henri trois sans états, sage, heureux, et vainqueur,
Sans vertu sur le trône y régna sans honneur.

Il s'étoit fait un nom par sa valeur insigne,
Et tant qu'il fut sujet, du sceptre il parut digne.
" Tel brille au second rang qui s'éclipse au premier :
" Il devint lâche roi d'intrépide guerrier.
" Endormi sur le trône au sein de la mollesse,
" Le poids de sa couronne accabla sa foiblesse.
" Quelus et Saint-Maigrin, Joyeuse et d'Epernon,
" Jeunes voluptueux régnoient seuls sous son nom.
Il quitta la Pologne et son pouvoir suprême,
Pour ceindre des Valois le brillant diadême ;
Mais son règne odieux, règne des favoris,
Vit le royaume en proie au fer des trois Henris ;
Et le sort à Coutras trop funeste à Joyeuse,
Seconda d'un héros la valeur généreuse.
Ce prince institua l'ordre du Saint-Esprit.
Roi foible dans l'état il n'eut pas grand crédit.
Des seize et des ligueurs essuyant les bravades,
Il sortit de Paris après les barricades.
Il se vengea dans Blois des Guises trop puissants,
Et vit tous les ligueurs à ce coup frémissants :
Mais ayant de Bourbon imploré le courage,
Il fut assassiné dans la fleur de son âge.

1589. LXIII. roi. HENRI IV, fils d'Antoine de Bourbon, roi de Navarre.

Henri, ce grand Bourbon, fut le meilleur des rois,
A ses devoirs fidèle, et défenseur des lois :
Aussi grand dans la paix que vaillant dans la guerre,
Il fut de ses sujets le vainqueur et le père.
Par la ligue et par Rome il fut déshérité.
Il sut vaincre Mayenne et dompter sa fierté.
Près d'Arques, près d'Ivri, lieux témoins de sa gloire,
A ses heureux drapeaux il soumit la victoire ;
Et Paris le voyant abjurer son erreur,
Fit succéder l'amour à toute sa fureur,

L'espagnol, du grand nombre attendant l'avantage
A Fontaine-Françoise éprouva son courage,
Et vit ce grand monarque encore plus glorieux,
Dans Amiens, qu'il reprit, entrer victorieux.
Ce prince fut à Nantes à Calvin favorable,
Et conclut à Vervins une paix honorable.
Il vit Rhosni zélé pour l'état et son roi,
S'acquitter dignement d'un dangereux emploi,
Et faisant des françois le bonheur et la gloire,
Mériter un autel au temple de mémoire.
Sensible à l'amitié, ce généreux Bourbon,
Pleura l'ingratitude et la mort de Biron :
Mais quoique ce héros, exemple de clémence,
Bornât tous ses desirs au bonheur de la France,
On le trahit sans cesse, on poursuivit ses jours,
Et l'affreux fanatisme aux séduisants discours,
Dans le sein de ce roi plongea le fer impie,
Qui termina le cours d'une si belle vie.

1610. LXIV. roi. LOUIS XIII, son fils.

Louis treize fut juste et rempli de valeur,
Mais dut à Richelieu l'éclat de sa grandeur.
Il renferma Condé mécontent et rebelle,
Et vit de Concini la mort juste et cruelle
Rendre à l'état, plongé dans des troubles affreux,
Un calme nécessaire autant que précieux :
Rohan seul, et Soubise animant l'hérétique,
Et voulant abolir le pouvoir monarchique,
Trois fois le fer en main, pour imposer la loi,
Déclarèrent la guerre à l'état, à leur roi :
Mais l'heureux Richelieu pour Louis plein de zèle
Dissipa leurs projets, leur ravit la Rochelle,
Et bravant la nature, et l'anglois, et les flots,
Renversa ces remparts si chers aux huguenots.

Sous ce règne illustré par un beau ministère,
Le monarque eut souvent à combattre son frère;
Dans l'état par la haine on vit tout confondu,
Et le sang le plus beau fut souvent répandu.
Marillac qui bravoit la mort pour sa patrie,
Perdit sur l'échafaut et l'honneur et la vie,
Ainsi q e ce vaillant, ce grand Montmorenci,
Terrible, mais rebelle à Castelnaudari.
Louis eut à combattre et l'Espagne et l'empire;
Vainquit et fut vaincu; mourut sans les réduire.
Armand lui découvrit un funeste traité;
Il fit juger Cinqmars avec sévérité;
Et vit de Thou discret, quoiqu'instruit de son crime,
D'une amitié trop rare héroïque victime.

1643. LXV. roi. LOUIS XIV, son fils.

Louis le Grand son fils, tel qu'on dépeint les dieux,
Fut l'ornement d'un siècle illustre et glorieux.
Par la gloire à régner instruit dès son enfance,
Il mérita le nom d'Auguste de la France.
Condé soutien du trône en sa minorité,
Terrassa l'espagnol, abaissa sa fierté;
Rocroi, Norlingue, et Lens le virent plein de gloire
Se jouer des combats et fixer la victoire;
Et Turenne à Fribourg son émule en valeur,
Sut bientôt égaler cet illustre vainqueur.
Le bonheur de la France étonnoit les deux mondes,
Et Brézé, Richelieu, triomphoient sur les ondes:
Munster arrête alors la guerre et ses fureurs;
D'une paix glorieuse on goûtoit les douceurs,
Mais l'envie anima la discorde civile;
On vit Condé rebelle, & Conti, Longueville:
On se nomma frondeur, ou l'on fut Mazarin;
Turenne même alors trahit son souverain.

Ce grand homme à Rhetel vit sa gloire flétrie,
Mais répara sa faute en servant sa patrie,
Et vainquit en héros, sous les yeux de son roi,
Aux portes de Paris, le vainqueur de Rocroi.
Louis, aux champs de Mars, a la fleur de son âge,
Courut avec ardeur signaler son courage.
Turenne pour son roi sûr de vaincre en tous lieux,
Aux Dunes, près de Dunkerque, eut un sort glorieux,
Et vit ce grand monarque accorder a l'Espagne
Un traité glorieux que l'hymen accompagne.
Ce prince ayant perdu le rusé Mazarin,
Fit briller les vertus d'un parfait souverain.
Son règne fut celui des beaux arts, des sciences ;
Il fut plus d'une fois terrible en ses vengeances ;
Il se fit respecter en ses ambassadeurs,
Et fit long-temps la loi du sein de ses grandeurs.
Il vit Louvois, Colbert, travailler à sa gloire,
En Afrique envoya Beaufort a la victoire,
Et fit marcher des lys le brillant étendard
Sous Montecuculli, vainqueur à Saint-Gothard.
Pour la Hollande armé, combattant l'Angleterre,
Breda le vit finir cette guerre étrangère ;
Et bientôt il soutint, les armes à la main,
Sur le pays flamand ses droits en souverain.
La Comté fut soumise en moins d'une campagne.
Mais par le traité d'Aix la rendant a l'Espagne,
Il retint dans la Flandre Oudenarde, et Douai,
Charleroi, Bergues, Binche, et l'Escarpe, et Tournai.
Entre trois ennemis jaloux de sa puissance
Il se forma bientôt une triple alliance,
Mais il sut les dompter, et le Rhin plein d'effroi
Crut voir un Dieu vengeur sous les traits de ce roi.
Il ravit la Comté pour jamais à l'Espagne ;
Et Turenne en tous lieux que la gloire accompagne,
A Sintzim, à Turkeim, affrontant le trépas,
Couroit à la victoire en allant aux combats.

Condé plus que jamais à son prince fidèle,
Se couvroit à Senef d'une gloire immortelle,
Mais les destins jaloux de nos succès heureux,
Pour Turenne à Salsbac furent trop rigoureux.
Duquêne cependant animé par la gloire,
Sur les flots à Ruiter enleva la victoire.
Philippe aux champs de Mars pour son frère et son roi
Sema devant Cassel le carnage et l'effroi;
Et la paix tant de fois de la France exilée
Par la gloire à Nimegue alors fut rappellée.
Le superbe Génois, Alger, et Tripoli,
Quittèrent à ses pieds leur orgueil avili;
Il vit son nom voler jusqu'au bout de l'Asie,
Mais trop cruellement extirpa l'hérésie.
Tant de succès brillants, d'éclat et de grandeur,
Firent craindre à l'Europe un roi toujours vainqueur:
Par la ligue d'Ausbourg contre lui conjurée,
La guerre avec fureur fut par-tout rallumée:
Mais l'heureux Luxembourg secondant son grand cœur,
A Steinkerque, à Nervinde, à Fleurus fut vainqueur;
Et Catinat terrible en un jour de bataille,
Mit le comble à sa gloire à Staffarde et Marsaille.
Alors craint de l'Europe, en tous lieux respecté,
Dieu de paix à Rysvick, il quitta sa fierté.
Après le calme heureux d'une paix passagère,
Pour Philippe en Espagne il reporta la guerre:
Et Villars, et Vendôme, et Tallard, et Boufflers,
S'illustrèrent d'abord par mille exploits divers:
Mais enfin la victoire abandonna nos armes,
Nous trahit près d'Hocstet, et causa nos allarmes.
Vendôme à Cassano sut dompter sa rigueur,
Et de l'heureux Eugène altéra le bonheur.
Villeroi malheureux auprès de Ramillies,
Vit du sang des françois les campagnes rougies.
Oudenarde à Vendôme, et Blangie à Villars,
Ne montrèrent aussi que bataillons épars:

Nos succès, notre gloire un moment disparurent ;
Mais bientôt la victoire et Villars accoururent :
Denain vit ce héros par un triomphe heureux,
Rendre aux lys abattus leur éclat glorieux ;
Et la paix que toujours suit de près l'abondance,
Dans Utrecht mit le comble au bonheur de la France.
Ce prince à juste titre eut le surnom de *Grand*,
Et mérita de plus celui de conquérant.
Il finit en grand homme une longue carrière,
Conservant jusqu'au bout sa vertu toute entière,
Et de tant de soutiens d'une auguste maison,
Ne laissa dans l'état qu'un foible rejetton.

1715. LXVI. roi. LOUIS XV, arrière-petit-fils de Louis XIV.

Louis le Bien-Aimé, souverain dès l'enfance,
Admiré de l'Europe, est chéri de la France.
Père de ses sujets, dont il est adoré,
Il est l'honneur du trône et de l'humanité,
Et sûr en combattant d'enchaîner la victoire,
Il cherche dans la paix une plus juste gloire.
Chacun ressent l'effet de ses soins généreux,
Et sous un tel monarque on ne peut qu'être heureux.

DEMANDE. Qui succède à Louis XV ?
RÉPONSE. Louis XVI.
D. De qui descend-il ?
R. De monseigneur le Dauphin, fils de Louis XV.
D. Combien monseigneur le Dauphin eut-il de fils ?
R Cinq.
D. Combien en laissa-t-il ?
R. Quatre : le duc de Bourgogne, le duc de Berri,
le comte de Provence, le comte d'Artois.

28

On ne l'ignore point, le duc de Bourgogne a été
arraché à ses dieux penates en sortant du sein de sa
mère, & a été transféré en terre étrangère *qu'il n'avoit
point quinze jours.* Arraché si jeune à la France, ce
malheureux enfant a presque toujours été le jouet
des événements. Le duc de Berri n'a pas été plus
heureux en se plaçant sur le trône. M. l'abbé Proyart,
principal du collège royal du Puy, & membre de
plusieurs académies, a écrit la vie du duc de Bourgogne, père de Louis XV; la vie du roi Stanislas,
la vie de la reine de France; la vie de monseigneur
le Dauphin, la vie de madame Louise; & le tableau
des causes nécessitantes de la révolution françoise,
qu'il a dédié aux Belges. Auteur de l'histoire de tant
de personnes de la famille royale, M. l'abbé Froyart
doit le connoître à fonds. Aussi a-t-il intitulé son
dernier ouvrage : *Louis XVI détrôné avant d'être roi;*
il parle du duc de Berri. Si j'avois à démontrer que
le duc de Berri n'étoit point roi, je prendrois mes
premières preuves dans la vie de monseigneur le
Dauphin. En même-temps qu'elle est intéressante, la
source est pure, l'autorité respectable, la règle sûre.
Elle est intitulée : Vie du Dauphin, père de Louis XVI,
écrite sur les mémoires de la cour, présentée au roi
& à sa famille royale, cinquième édition, Lyon, 1788,
avec approbation & privilège du roi. Ecrite sur les
mémoires de la cour, c'est en quelque sorte l'ouvrage
de la cour rédigé par M. l'abbé Proyart. Il est distribué
en six livres; les cinq premiers traitent de la vie de

monſeigneur le Dauphin ; le ſixième de celle de madame la Dauphine. Comme le dernier livre tient étroitement aux cinq premiers, dans mes citations je ne diſtinguerai point la vie de madame la Dauphine d'avec celle de monſeigneur le Dauphin. L'obſcurité y règne en plus d'un endroit ; mais elle n'eſt pas inconciliable. Je ne pus me donner que cette cinquième édition, encore fut-ce après m'être tiré de différentes priſons où j'avois gémi bien des années ; & je ne trouvai pas moins de difficultés à me la procurer, que l'auteur n'en avoit rencontré à faire paroître la première. Avec cela : obligé de me ſauver en Hollande, je la perdis bientôt avec le peu de livres qu'on ne m'avoit pas enlevés ailleurs : c'étoit comme une de mes deſtinées d'être dépouillé par-tout. Je la retrouvai quelques années après à Namur, à une vente publique ; les opinions étoient encore ſi erronées, les têtes ſi échauffées, que je n'aurois oſé entreprendre de me juſtifier, je n'aurois oſé juſtifier la nation même, que l'on entâchoit d'avoir aſſaſſiné ſon roi. Mais aujourd'hui, que la raiſon s'eſt fait entendre, que l'erreur eſt comme diſſipée, que nous n'avons plus les agitations à craindre, rien n'empêche que je ne mette dans ſon jour la généalogie des malheureux enfants de monſeigneur le Dauphin.

ARTICLE PREMIER. La France épuiſée par le règne de Louis XIV, ce règne ſi glorieux, eſpiroit ſous le gouvernement pacifique de Louis XV, ſon arrière-petit-fils. Ce prince avoit épouſé en 1725 Marie

Leezinska, fille de Stanislas, roi de Pologne; princesse que ses vertus personnelles, jointes à celles de son fils, ont souvent fait comparer à la reine Blanche, mère de S. Louis. Dieu avoit déjà béni cette alliance par la naissance de trois princesses : mais le trône étoit encore sans héritier ; & la nation paroissoit ne goûter qu'à demi les douceurs d'une paix que la perte d'une seule tête pouvoit lui ravir. Les moments de la providence n'étoient pas encore arrivés : le roi & la reine les attendoient avec confiance, & les sollicitoient par leurs prières & leurs bonnes œuvres. Le 8 Décembre de l'année 28, jour de la conception de la Sainte Vierge, tous deux lui offrirent d'une manière spéciale leurs vœux & ceux des peuples ; & dans la ferveur d'une communion, ils la conjurèrent de pourvoir à la tranquillité d'une nation qui la reconnoît pour patrone, en lui obtenant du ciel un prince qui put la gouverner un jour. Le 4 Septembre de l'année suivante, la reine mit au monde le Dauphin, dont j'écris la vie. Cette pieuse princesse, ne doutant pas qu'elle ne fût redevable à la Sainte Vierge du bienfait de sa naissance, lui en témoigna sa reconnoissance tous les jours de sa vie.

Le prince fut ondoyé par le cardinal de Rohan, grand aumônier de France. Il est d'usage de baptiser ainsi les enfants de France sans les cérémonies accoutumées, qu'on supplée lorsqu'ils sont en état d'en comprendre la signification, & de ratifier eux-mêmes les engagements que leur impose la qualité de chrétiens. Louis XV. qui n'avoit pas oublié les foins que la duchesse de Ventadour avoit pris de son enfance, voulut qu'elle les continuât à ses enfants. Elle étoit chargée des jeunes princesses ; on lui remit encore le Dauphin.

Vie de M. le Dauphin, page 1.

II. En mémoire de cet heureux événement, on fit frapper une médaille sur laquelle sont représentés le roi & la reine. La légende porte : » Lud. XV, rex » christianiss. : Maria Fr. & Nav. regina. Louis XV, » roi très - chretien : Marie, reine de France & de » Navarre ». Le revers de la médaille représente la terre assise sur un globe, tenant le Dauphin entre ses bras. La légende porte : » Vota orbis : les vœux de » la terre ». L'exergue : » Natales Delphini, IV Sep- ».tembris M. D. CC. XXIX. Naissance du Dauphin, » le 4 Septembre 1729. »

Page 4.

III. La tendresse que le roi témoignoit au petit Dauphin, fit juger à plusieurs particuliers que déjà il pourroit être pour eux le canal des graces. Un jour que le roi étoit allé dans son appartement, il y trouva cette petite pièce de vers, que lui avoit présenté un pauvre officier, dont on avoit réduit la pension.

> Si le fils du roi notre maître,
> Par son crédit faisoit renaître
> En son entier ma pension,
> (Chose dont j'aurois grande envie)
> Je chanterois comme Arion,
> Un Dauphin m'a sauvé la vie.

Le roi fouſcrivit à la requête, & fit rétablir la penſion de l'officier. Une pauve femme, dont le mari étoit en priſon pour dettes, avoit imaginé de préſenter un placet au Dauphin pour obtenir fon élargiſſement. L'embarras étoit de le lui faire agréer. Elle imagina un moyen aſſez adroit : elle borda fon placet de fleurs & de guirlandes, & au moment où la ducheſſe de Ventadour faiſoit promener le jeune prince dans le parc de Verſailles, elle ſe mit ſur ſon paſſage. L'enfant, qui apperçut le beau placet, n'attendit pas qu'il lui fut préſenté : il fit ſigne qu'on le lui apportât. Il le tournat ſous tous les ſens, & s'en amuſa beaucoup pendant ſa promenade. A ſon retour au château, il le montra au roi, à qui le ſtratagême de cette femme parut aſſez plaiſant ; il ordonna qu'on payât les dettes de ſon mari.

Page 6.

IV. Quand il commença à parler, on remarqua en lui une curioſité qu'on avoit quelquefois peine à ſatisfaire. S'il voyoit un ouvrier travailler, il lui demandoit le nom de ſes outils, le ſien & celui de ſes enfants, pour qui, & pour quoi il travailloit ? Juſques dans les productions de la nature, il vouloit qu'on lui rendit compte de tout ; & ſouvent il faiſoit des queſtions capables d'embarraſſer ceux qui auroient voulu lui donner une réponſe moins ſimple que celle qu'exige la portée d'un enfant. Une feuille configurée autrement qu'une autre ; un fruit rouge à côté d'un blanc ; un melon qui ſe traîne par terre ;

terre, au lieu de pendre à un arbre ; c'étoit pour lui la matière d'autant de *pourquoi ?* Un jour qu'il sortoit de chez lui, porté sur les bras de sa nourrice, il remarqua que le garde du corps qui étoit en faction à la porte de son appartement, avoit une croix de S. Louis ; il lui fit signe de s'approcher. Il lui prit la croix, qu'il considéra attentivement. Se tournant ensuite vers la duchesse de Ventadour, il lui dit : » Pourquoi donc cela, maman » ? La dame lui ayant fait entendre que c'étoit une marque de distinction que le roi accordoit à ceux qui l'avoient bien servi, il fixa attentivement le garde du corps, lui sourit, & lui présenta sa main à baiser. Depuis ce temps-là, quand il appercevoit un chevalier de S. Louis, il le montroit à sa gouvernante, en lui disant : » En voilà » encore un qui sert bien le roi. »

Page 8.

V. La ville de Paris, suivant un ancien privilège, demanda à Louis XV son agrément pour présenter au Dauphin ses premieres armes. Le duc de Gevres, qui en étoit gouverneur, se rendit à Versailles à la tête du corps de ville, & présenta au jeune prince une épée, un fusil & deux pistolets, le tout travaillé avec beaucoup de délicatesse, & proportionné à son âge. Le président Turgot, prévôt des Marchands, le complimenta. Il présagea dans son discours l'usage qu'il feroit un jour, en faveur de l'Etat, de ces armes, qui n'étoient encore, ajouta-t-il, qu'un amusement dans ses jeunes mains. — Pendant que le duc

34

de Gevre lui ceignoit ſa petite épée : » Ah ! s'écria-t-il,
» que je ſuis content de la bonne ville de Paris ; je
» l'aime de tout mon cœur. »

Page 9.

VI. Quoiqu'il fut d'uſage de laiſſer les princes entre
les mains des femmes juſqu'à l'âge de ſept ans, comme
je tempérament & l'eſprit avoient prévenu l'âge dans
le Dauphin, on jugea auſſi à propos de commencer
ſon éducation avant l'époque ordinaire, & dès qu'il
eut atteint la dixième année. Le roi lui donna pour
gouverneur le comte, depuis duc de Châtillon. Ce
ſeigneur joignoit la vertu à la naiſſance, & avoit fait
preuve de valeur dans nos armées. On lui nomma
pour précepteur l'évêque de Mirepoix, prélat qui
n'avoit, pour prétendre à cet emploi important,
d'autres titres que ceux qui l'avoient fait connoître
à la cour, ſon mérite & ſon auſtère probité. Il eut
pour ſous-gouverneurs les comtes du Muy & de Polaſ-
tron, & pour ſous-précepteur l'abbé de Saint-Cyr.
Son lecteur fut l'abbé de Marbœuf.

Page 10.

VII. Le moment de ſa ſéparation d'avec la ducheſſe
de Ventadour fut cruel. On lui dit qu'il falloit remercier cette dame des ſoins qu'elle avoit pris de ſon
enfance : il courut auſſi-tôt ſe jetter à ſon cou. Mais
il ne put lui témoigner ſa reconnoiſſance que par
l'abondance de ſes larmes : langage du cœur toujours
plus expreſſif que celui des lèvres. — Il conſerva pendant pluſieurs jours un fond de triſteſſe qui ſe peignoit

fur fon vifage, & donnoit même de l'inquiétude pour
fa fanté. C'eft à ces traits qu'on commence à connoître
le bon cœur & l'heureux naturel d'un enfant.

Page 11.

VIII. A l'âge d'environ huit ans, on fuppléa les
cérémonies de fon baptême. Il fut nommé Louis par
le duc d'Orléans & la ducheffe douairière de Bourbon.
Cet acte de religion fit fur lui une impreffion affez
avantageufe, pour qu'on put en conclure, malgré la
légèreté de l'âge, qu'il avoit le cœur fait pour goûter
un jour les charmes de la vertu. Les commencemens
de fon éducation cependant furent affez orageux; &
à travers fes bonnes qualités naiffantes, on découvrit
en lui le germe de plufieurs autres qui donnoient
quelque inquiétude. Si on excepte un petit nombre
d'enfants qu'on pourroit appeller malheureufement
nés, & un plus petit nombre encore en qui il fem-
bleroit qu'Adam n'eût pas péché, il eft affez ordinaire de remarquer dans l'enfance ce conflit de bonnes
& de mauvaifes inclinations, quoique plus ou moins
marqué, felon la diverfité des caractères. Mais les
plus grandes ames, pour l'ordinaire, nourriffent en
elles, dès l'âge le plus tendre, je ne fais quel principe d'activité & de force, qui, felon le bon ufage
ou l'abus qu'elles en font dans la fuite, les élève à
l'héroïfme de la vertu, ou les précipite dans les excès
contraires. Tel étoit le jeune prince; il étoit aifé de
préfentir qu'il ne feroit jamais à demi ce qu'il feroit.
Il avoit le caractère ardent & impétueux; il s'irritoit

36

facilement quand on combattoit ses goûts, & il étoit entier dans ses réponses envers ceux qui vouloient le troubler dans la possession de faire ses volontés.

Page 15.

IX. Il n'avoit pas encore dix ans que son esprit, dans ces occasions sur-tout, se produisoit par ces saillies vigoureuses qui décèlent une ame faite pour penser d'après elle-même. Le cardinal de Fleury, assistant un jour à son dîner, entreprit de lui faire une leçon de modération : il fit pour cela l'énumération de tout ce qui l'environnoit ; & à chaque chose qu'il nommoit, il ajoutoit : » Cela, monsieur, est au roi ; cela vient » du roi ; rien de tout cela ne vous appartient ». Le Dauphin écouta fort impatiemment la remontrance, sans pourtant interrompre le cardinal. Quand il eut fini, voyant qu'il avoit tout donné au roi, sans lui rien laisser : » Eh bien, reprit-il avec émotion, que » le reste soit au roi : au moins mon cœur & ma » pensée sont à moi ». Une réplique d'un si grand sens étonna le roi & la cour, & annonça que l'enfant qui étoit capable de la faire, ne seroit pas un homme ordinaire, & qu'il étoit de la plus grande importance de ne rien négliger pour plier de bonne heure ses inclinations au bien.

Page 16.

X. Il reçut le Sacrement de Confirmation au mois de Février 1741. On continua ensuite à lui faire les instructions qui devoient le disposer plus prochainement à sa première communion. Il la fit au mois d'Avril de la même année, à la paroisse du Château. Il n'avoit pas encore atteint l'âge de douze ans : les sentiments de foi & d'amour qu'il fit paroître aux approches & le jour de cette auguste cérémonie, annoncèrent qu'il sentoit parfaitement le bienfait du Seigneur qui se communiquoit à lui.

Page 40.

XI. Cependant la maladie que Louis XV venoit d'essuyer (à Metz), le fit penser à affermir son trône par le mariage du Dauphin, il jetta les yeux sur Marie-Thérèse, infante d'Espagne. M. de Vaureal, évêque de Rennes, fut chargé de négocier cette alliance auprès de Philippe V, qui s'empressa de la conclure. Mais la princesse parut beaucoup plus flattée de l'exposé fidele qu'on lui fit du mérite personnel du Dauphin, que de la perspective du premier trône de l'europe. La surveille du jour qu'elle devoit arriver, le roi s'avança avec le Dauphin à sa rencontre, ils se joignirent un peu au-dessus d'Etampes, où ils revinrent coucher. Le lendemain on dîna à Seaux, le roi & le Dauphin partirent pour Versailles, la future Dauphine s'y rendit le lendemain matin, 23 de Février 1745, jour auquel étoit fixée la célébration du mariage.

Page 41.

XII. Marie-Thérèse ne manquoit d'aucune des qualités qui pouvoient lui attacher le Dauphin, elle avoit de l'élévation dans ses sentiments, de la douceur & de l'aménité dans le caractere, une piété solide. Dieu

C 3

38

bénit une alliance ou deux jeunes époux, fous les auf-
pices de la religion, fe confacroient mutuellement les
prémices de leur cœur ; & le temps qu'ils vécurent
enfemble, ils le pafferent dans l'union la plus intime,
fans que le plus léger nuage refroidit d'un feul inftant leur tendreffe réciproque. Rien, ce femble, ne
manquoit au bonheur de ces illuftres époux ; mais le
bonheur ici-bas n'eft qu'un fantôme qui échappe quand
on le faifit, & que nulle puiffance humaine ne fauroit fixer à fa fuite : le Dauphin ne vécut avec l'infante d'Efpagne qu'autant de temps qu'il en falloit
pour apprécier tout fon mérite, & fentir plus amérement fa perte. Cette princeffe s'étoit déjà montrée
à la nation fous des rapports fi intéreffants, qu'elle
emporta en mourant fes regrets les plus fincères. Elle
laiffa une princeffe qui ne lui furvécut que deux ans.

Page 44.

Les étrènnes militaires de David le jeune, libraire
à Paris, de l'an 1756, qui font munies de l'approbation & privilège du roi, donnent la mort des deux
princeffes en ces termes :

Marie-Thérèfe d'Efpagne, Dauphine de France,
morte à Verfailles le 22 Juillet 1746, âgée de vingt
ans, un mois & onze jours.

Madame Marie-Thérèfe de France, première fille
de monfeigneur le Dauphin, morte à Verfailles le
27 Avril 1748, âgée d'un an, neuf mois & huit
jours.

Etrennes précitées, page 223.

XIII. La tendresse que le Dauphin avoit pour son épouse, n'avoit point de bornes : la douleur qu'il ressentit de sa perte fut extrême, &, quoiqu'il se soumit par la religion aux ordres de la providence, il étoit aisé de s'appercevoir que la plaie faite à son cœur n'étoit pas encore fermée. Cependant comme il étoit seul héritier du trône, on lui proposa bientôt de nouveaux engagemens : l'amour du bien public obtint son consentement, malgré ses répugnances ; & six mois après avoir perdu une épouse qu'il aimoit uniquement, il donna sa main à la fille d'un prince qui étoit assis sur le trône du roi Staniflas son aïeul. C'est ainsi que les alliances des enfants des princes, au lieu d'être pour eux, comme pour les particuliers, le plus doux exercice de leur liberté, font souvent de vrais sacrifices commandés par l'intérêt de l'état, sacrifices pourtant dont on ne pense pas à leur tenir compte. Mais les bienfaits oubliés des hommes, font ceux que le ciel prend soin de recompenser plus libéralement : Marie-Josephe de Saxe, que le Dauphin n'épousa que par la seule confidération du bien public, fit le bonheur de sa vie par ses vertus, comme elle fit celui de l'état par sa fécondité.

Vie de M. le Dauphin, page 45.

XIV. Cette princesse étoit fille de Fréderic-Auguste, troisieme du nom, roi de Pologne, électeur de Saxe. Elle naquit à Dresde le 4 Novembre 1731. Quelques personnes ont cru que sa mère, par un amour de prédilection, avoit suivi plus particuliérement son

C 4

éducation que celle des autres princesses ses sœurs ; mais cette reine étoit trop judicieuse & trop bonne mère, pour ne pas partager également ses faveurs entre tous ses enfants. Cette conjecture n'étoit fondée sans doute que sur les progrès rapides que fit la jeune princesse dans les différents genres d'études auxquels on l'appliqua. Jusqu'à l'âge de sept à huit ans, on ne lui mit en mains que des livres de religion ; on ne lui donna que des leçons relatives à cet objet. Elle savoit dès-lors l'histoire de l'ancien & du nouveau testament, elle étoit parfaitement instruite sur les regles de la morale, elle avoit sur le dogme toutes les connoissances qui conviennent à une princesse ; & ce ne fut que par un certain respect pour l'usage, qu'on différa de lui faire faire sa première communion. Sa piété répondoit à ses connoissances : & une personne qui a partagé les soins de son éducation, & qui l'a suivie en France à son mariage, écrivoit qu'elle étoit née vertueuse ; & que, depuis qu'elle eut le premier usage de la raison jusqu'à sa mort, on ne s'étoit point apperçu que sa ferveur se fut ralentie un seul jour. » Sa piété, ajouta-t-elle, » fut toujours également vive, sincère & active ». Elle étoit d'un caractère aimable, mais vif & ardent, elle avoit l'esprit juste, &, sans aimer à disputer, elle tenoit assez à son sentiment, qui étoit en effet presque toujours le meilleur. Quoique plusieurs des princes & princesses ses freres & sœurs, eussent sur elle l'avantage de l'âge, elle avoit le talent de

les amener à fa façon de penfer, fans même qu'ils
s'en apperçuffent. Mais ayant l'ame élevée & le cœur
bon, jamais elle n'ufa que pour des vues louables,
de cette efpèce d'empire que lui donnoit la fupériorité de fon efprit & de fes connoiffances. Outre fa
langue naturelle, on lui enfeigna la latine, la fran-
çoife, & l'italienne. L'hiftoire, le deffein, la danfe
& la mufique entrerent auffi dans le plan de fon éducation. Elle étoit d'une avidité extraordinaire pour
apprendre; lorfque les maîtres, chargés de lui donner les différentes leçons, retardoient de quelques
minutes, » voila, leur difoit-elle, en regardant fa mon-
» tre, tant de minutes perdues ». Ses progrès répon-
doient à fon ardeur pour l'étude, & étonnoient les
inftituteurs. Elle parvint à expliquer, à livre ouvert
& avec la plus grande aifance, les auteurs latins &
italiens, poëtes & autres. Le françois étoit des langues qu'elle favoit, celle qui lui étoit la moins fa-
milière; mais peu de temps après fon arrivée en France,
elle l'écrivit & la parla dans fa plus grande pureté;
& à un petit accent près, qu'elle conferva toujours
dans la prononciation, & qui ne déplaifoit pas, on
n'eut point foupçonné à l'entendre, qu'elle parlât une
langue étrangère.

Page 46.

XV. Un traité de paix avoit affuré à Fréderic la
poffeffion de la Pologne, & confervé feulement à
Staniflas le titre de roi. Mais quel fond peut-on faire
fur un traité par lequel un roi cède fa couronne ?

42

c'eſt un feu qu'on a couvert & qui peut, au preꝰ
mier ſouffle, ſe rallumer avec plus de fureur. Louis **XV**,
en prince judicieux & ſincèrement ami de la paix,
crut qu'il n'y avoit pas de moyen plus ſur de la fixer
entre les deux puiſſances, que le mariage du Dauphin avec une princeſſe de la maiſon de Saxe; & le
fit propoſer : le duc de Richelieu fut chargé d'aller
faire la demande de la princeſſe Marie-Joſephe, dont
le mérite n'étoit point inconnu à la cour de Verſailles.
La propoſition ſurprit agréablement le roi de Pologne.
L'alliance fut conclue, & peu de temps après la princeſſe partit pour la France. Deux jours avant ſon arrivée à la cour; le roi & le Dauphin s'avancèrent
à ſa rencontre : on ſe joignit près de Brie comte
Robert : la princeſſe deſcendit la première de voiture,
courut ſe jetter aux genoux du roi, & lui demanda
ſon amitié. Le roi la releva en l'embraſſant, & la
préſenta au Dauphin. Après les compliments de la
première entrevue, le roi, le Dauphin & la princeſſe montèrent dans le même carroſſe, & vinrent
coucher à Corbeil. On dîna le jour ſuivant à Choiſy.
Le roi & le Dauphin en partirent le ſoir pour Verſailles. La princeſſe s'y rendit le lendemain 8 Février
1747, jour auquel étoit fixé la célébration de la noce.

Page 52.

XVI. Par cette alliance, la maiſon de Saxe a ſervi
à perpétuer les deſcendants d'un prince qu'elle avoit
dépouillé de ſes états : nous vîmes habiter en même
temps, ſous le même toit, deux princeſſes de Pologne,

filles de deux rois rivaux, & dont l'une eut pu dire à l'autre : votre père à détrôné le mien. Mais ou parut bien l'empire de la religion : c'est dans cette union inaltérable, qui régna toujours entre la reine & la Dauphine ; c'est sur tout dans cette tendre affection que Stanislas témoigna toute sa vie à la fille de celui qui étoit assis sur son trône. Ce prince avoit pour elle les sentiments d'un père pour sa fille : les malheurs qu'elle essuya pendant son séjour en France, devinrent les siens par la part qu'il y prit. Il reçut à sa cour, & il combla de mille marques de bonté, le comte de Lusace, son frère, & la princesse Christine sa sœur : j'en trouve la preuve dans une infinité de lettres que lui adressa la Dauphine : » les bontés » que votre majesté m'a toujours témoignées, lui dit-» elle entre autres choses ; me font espérer que vous » voudrez bien aussi les accorder, à ma recomman-» dation, au comte de Lusace : qui aura l'honneur » de vous faire sa cour & de vous remettre cette » lettre... Je voudrois pouvoir exprimer de vive voix » à votre majesté, toute la reconnoissance dont je » suis pénétrée pour les bontés dont vous venez de » combler ma sœur ; mais je ne puis que le sentir ; » plus heureuse que moi, elle va être a portée de » vous faire sa cour ; j'ose encore vous la recom-» mander. La douleur que j'ai de me séparer d'elle, » ne trouve d'adoucissement que dans les bontés que » vous lui témoignez... ». La raison peut bien ad-mirer ces beaux sentiments, mais la religion peut seule en être le principe. Non, il n'y a qu'une religion sainte & divine qui puisse rapprocher ainsi & unir si étroitement des cœurs, que les intérêts les plus puissants & les plus sensibles sembloient devoir mettre pour jamais en opposition.

Page 53.

XVII. La Dauphine, à la vérité, ne manquoit d'aucune des qualités qui peuvent intéresser; mais les plus rares qualités aux yeux de la prévention, ne font souvent que des défauts : & dans une cour aussi polie, mais moins religieuse que ne l'étoit celle de France, c'eut été beaucoup pour la jeune princesse que ses empressements n'eussent été payés que par des froideurs; & tout son mérite ne l'auroit point mise à l'abri de bien de désagréments. Dès son arrivée à Versailles, elle reconnu la disposition des cœurs, & jugea qu'elle n'avoit à craindre, de qui que ce fut, ni ressentiment, ni indifférence : mais cela ne lui suffisoit point. Pouvant assez compter sur l'amitié du roi, puisqu'elle étoit à la cour par son choix, elle voulut d'abord gagner l'affection de la reine, le cœur du Dauphin, la confiance de la famille royale, & l'estime de tous. L'entreprise étoit digne de son cœur & de sa religion; elle y réussit.

Page 55.

XVIII. La France & l'europe entière avoient les yeux fixés sur cette jeune princesse, & la plaignoient de se trouver dans une situation si critique. On se demandoit comment elle vivroit avec la reine; comment elle gagneroit l'affection du Dauphin ? le peuple politiquoit, le courtisan examinoit : mais Dieu agiſſoit ; ſa ſageſſe dirigeoit la princeſſe, qui parut toujours la moins embarraſſée de tous. Nous nous contenterons de citer ici quelques traits pris entre une infinité d'autres, qui tous étoient bien propres à lui concilier les cœurs, & à donner de ſa perſonne l'idée la plus avantageuſe. Quand le Dauphin, la première nuit de ſes nôces, entra dans ſon appartement, à la vue de pluſieurs meubles qui avoient été à l'uſage de ſa première épouſe, tous les ſentiments de ſa douleur ſe renouvellèrent ; quelques efforts qu'il fit, il ne fut pas maître de retenir ſes larmes ; la Dauphine les vit couler. Toute autre, en pareille circonſtance, eut cru s'être tirée avec adreſſe, en feignant de ne pas les appercevoir : mais elle entra dans les ſentiments du Dauphin ; elle prit part à ſa douleur, & mêlant ſes larmes aux ſiennes : » donnez, monſieur, » lui dit-elle, un libre cours à vos larmes, & ne » craignez point que je m'en offenſe ; elles m'annon- » cent au contraire ce que j'ai droit d'eſpérer moi- » même, ſi je ſuis aſſez heureuſe pour mériter votre » eſtime ». Le troiſième jour après ſon mariage, elle devoit, ſuivant l'étiquette, porter en bracelet le portrait du roi ſon père ; quoiqu'on ſe fut déjà fait de part & d'autre des proteſtations bien ſincères d'oublier pour toujours les démélés des deux cours, on ſent aſſez qu'il devoit en coûter à la fille de Staniſlas, de voir porter comme en triomphe dans le pa-

46

lais de **V**erfailles, le portrait de Fréderic. Une partie
de la journée s'étoit déjà paffée, fans que perfonne
eut ofé fixer le bracelet, qui avoit quelque chofe de
plus brillant que ceux des jours précédents. La reine
fut la première qui en parlà : » voilà donc, ma fille,
» lui dit-elle, le portrait du roi votre père ? oui,
» maman, répondit la Dauphine, en lui préfentant
» fon bras, voyez qu'il eft reffemblant ». C'étoit celui de Staniflas. Ce trait fut admiré & applaudi de
toute la cour. La reine fentit tout ce qu'il valioit :
elle en témoigna toute fa fatisfaction à la jeune princeffe, qui lui devenoit plus chère de jour en jour.

Page 55.

Cependant le Dauphin n'avoit pas encore perdu
le fouvenir de fa première époufe ; il en parloit toujours avec complaifance ; la Dauphine de fon côté
paroiffoit pleine de vénération pour fa mémoire : elle
engageoit elle-même le Dauphin à l'entretenir de fes
rares qualités, & lui proteftoit en toute occafion,
que tous fes foins fe porteroient à connoître fes vertus, & toute fon ambirion à lui reffembler. Des procédés fi généreux ne pouvoient manquer de faire la
plus vive impreffion fur le Dauphin. Il fentoit croî-
tre de jour en jour fon attachement pour fa nouvelle
époufe, & pouvoit à peine en croire fon cœur. Mais
rien ne lui fit mieux connoître le tréfor qu'il poffédoit en fa perfonne, & combien elle étoit digne
de toute fa tendreffe, que la maladie qu'il effuya en
1752. C'étoit une petite vérole, qui s'annonça par

des symptômes effrayants. La Dauphine s'étant rappellé qu'un jour il lui avoit dit qu'il redoutoit cette maladie, parce que souvent elle ne laisse pas au malade le temps de se reconnoître, elle forma le dessein de lui en laisser ignorer la nature, & elle y réussit. Elle imagina de composer & de faire imprimer, exprès pour lui, une gazette de France dans laquelle, sans avancer cependant rien de faux, elle parloit de sa maladie en termes généraux, & propres à éloigner de son esprit tout soupçon que ce pût être la petite vérole. Elle passoit la journée entière auprès de lui, & ne sortoit de sa chambre que fort avant dans la nuit, lorsqu'on l'obligeoit d'aller prendre quelque repos. C'étoit peu pour sa tendresse de lui présenter elle même tout ce qu'il prenoit, de chercher à l'égayer par ses propos, elle avoit la plus grande attention à lui procurer une situation commode dans son lit : elle se livroit avec un air de satisfaction aux offices les plus rebutants, & dont je craindrois que le détail n'offensât la délicatesse du lecteur; en sorte qu'un célèbre médecin, qu'on avoit mandé par extraordinaire, & qui ne connoissoit point la cour, frappé de tout ce qu'il voyoit faire à la princesse, la prit pour une garde-malade. » Voilà, dit-il en la montrant » à quelqu'un, une petite femme qui est impayable » pour ses attentions, son air aisé & son assiduité à » servir M. le Dauphin : comment l'appellez-vous »? Sur ce qu'on lui répondit que c'étoit madame la Dauphine, il se reprocha beaucoup de ne lui avoir pas

48

donné, dans les occasions, les marques de respect qui
lui étoient dues. » Oh bien, s'écria-t-il ensuite, que
» je voïe encore nos petites dames de Paris faire les
» précieuses, & craindre d'entrer dans la chambre de
» leurs maris quand ils sont malades, comme je les
» enverrai à cette école » ! Un jour qu'on représentoit à la princesse le danger auquel elle exposoit
elle-même sa santé, en se ménageant si peu, & en
respirant habituellement l'air d'une maladie contagieuse,
elle fit cette belle réponse : » Eh qu'importe que je
» meure, pourvu qu'il vive ! La France ne manquera
» jamais de Dauphine, si je puis lui conserver son
» Dauphin. »

Ce prince sentit tout le prix des attentions de sa
vertueuse épouse ; & pendant sa convalescence, il
ne se lassoit pas d'en parler. » Non, disoit-il quel-
» quefois, ce n'est qu'à ses soins & à ses prières que
» je suis redevable de la vie. Vous m'avez fait pren-
» dre le change sur la nature de ma maladie, lui
» disoit-il un jour en riant, cela n'est pas bien : avez-
» vous eu soin d'en tenir note dans votre examen
» de conscience ? Oh ! vraiment, lui répondit la Dau-
» phine, j'aurois bien de la peine à m'exciter à la
» contrition de la faute que vous m'imputez ; car il
» me semble qu'en pareille occasion j'y retomberois
» tout de nouveau. »

Page 57.

XIX. La vertu & la religion, plus encore que les
nœuds sacrés du mariage, unissoient si intimément le
Dauphin

Dauphin & la Dauphine, qu'on pourroit dire qu'ils ne faisoient qu'un cœur & qu'une ame ; & leurs vies ont entre elles une si étroite liaison, que celle du Dauphin sembleroit n'être pas complette : si l'on n'y joignoit quelque chose de celle de la Dauphine.

Page 377.

XX. La Dauphine n'avoit rien de frappant dans son extérieur ; elle étoit d'une taille médiocre, & d'une beauté ordinaire. Ses chagrins & ses malheurs avoient beaucoup altéré les traits de son visage, surtout dans les dernières années de sa vie. Elle avoit dans les yeux & dans l'accent de la voix quelque chose de gracieux, qui sembloit annoncer la bonté de son cœur. Elle portoit une chevelure abondante & d'une longueur démésurée. Le défaut de ces traits rares de la figure qu'un esprit frivole recherche uniquement dans une épouse, étoit avantageusement compensé, dans la princesse, par tout ce qui pouvoit plaire au Dauphin : un esprit judicieux & orné, un bon cœur, une ame élevée & solidement vertueuse.

Page 378.

XXI. Avec un esprit si solide & tant de vertu, au milieu d'une cour brillante, au sein d'une famille vertueuse, unie à un époux si digne d'elle, on s'imagine que la Dauphine vivoit heureuse : toute sa vie n'a été qu'un enchaînement continuel de chagrins & d'adversités. La providence, qui vouloit donner en sa personne l'exemple d'une vertu généreuse & désintéressée, la fit passer par tous les genres d'épreu-

50

ve & d'afflictions. Si quelquefois elle commençoit à
ouvrir son cœur à la joie, l'inftant d'après la réplon-
geoit plus profondément dans la douleur. Ses moments
de confolation, quand elle en eut, fembloient ne lui
être ménagés que pour lui faire reffentir plus amérement les chagrins qui les fuivoient. La France, dont
elle faifoit le bonheur par fes vertus & par fa fécondité, ne fut pour elle qu'un féjour de triftelle & de
larmes : & l'hiftoire de fes malheurs a de quoi inté-
reffer tout cœur fenfible.

Page 385.

XXII. La première de fes peines fut fa ftérilité ;
dont on fembloit lui faire un crime, comme fi elle
eut dû avoir la nature à fes ordres. Le peuple, toujours peuple, toujours inquiet & précipité jufques
dans fes vues les plus louables, annonçoit déjà l'extinction entière de la branche régnante des Bourbons.
La princeffe qui n'ignoroit pas la difpofition des efprits, en étoit vivement affligée. Auffi religieufe que
la mère de Samuel, elle s'adreffa fouvent au Seigneur:
dans la ferveur de la prière, & en jour de la préfentation de la fainte Vierge, elle lui fit d'une manière plus particulière encore, la promeffe qu'elle a
depuis fi bien gardée, d'élever pour lui les enfants
dont il la feroit mère. Les moments de la providence
approchoient, mais on ne vouloit pas les attendre:
on confulta la médecine, qui, pour ne point paroître en défaut, ordonna que la princeffe, qui jouiffoit
de la plus riche fanté, fe mettroit dans les remèdes,

& fe difpoferoit à aller prendre inceffamment les eaux de Forges. Elle foufcrivit à l'ordonnance : & malgré fon extrême répugnance pour un voyage qu'elle régardoit comme une forte d'exil, elle s'efforça de témoigner à fon départ un air de fatisfaction & de gaieté qui charma la cour. Elle s'affujettit fcrupuleufement au régime qu'on lui prefcrivit : elle effaya de prendre part aux petites fêtes qu'on lui donna pour charmer l'ennui de fon féjour aux eaux : elle fe prêta de la meilleure grace du monde, à tout ce qu'on exigea d'elle ; & quoiqu'elle ne mit de confiance qu'en Dieu feul, on eut dit qu'elle comptoit uniquement fur les fecours de la médecine.

Page 386.

D. L'on dit : » auffi religieufe que la mère de Sa-
» muel, elle s'adreffa fouvent au Seigneur : »

R. L'hiftoire Sainte nous apprend ce que la mère de Samuel fit à cet égard : » dans le temps, dit-elle, que le grand prêtre Heli jugeoit Ifraël, il y avoit un lévite du pays d'Ephraim, nommé *Elcana*, qui avoit deux femmes, dont l'une s'appelloit Anne, & l'autre Phenenna ; celle-ci avoit plufieurs enfants ; mais Anne n'en avoit point. Elcana alloit à Silo avec fa famille aux fêtes folemnelles, pour y adorer le Seigneur des armées, & pour lui offrir des facrifices : car le tabernacle du Seigneur étoit alors à Silo, & les deux fils d'Heli, Ophni & Phinées fervoient dans le tabernacle. Un jour donc Elcana, ayant offert fon facrifice, donna à Phenenna & à chacun de fes en-

D 2

fants leur part de la victime : mais il n'en donna qu'une à Anne qui n'avoit point d'enfant, & en la lui donnant il étoit triste, parce qu'il l'aimoit tendrement : mais le Seigneur l'avoit rendue stérile. Phenenna, qui avoit de la jalousie contre elle, l'affligeoit & la tourmentoit, jusqu'à lui insulter de ce que le Seigneur l'avoit rendue stérille. Elle en usoit ainsi tous les ans, lorsque le temps étoit venu d'aller au temple du Seigneur. Anne, pénétrée de douleur, pleuroit & ne mangeoit point ; & Elcana son mari tâchoit de la consoler, en lui disant : Anne, pourquoi pleurez-vous ? pourquoi ne mangez vous point, & pourquoi votre cœur s'afflige-t-il ? est-ce que je ne vaux pas mieux pour vous que dix enfants ?

Après qu'Anne se fut levée de table, elle s'en alla, le cœur plein d'amertune, devant la porte du temple du Seigneur, ou le grand prêtre Heli étoit assis. Là elle répandit beaucoup de larmes devant Dieu, & elle lui fit un vœu en ces termes : Seigneur, si vous daigniez regarder l'affliction de votre servante, si vous vous souvenez de moi, & si vous me donnez un enfant mâle, je vous l'offrirai, & il vous sera consacré pour tous les jours de sa vie. Elle demeura ainsi long-temps en priere, parlant à Dieu en son cœur : car on voyoit seulement remuer ses levres, mais on n'entendoit aucune parole. Heli, la voyant prier ainsi, crut qu'elle étoit ivre, & il lui dit : jusqu'à quand serez vous ivre ? allez vous en cuver votre vin ; Anne lui répondit : ce n'est pas ce que vous penſez ſeigneur ; car je n'ai rien bu qui puiſſe enivrer ; mais je ſuis une femme accablée d'affliction, & je répands mon ame devant le Seigneur. Aſſurez vous qu'il n'y a que l'excès de ma douleur qui m'a fait parler juſqu'à cette heure. Alors Heli lui dit : allez en paix, & que le Dieu d'Iſraël vous accorde ce que vous lui avez demandé.

Anne alla retrouver ſon mari ; elle prit de la nourriture, & elle n'eut plus, comme auparavant, le viſage triſte & abattu. Quand ils furent retournés au lieu de leur demeure, Dieu *ſe ſouvint d'Anne* : elle conçut & mit au monde un fils, qu'elle appella Samuel, parce que Dieu l'avoit accordé à ſa prière. Elle le nourrit de ſon lait, juſqu'à ce qu'il fut en âge d'être ſévré ; & quand elle l'eut ſévré, elle le mena à Silo à la maiſon du Seigneur. L'enfant étoit encore tout petit. Son père & ſa mère le préſentèrent à Heli, & Anne lui dit : monſeigneur, je ſuis cette femme que vous avez vu ici prier le Seigneur ; je le ſuppliois de me donner cet enfant ; & le Seigneur m'a accordé la grace que je lui demandois. C'eſt pourquoi je le lui rends, afin qu'il ſoit à lui tant qu'il vivra. Ils adorèrent le Seigneur en ce lieu, & Anne prononça un cantique d'actions de graces. Heli bénit Elcana & ſa femme, & il dit à Elcana : que le Seigneur vous rende d'autres enfants de cette femme, pour celui que vous lui avez donné en dépôt. Après cela ils s'en retournèrent chez eux. *Le*

Seigneur visita Anne, & elle eut encore trois fils & deux filles. »

> Abrégé de l'histoire & de la morale de l'ancien Testament, page 176, Rouen 178 .

La mère de Samuel fit donc ce vœu : » Seigneur, » si vous daigniez regarder l'affliction de votre ser- » vante, si vous vous souvenez de moi, & si vous » me donnez un enfant mâle, je vous l'offrirai, & » il vous sera consacré pour tous les jours de sa vie ». *Aussi religieuse*, madame la Dauphine n'auroit-elle pas fait au Seigneur un vœu aussi religieux, n'auroit-elle pas fait le même vœu en substance *que la mère de Samuel ?* je m'en tiens au texte.

D. Quelle année madame la Dauphine fit-elle ce vœu ?

R. Madame la Dauphine s'est mariée le 8 Février 1747, & c'est dans les allarmes de sa stérilité qu'elle est allée prendre les eaux de Forges ; si l'on consi- dère en outre que madame Zéphirine, la première de ses enfants, qui est née le 26 Août 1750, doit avoir été formée le 17 Novembre 1749 ; l'on conclura que ce fut le 21 Novembre 1749, qu'elle a fait ce vœu au Seigneur. Mais il importe peu de savoir quelle an- née elle l'a fait, quand l'on voit clairement qu'elle l'a fait avant la naissance de son premier enfant mâle.

XXIII. La naissance de huit enfants, cinq princes & trois princesses, fut le fruit d'une alliance si chré- tienne & si bien assortie.

> Vie de M. le Dauphin, page 184.

XXIV. Ce ne fut que la quatrième année de fon mariage que la naiffance d'une princeffe diffipa les allarmes de la France ; & depuis, la nature fe montrant plus docile aux lois de fon auteur qu'à celles que l'on eut voulu lui prefcrire, chaque année voyoit naître un nouvel appui du trône.

Page 387.

D. Quel jour eft née la princeffe ?

R. L'abbé Proyart ne donne ni le jour de la naiffance, ni celui de la mort d'aucun des enfans de monfeigneur le Dauphin ; & les étrennes militaires précitées, qui ne donnent la naiffance que des princes & princeffes qui vivoient encore l'an 1750, ne donnent point la naiffance de celle-ci, morte avant cette époque. Cependant fumée le 27 Novembre 1749, elle doit être née le 26 Août 1750, comme je l'ai dit ci-devant.

XXV. Le premier prince qu'elle mit au monde fut nommé duc de Bourgogne ; mais à peine eut-elle goûté le plaifir d'être mère d'un fils, qu'elle trembla pour la vie de fon époux : le Dauphin fut attaqué d'une petite vérole, qui portoit les caractères de malignité les plus effrayans. Sans ceffe attachée au pied de fon lit, elle fut en quelque forte malade avec lui, par fes inquiétudes, fes fatigues, & les dangers auxquels elle s'expofa.

Page 387.

Voila la naiffance du duc de Bourgogne, & fa mort au monde en projet, projet prématuré. S'il avoit

éé honorable de manifester son enlévement à la France;
au lieu de l'insinuer, on l'eut exprimé aussi clairement que sa naissance.

D. Quel jour est né le duc de Bourgogne?

R. 1°. » N. de France, duc de Bourgogne, né
» le 13 Septembre 1751. »

Etrennes militaires précitées, page 204.

R. 2°. Aussi tôt que le roi fut averti la nuit du
12 au 13 Septembre, que madame la Dauphine étoit
dans les douleurs, sa majesté vint à Versailles de
Trianon. En sortant de son appartement de ce dernier château, un soldat des gardes suisses, plein de
confiance dans son zèle, lui dit : » Sire, je félicite
» votre majesté, nous avons un duc de Bourgogne;
» cela est sûre comme vous êtes roi ». en effet, le
roi étoit à peine en vue de Versailles, que l'on accourut lui annoncer que la Dauphine venoit d'accou-
cher d'un prince. Sa majesté a gratifié le soldat suisse
d'une pension de 1500 livres.

La c'ef du cabinet des princes de l'europe, mois
de Novembre, page 339, Luxembourg 1751.

C'est un soldat qui annonça, le premier, au roi,
la naissance d'un prince qui auroit dû causer tant de
joie & de félicité, & qui causa tant de chagrin &
de malheur. Il étoit plus de minuit, quand le roi partit de Trianon; mais les astres le guidoient. De tous
les enfants de monseigneur le Dauphin le duc de Bourgogne est le seul qui ait été assez heureux, en naiss-
sant, que de faire accorder une pension à un soldat

du roi ; auſſi , fidèles à leurs principes , je les ai vu, ces généreux ſoldats, s'empreſſer à me tirer promptement des beſoins preſſants qui m'environnoient, en me faiſant accorder une penſion de 1800 livres.

Pour acquitter madame la Dauphine au tribunal de ſa conſcience , & ne point l'aſſommer du coup , il falloit lui enlever ſon enfant le moment le plus commode, celui de l'accouchement. Pour n'avoir à rendre compte à perſonne de ſa diſpoſition , il falloit lui en ſubſtituer un autre de même ſexe, & le faire paſſer pour ſon fils. Pour faire remplir le vœu de la mère à l'enfant, il falloit éliminer ce petit malheureux, & le jeter dans quelque pays ou l'on reſpectât aſſez la bonne œuvre pour faire paſſer la pieuſe victime par les ſaintes ſouffrances attachées à ſa deſtinée ; l'événement juſtifie le projet. En outre : la vie de la reine nous fournit, non-ſeulement la poſſibilité de la ſubſtitution, mais elle nous donne la ſubſtitution même.

1°. » Cependant, comme ſi le ciel, protecteur de la foi des enfants de S. Louis, eût voulu fixer plus particuliérement encore la défiance de la reine ſur la malignité d'une héréſie attentive à tous les moyens de la ſéduire , il permit qu'un événement cruellement douloureux pour ſon cœur , vint augmenter l'horreur qu'elle en avoit déjà conçue. La ſingularité du fait nous auroit porté à le révoquer en doute , s'il ne nous fut parvenu de première ſource ; & nous nous garderions bien de le rapporter, ſi nous n'étions aſſurés de n'être pas contredits par les perſonnes qui ont eu quelques relations de confiance avec la reine ou avec la famille royale. Après ces manœuvres inutiles, dont nous venons de parler, pour furprendre la piété de la princeffe, les plus ardents promoteurs du parti janféniste regrettoient toujours qu'une fi précieufe conquête leur eût échappée, & ne pouvoient fe défendre de la couvoiter encore. En 1733, le duc d'Anjou, fils de la reine, jeune prince alors dans fa troifième année, fe trouvant, non pas malade mais incommodé, ils imaginèrent que le moment étoit venu où il falloit enfin triompher de l'incrédulité de la mère, par un prodige opéré en faveur du fils. Pleins de confiance en la vertu du diacre Pâris (*), ils regardent le fuccès comme infaillible : ils s'adreffent à une des femmes qui fert le jeune prince, la gagnent, & lui propofent, comme chofe qui ne peut fouffrir de difficulté, d'opérer la guérifon fubite de fon augufte malade. Cette femme y confent : elle en met une feconde dans le fecret de la bonne œuvre, &, toutes deux de concert, elles fubornent deux gardes-du-corps, qui doivent favorifer l'entrée de l'appartement du duc d'Anjou à l'agent miraculeux de fa future guérifon. Alors un fujet initié aux myftères des

---

(*) Ceux qui ont quelques notions des extravagances janféniftes, favent que le premier & le plus grand faint du parti étoit un certain diacre Pâris, qui, par humilité, fe mettoit au-deffus de l'églife univerfelle, & fe difpenfoit lui-même du précepte de la communion pafcale.

convulfionnaires eft introduit fécretement, qui remet aux garde-malade une provifion de terre extraite du tombeau de Pâris, avec la recette pour en faire ufage jufqu'à parfaite guérifon. Point de retard : on s'emprefle d'adminiftrer à l'enfant une première & une feconde pilule, qui n'opèrent pas fenfiblement. On double la dofe ; l'incommodité auffi-tôt prend un caractère de maladie. On continue le régime, la maladie empire. Le malade pleure, s'agite, éprouve des mouvements convulfifs. Ces accidents inquiètent peu ceux qui les provoquent : ils s'en felicitent, au contraire : c'eft, fans doute, que le fpécifique opère & que le miracle commence. Toutes les boiffons & les potions que l'on préfente à l'enfant font affaifonnées de terre, & l'on a grand foin qu'il épuife la coupe jufqu'à la lie. Cependant tous les remèdes qu'on peut lui adminiftrer reftent fans effet ; & , en peu de jours, il eft réduit à l'agonie. N'importe ; en cet état encore, le fanatifme ne ceffe de lui ingérer de la terre, jufqu'à ce qu'il en foit étouffé. Le lendemain de la mort du prince, tous les gens de l'art, qui ont fuivi la maladie, s'affemblent, empreffés d'en découvrir la caufe interne qui a échappé à toutes leurs obfervations. On fait l'ouverture du corps & les fignes apparents indiquent bientôt que le fiège du mal étoit dans les inteftins. Et en effet on les trouve remplis de terre. Les médecins le voient, fe regardent dans l'étonnement, & ne favent pas s'ils doivent en croire à leurs yeux. Vaincus par l'évidence, néanmoins, ils cherchent à

expliquer le phénomène. Il n'y avoit pas de terre
dans la chambre du malade : on ne l'avoit pas conduit dans le parc, où il auroit pu en trouver ; &,
y eût-il été conduit, il ne pouvoit pas y être feul ;
& , enfin, eût-il eu fous la main de la terre à difcrétion, refteroit encore à expliquer comment il auroit pu violenter la nature, jufqu'à en prendre en
quantité fuffifante pour s'étouffer. Le réfultat de ces
confidérations eft qu'il faut faire fubir un interroga-
toire aux femmes qui fervoient le jeune prince. On
les mande, on les preffe, on les intimide : enfin le
myftère janfénifte fe découvre ; & la reine a la douleur d'apprendre que fon fils eft mort, pour n'avoir
pu digérer la terre du cimetière de S. Médard. Les
femmes & les deux gardes-du-corps qui avoient coo-
péré à ce pieux affaffinat furent chaffés de la cour,
mais on ne chercha point à découvrir d'autres coupables ; & la reine, étouffant par la religion le cri
de la nature, conjura le Seigneur d'accepter la mort
de fon fils comme un facrifice d'expiation pour tous
les outrages faits par l'héréfie à la raifon & à fon auteur. La pieufe princeffe eut, en effet, la confolation
de voir les manœuvres convulfionnaires dévoilées, &
le janfénifme, enfuite, expirant dans le mépris. »

    Vie de la reine, page 304, Bruxelles 1794.

    2°. » Mais ce fut dans la capitale, ce fut à Verfailles
& à Compiegne, théâtres plus ordinaires de fes bonnes œuvres, que fa mort fit plus de fenfation, &
que la reconnoiffance fe produifit par des tranfports

plus vifs. Ici des orateurs montroient au peuple les ornements précieux dont elle avoit décoré les autels, & les vases sacrés que sa piété avoit déposés dans les tabernacles : ici des pasteurs affligés rappelloient aux fidèles des jours encore peu éloignés, où ils avoient eux-mêmes vu la pieuse princesse, tantôt présidant leurs assemblées de charité, tantôt assistant au milieu d'eux à nos saintes solemnités. Les malades & les infirmes dans les hôpitaux, les pauvres dans les maisons de charité redemandoient au ciel leur bienfaitrice, les uns en rappellant ces précieuses visites & ces œuvres de miséricorde dont ils avoient été les sujets, les autres en montrant les vêtements dont elle les avoit couverts. Dans un nombre de pauvres communautés, dont elle étoit le soutien & comme la seconde providence, on déploroit la double perte & de ses saints exemples & de ses dons charitables. Au sein de mille familles malheureuses, qui ne subsistoient que de ses bienfaits ignorés, des pères & des mères désolés révéloient à leurs enfants le triste secret de leur misère, avec le nom de celle qui prenoit soin de la soulager. »

Page 398.

» Et parmi ces regrets de tant de cœurs inconsolables; parmi ce concert de louanges, & cet empressement des françois à couvrir de fleurs la tombe de la bonne princesse, pas une seule voix ne se fit entendre pour improuver ou contredire. Aussi n'avons-nous pas à craindre, nous-mêmes, ayant l'avantage

62

d'écrire fous les yeux d'un peuple entier de témoins ; qu'on nous accufe d'avoir fubftitué le panégyrique à l'hiftoire, lorfqu'en racontant les actions de cette grande reine, nous n'avons raconté que des vertus. »
Page 397.

» Faute à corriger.

Page 348, lig. 19, Clément VIII, lifez Clément XIII. »
Page 397.

L'on dit au fingulier : *faute à corriger* ; cependant l'on en trouve une feconde, fans fortir de cette même page, côtée 397, quand c'eft la 399.me. Cette feconde faute fe donne, fans doute, pour faire remarquer la première ; mais, palpable comme elle eft, elle ne pouvoit échapper à l'œil clair-voyant : les nombres 13 & 48 rendent l'événement fenfible. Le premier nombre marque le jour de la naiffance du duc de Bourgogne ; le fecond, l'année de la naiffance de Pierre-Jofeph Dachet. La plus grande faute de ces arrangements, eft d'avoir fait paffer l'enfant à l'étranger. Seroit-ce pour marquer ce plan à jamais funefte, pour indiquer l'auteur de nos maux, que l'on m'auroit conduit à Trianon comme par la main, & que l'on m'y auroit enlevé ?

Enlevé à la tendreffe de fa mère, au premier pas qu'il fit en fortant de fon fein, cet infortuné enfant va partir pour la frontière du royaume.

XXVI. En 1751, la naiffance du duc de Bourgogne, le premier de fes fils, le mit dans le cas de manifefter fes libéralités, qui étoient fouvent fecretes :

& afin que les pauvres priſſent part à la joie que cau-
ſoit à toute la nation la naiſſance d'un nouvel appui
du trône, il leur fit diſtribuer d'abondantes aumônes.
Ayant appris que la ville de Paris deſtinoit une ſomme conſidérable aux fêtes qu'elle préparoit, il repré-
ſenta au roi qu'il verroit avec peine *tant d'argent s'en
aller en fumée*; qu'il lui paroiſſoit plus glorieux, &
plus utile à l'état, que cette ſomme fut employée en
faveur des pauvres. Louis XV entrant dans ſes vues,
fit connoître aux habitants de la capitale, qu'ils ne
pouvoient rien faire qui fut plus conforme à ſes propres deſirs, & qui flattât plus agréablement le Dauphin, que de conſacrer au ſoulagement des malheureux la ſomme qu'ils deſtinoient aux réjouiſſances pu-
biques. La ville applaudit à ces diſpoſitions, les fêtes furent moins brillantes : on paya la dot à ſix cents
pauvres filles, & l'exemple de la capitale fut ſuivi
par pluſieurs villes de nos provinces.

Vie de M. le Dauphin, page 167.

Il eſt à remarquer 1°. que de tous les enfants de
madame la Dauphine, le duc de Bourgogne eſt le
ſeul dont l'année de la naiſſance ſoit annoncée dans
le cours de la vie de monſeigneur le Dauphin. 2°. Qu'il
eſt le ſeul dont la naiſſance ſoit annoncée en deux
endroits. 3°. Qu'il eſt le ſeul qui ſoit iſolé & comme
arraché à la tendreſſe de ſa mère. 4°. Que c'eſt à
l'endroit de ſon iſolement que l'année de ſa naiſſance
eſt annoncée. Ne ſeroit-ce point pour marquer qu'il
lui fut enlevé en ſortant de ſon ſein ? qu'il fut en

quelque forte doublé, *dupliqué*, par l'enfant qui lui fut fubftitué ? qu'il fut comme tranfplanté dans une autre terre, ou on vouloit lui faire prendre racine? & que fon ifolement, ou fa tranflation, a eu lieu l'année de fa naiffance ?

Au furplus dans une grande crife de l'état, tout le monde, jufqu'aux filles qui gagnent leur vie fous les lanternes, doit travailler au falut du corps politique. L'on avoit ravi à la France le premier appui du trône; c'étoit la grande maladie de l'empire françois. Il falloit y voir clair; il falloit s'approcher de la lumière. La du Barry fut comme tirée de la fange pour fonder la profondeur du mal. Aux premiers fymptômes qu'elle apperçut, elle en propagea le fecret à fa manière. Dans l'enthoufiafme de fon miniftère, elle difoit, burlefquement, au roi même : » la France, » ton café fout le camp »! c'eft à fon nom que la nouvelle Dalila doit fa vocation; nous en devons le fr   à la familiarité à laquelle elle fut élevée : l'euffions-nous recueilli fans le fimulacre de la journée du 24 Juin 1770 ? c'eft précifément pourquoi la communauté de Fioreffe difoit que j'étois fils naturel de Louis XV.

Soit que le duc de Bourgogne ait été enlevé à madame la Dauphine à fon infçu, foit qu'il ait été enlevé à la France de fon aveu, l'on voit qu'il fut transféré en terre étrangère dès les premiers jours de fa naiffance. Comme la fubftitution d'un autre enfant s'enfuivoit de la tranflation du prince, c'eft à celle-ci

& qu'il eût fallu s'attacher ; une fois prouvée, la subflitution s'établiffoit néceffairement ; or elle eft prouvée par le texte & les dépofitions.

XXVII. Le prince recouvra la fanté ; mais elle partagea bientôt avec lui la douleur d'une perte commune : la conformité de fentiments avoit formé entre elle & madame Henriette une union d'intimité : leur tendreffe & leur confiance n'avoient point de bornes. La mort rompit les doux nœuds qu'avoit formé la vertu : la princeffe mourut en 1752. La Dauphine la pleura long-temps, & fentit toujours le vide qu'elle laiffoit dans la petite fociété qu'elle formoit avec elle, le Dauphin & madame Adélaïde.

Vie de M. le Dauphin, page 388.

D. Quel jour eft morte madame Henriette ?

R. Madame Henriette de France, fille du roi, morte le 10 Février 1752, âgée de vingt-quatre ans & demi.

Etrennes précitées, page 223.

XXVIII. L'année fuivante il lui naquit un prince qui fut nommé duc d'Aquitaine ; mais peu de mois après s'être réjouie de fa naiffance, elle pleura fa mort.

Vie de M. le Dauphin, page 388.

D. Quel jour eft né le duc d'Aquitaine ?

R. 1º. Mort avant l'an 1756, les étrennes précitées ne donnent point fa naiffance.

R. 2º. le 8 Septembre, vers les deux heures de l'après midi, madame la Dauphine mit de nouveau un prince au monde à Verfailles, dont elle a été heu-

Vme. Tome. IIme. P.   E

66

reusement délivrée. Il fut ondoyé sur le champ, &
nommé duc d'Aquitaine.

La Clef du cabinet, mois d'Octobre 1753,
page 279.

Voici les fêtes que l'on donna à Paris à l'occasion
de la naissance. On chanta le 16 Septembre le *te Deum*
dans l'église métropolitaine de Paris. La décoration
du feu d'artifice, que l'on tira le jour même dans
la place de l'hôtel-de-ville, représentoit un temple
d'architecture yonique, bâti sur une montagne. L'é-
difice à l'extérieur étoit de forme quarrée. Deux grou-
pes de colonnes placés de chaque côté des entrées
principales, portoient au-dessus de leurs corniches, l'é-
cusson des armes de M. le duc d'Aquitaine. Des
amours qui voltigeoient au-dessus des colonnes, pa-
roissoient s'empresser à y attacher des guirlandes de
fleurs. Au frontispice du grand portique étoit un tableau, dans lequel on voyoit tous les dieux assemblés.
Le destin, venant d'exaucer les vœux de la France,
la déesse iris, assise sur l'arc-en-ciel, annonçoit à la
terre cet heureux événement. De pareils tableaux servoient de couronnement aux autres façades. La gloire,
les vertus & les graces exprimoient par leurs attitudes
la part qu'elles prenoient à la naissance d'un prince,
dont l'éducation alloit devenir l'objet de leurs soins.
Dans les quatre angles de la décoration étoient la
jeunesse, la force, la santé, la tempérance.

L'artifice commença par une grande quantité de fu-
sées d'honneur. Cet effet d'artifice fut suivi de trois

foleils dans la principale face & dans les deux faces latérales. Il a mérité une approbation générale, & c'eft le fieur Pierre Roggiere, artificier italien, qui l'a exécuté.

Le prince qui vient de naître eft le trente-cinquième duc d'Aquitaine.

Mois de Novembre 1753, page 290.

L'on ajoute, le duc d'Aquitaine étant tombé dangéreufement malade, le cardinal de Rohan, grand aumônier de France, lui a fuppléé les cérémonies du baptême. Ce prince a été nommé Xavier-Marie-Jofeph. Il a été tenu fur les fonts par le maréchal de la Mothe Houdancourt, chevalier d'honneur de la reine, & par la comteffe de Marfan, gouvernante des enfants de France. Le lendemain à midi il mourut au château de Verfailles, âgé de cinq mois & quinze jours. Malgré tous les fecours qui ont été adminiftrés à ce jeune prince, il n'a pu réfifter à la violence des convulfions occafionnées par le mal des dents, qui ont été d'autant plus vives, que fix dents lui percèrent à la fois. Le 21 après midi fon corps ayant été apporté de Verfailles au château des Thuilleries, fut embaumé le 23 & expofé fur une eftrade à la vue du public. Le curé de faint Germain l'Auxerrois, précédé de tout le clergé de fon églife, alla le prendre le 25, & on le porta avec les cérémonies ufitées à l'abbaye royale de S. Denis, où il a été dépofé dans le tombeau des rois. Le cœur du duc d'Aquitaine a

68

été porté le même jour à l'abbaye du Val de Graces
à Paris.

Mois d'Avril 1754, page 301.

La mort du duc d'Aquitaine a été des plus fenfible au roi & à toute la famille royale. Elle a d'a-
bord été cachée à madame la Dauphine, qui eft enceinte & même avancée dans fa groffeffe. La reine a
pris fur elle de la lui annoncer. M. la Dauphine ne
put tenir les larmes que la douleur lui arracha pour
la perte d'un prince, dont la naiffance lui avoit caufé
tant de joie. Mais M. la Dauphine ne parut remplie
d'autre fentiment que de celui d'une parfaite foumiffion
à cet egard, & elle le témoigna d'une manière dont
tous ceux qui étoient préfents furent édifiés.

Mois d'Avril 1754, page 302.

D. Quel jour eft mort le duc d'Aquitaine ?

R. » Xavier Marie-Jofeph de France, fils de mon-
» feigneur le Dauphin, duc d'Aquitaine, mort à Verfail-
» les le 22 Février 1754, âgé de cinq mois & demi. »

Etrennes précitées, page 223.

Tout prouve que le duc d'Aquitaine eft mort à
l'époque énoncée. Cependant la relation de la Clef du
cabinet, étoit bien propre, par fes inconféquences,
à faire errer les peuples, à leur faire croire que ce feroit le duc d'Aquitaine qui auroit été transféré hors
du royaume. Toutefois leur opinion erronée ne faifoit rien au fonds de la queftion : ne fut-ce que le
duc d'Aquitaine, c'étoit toujours l'aîné des quatre garçons qui reftoient de monfeigneur le Dauphin, tou-

jours le premier en droit, le plus prochain au trône. Mais cette opinion devoit contrarier le duc de Bourgogne, en ce que les Belges y tenant comme ceux qui voyant brûler leur maison, croiroient qu'il seroit plus expédient de prendre leur chapelet que de courir à l'eau, quand ce seroit tenter la providence.

Les inconséquences sont 1°. » Six grosses dents » lui percerent à la fois ; »

R. C'est bien extraordinaire. C'est vers le 7me. 8me. ou 9me. mois que les premières dents, *les incisives*, commencent à paroître, une en bas, & ensuite une en haut. Vers le 11me. ou 12me. mois les dents canines succèdent, & viennent tantôt deux en même temps, tantôt l'une après l'autre. Vers le 16me. 17me. ou 18me. mois, paroissent quatre dents molaires, une de chaque côté, en bas & en haut. Vers l'âge de deux ans, il vient quatre nouvelles dents molaires ; quatre autres vers la 4me. ou 5me. année ; encore quatre vers l'âge de 7 ans ; enfin à l'âge de 20, 22, 25, quelquefois 30 ans, & même plus tard, paroissent les quatre dernières grosses dents : & ici l'on en fait paroître *six à la fois*, dans un enfant de cinq mois & demi !

2°. » Il a été tenu sur les fonts par le maréchal » de la Mothe Houdancourt, chevalier d'honneur de » la reine, & par la comtesse de Marsan, gouver- » nante des enfants de France, »

R. C'est-à-dire par des particuliers, quand tous ses frères & sœurs, qui ont été baptisés, ont été tenus, par des rois, ou par des princes & princesses du sang.

3°. » Il ne put résister au mal des dents ; »

R. La dentition cause bien aux enfants des convulsions, à l'éruption des 16 premières dents, les huit incisives, les quatre canines, & les quatre premières molaires ; mais en faire mourir le duc d'Aquitaine! on ne sera pas surpris de ces convulsions, si l'on fait attention que, pour qu'une dent se montre, il faut qu'elle rompe une lame osseuse qui recouvre l'alveole, & qu'elle perce le périoste & la gencive. Cependant, à peine sentis-je un léger engourdissement, à l'éruption de mes quatre dernières molaires à l'âge de 29 ans, quand la lame osseuse, fortifiée, au moins de l'ossification du périoste, devoit être bien plus forte que celle du duc d'Aquitaine. Fut-ce énerver la démonstration, je le manifesterai, le regardant comme un bienfait de la providence. Depuis que j'ai eu la rougeole, à l'âge d'environ 5 ans, jamais je n'ai éprouvé aucun autre mal dans le physique, que celui qu'on m'a fait dans ma longue persécution.

4°. » M. la Dauphine parut remplie d'une parfaite » soumission à cet égard ; »

R. Cependant, avec toute sa déférence pour la reine ; à la nouvelle subite & inattendue de la mort de son fils : consternée, désolée, auroit-elle pu se remplir si facilement sur le champ, du sentiment édifiant que, moi-même, je lui prêterois volontiers? malgré la reine, malgré sa soumission, sa résignation même, la nature allarmée, ses entrailles émues, son cœur déchiré par la douleur, l'auroient fait sortir d'elle-même pour poser sur son fils les derniers regards de sa tendresse, pour aller recueillir son dernier soupir. D'ailleurs est-ce dans l'état de grossesse, toujours si dangereux ; est-ce en présence d'une foule de spectateurs, qu'on annonce subitement à une mère une nouvelle si inopinée & si cruelle ? mais on vouloit insinuer la translation du duc de Bourgogne ; & dans cette manie d'insinuations, tout paroissoit conséquent, sans qu'on s'apperçut qu'on insinuoit celle du duc d'Aquitaine, qu'on trompoit les peuples, & que l'erreur s'enracinoit de plus en plus.

5°. Le journal le fait mourir le 20 ; & les étrennes, le 22 Février 1754. Cette discordance, toutes ces inconséquences étoient propres à faire errer les peuples, de là les contrariétés du duc de Bourgogne avec les Belges.

XXIX. Cette perte fut réparée par la naissance du duc de Berry : peu de temps après, la mort de Chambord, sur laquelle le Dauphin ne vouloit recevoir aucune consolation, l'affligea par contre-coup ; & c'est dans ces mêmes circonstances, que Dieu exigea d'elle un sacrifice qui coûta infiniment à son cœur : la princesse Zephirine étoit l'aînée de ses enfants, & la seule fille qu'elle eut alors : elle étoit dans sa cinquième année, l'âge où l'enfance commence à avoir plus de charmes ; la mort la lui enleva.

Vie de M. le Dauphin, page 388.

D. Quel jour est née la princesse Zephirine ?

R. Morte avant l'an 1756, les étrennes précitée
ne donnent point sa naissance.

D. Quel jour est-elle morte?

R. » Madame Marie-Zephirine de France, second
» fille de monseigneur le Dauphin, morte à Versaille
» le premier Septembre 1755, âgée de cinq ans &
» cinq jours. »

Etrennes précitées, page 223.

D. Quel jour est né le duc de Berry?

R. 1°. » N. de France, duc de Berry, né le 23 Aoû
» 1754. »

Etrennes précitées, page 205.

R. 2°. Le 23 Août, sur les trois heures & demie
du matin, M. la Dauphine a senti quelques douleurs,
& cette princesse est accouchée trois heures après,
savoir à six heures & demie, d'un prince, que le roi
a nommé duc de Berry.

La Clef du cabinet, mois d'Octobre 1754, page 319.

On le dit : » la mort de Chambord, sur laquelle
» le Dauphin ne vouloit recevoir aucune consolation,
» l'affigea par contre-coup ; »

R. C'est à la source du mal qu'il faut remonter,
pour sonder toute la profondeur de la plaie, pour
trouver la véritable cause de l'excès de sa douleur;
qu'en dit l'histoire?

Quelques-uns des panégyristes de ce prince lui donnent pour la chasse un attrait qu'il n'eut jamais, afin
de donner par-là plus de prix au sacrifice qu'il fit de

cet amufement ; mais celui qui réunit tant de vertus réelles, n'a pas befoin qu'on lui en prête d'imaginaires. Le Dauphin prenoit de temps en temps cet exercice, moins par goût que par raifon de fanté, & par complaifance pour le roi qui chaffoit fouvent, & qui aimoit que le Dauphin l'accompagnât. Un accident le détermina à y renoncer pour jamais : au mois d'Août de l'année 1755, il lui arriva ce qu'il appella toujours depuis, & ce qui eft véritablement pour un cœur fenfible, le plus grand des malheurs, celui de tuer un homme en revenant d'une chaffe qu'il avoit faite aux environs de Verfailles, où il étoit refté avec la Dauphine pendant le voyage de la cour à Compiegne : il voulut décharger fon fufil ; le coup porta dans l'épaule gauche d'un de fes écuyers, nommé Chambord, qu'un corps intermédiaire l'empêchoit d'appercevoir. C'eft encore fans fondement qu'on a écrit que ce gentilhomme s'étoit expofé imprudemment : l'accident arriva fans fa faute, & fans celle du Dauphin. Aux cris lamentables qu'il pouffa, le prince foupçonnant le malheur, jette fon fufil, & court vers l'endroit où il avoit dirigé fon coup : quel fpectacle ! Il apperçoit un homme renverfé par terre, & qui fe rouloit dans la pouffière ; il s'approche de plus près ; il reconnoît Chambord qu'il aimoit. A la vue de fon corps enfanglanté, il eut le cœur percé de douleur ; il fe précipita fur lui, & le conjura, en l'arrofant d'un torrent de larmes, de vouloir bien lui pardonner : l'écuyer touché de l'état où il voyoit le Dauphin, lui dit ce qu'il put pour le consoler lui-même. Le prince aussitôt le fit conduire à Versailles pour être remis entre les mains des plus habiles chirurgiens. Pour lui, la douleur dans le cœur, le visage abattu, l'esprit tout occupé de son malheur, il s'avança jusqu'au château même, les cheveux en désordre, & sans s'appercevoir qu'il fût encore en veste. Son accablement étoit si profond qu'on n'osoit pas même entreprendre de l'en distraire. Quelqu'un de sa suite, croyant qu'un tel excès de désolation ne pouvoit venir que de la persuasion où il étoit que son écuyer étoit blessé à mort, lui dit pour le consoler, qu'il pourroit bien guérir de sa blessure : » Eh » quoi ! lui répondit il, faudra-t-il donc que j'aie tué » un homme pour être dans la douleur ? »

Quelque extrême que fût son affliction, il se vit encore obligé de dissimuler, & d'en cacher soigneusement la cause à la Dauphine, alors enceinte du comte de provence ; il prit un verre de liqueur qu'il crut propre à ranimer les traits de son visage : il composa de son mieux tout son extérieur, avant que de se rendre, selon sa coutume, à l'appartement de la princesse. Une douleur profonde se déguise difficilement à une épouse : elle ne le vit pas plutôt, qu'elle lui demanda quelle étoit la cause de sa tristesse ; & elle le pressa tellement, qu'il ne lui fut pas possible de lui en faire un secret. Elle s'empressa aussi-tôt de lui suggérer les motifs les plus capables de le tranquilliser ; mais la seule chose qui le soulagea en ce moment, ce fut de n'avoir point à se faire violence pour dissimuler sa douleur : il s'y abandonna sans réserve, & jusqu'à donner sujet de craindre pour sa santé. L'officier ne mourut qu'au bout de sept jours. Le Dauphin, pendant tout ce temps, ne pensa qu'à lui, ne s'occupa que de lui. Non content d'avoir donné les ordres les plus précis pour qu'il fût traité avec toutes sortes de soins, il voulut encore s'en assurer par plusieurs visites qu'il lui fit, quoique sa vue seule, comme il l'avouoit lui-même, lui perçat le cœur. Sa mort lui porta un nouveau coup plus sensible encore. » Hélas ! s'écria-t-il quand on lui en » apprit la nouvelle, il est donc vrai que j'ai tué » un homme : ô Dieu ! quel malheur » ! Cette affligeante pensée ne le quittoit ni le jour, ni la nuit : rien n'étoit capable de l'en distraire. Il étoit tellement pénétré du sentiment de sa douleur, que quelquefois il le communiquoit à ceux-mêmes qui essayoient d'en modérer l'excès. Un jour qu'on lui représentoit qu'il ne devoit pas s'imputer un malheur dont il n'étoit que la cause innocente : » Vous direz tout ce que vous » voudrez, reprit-il, mais ce pauvre homme est tou- » jours mort, & mort d'un coup qui est parti de ma » main ; non, je ne me le pardonnerai jamais ». Et dans une autre occasion : » Oui, dit-il, je vois en- » core l'endroit où s'est passée cette scene affreuse ; » j'entends encore les cris de ce pauvre malheureux, » & il me semble le voir à chaque instant. qui me » tend ses bras ensanglantés, & me dit : Quel mal

» vous ai-je fait pour m'ôter la vie ? Il me semble
» voir sa femme éplorée, qui me demande : pour-
» quoi me faites vous veuve ? & ses enfants qui me
» crient : pourquoi nous rendez-vous orphelins ? Ces
» pensées importunes me suivent par-tout, & l'usage
» de ma réflexion ne sert qu'à me convaincre de plus
» en plus que ce ne sont point des chimères. »

On ne sauroit se rappeller sans attendrissement la
part que toute la cour prit à cet accident, & combien elle s'y montra sensible. Accoutumé que l'on est,
dans ce siècle inquiet, aux déclamations séditieuses de
ces méchants citoyens, qui ne respectent pas plus le
trône que l'autel, on seroit tenté de croire que la
sensibilité ne sauroit siéger dans le cœur des rois &
des souverains, & que ne voyant jamais les objets
qu'en grand, ils comptent les hommes par bataillons
plutôt que par têtes ; & voici que deux villes, Versailles & Compiegne, sont dans le deuil ; un Dauphin & une Dauphine dans la douleur ; un roi, une
reine & toute leur famille dans l'inquiétude & les
allarmes, un royaume entier dans une sorte d'agitation ; & cela parce qu'un particulier a été blessé par
une main innocente.

Louis XV n'eut pas plutôt appris l'accident qui
étoit arrivé à son fils, qu'il partit de Compiegne pour
se rendre auprès de lui. Rien ne fit plus de plaisir
au Dauphin, que la promesse que lui fit le roi de
lui accorder tout ce qu'il lui demanderoit pour la famille de Chambord. Dès que cet officier fut mort,

il le pria de faire une penſion à ſa veuve. Il n'eſt point de faveurs & de bienfaits que lui-même ne lui prodiguât. Il lui déclara qu'il vouloit être ſon protecteur & celui de ſes enfants. Voici comme il lui écrivit : » Vos intérêts, madame, ſont devenus les » miens, je ne les enviſagerai jamais ſous un autre » point de vue. Vous me verrez toujours aller au- » devant de tout ce que vous pourrez ſouhaiter, & » pour vous, & pour l'enfant que vous allez mettre » au monde. Vos demandes ſeront toujours accom- » plies, & je ſerois bien fâché que vous vous adreſ- » ſaſſiez, pour l'exécution, à un autre qu'à moi. Sur » qui pourriez-vous compter avec plus d'aſſurance ? » Après l'horrible malheur dont je n'oſe me retracer » l'idée, mon unique conſolation ſera de contribuer, » s'il eſt poſſible, à la vôtre, & d'adoucir, autant » qu'il dépendra de moi, la douleur que je reſſens » comme vous. »

Jamais le ſouvenir de ce fâcheux accident ne s'effaça de ſa mémoire, &, comme s'il eût été coupable, il s'en punit, en s'interdiſant l'exercice de la chaſſe pour le reſte de ſa vie : il ſe le reprochoit encore au lit de la mort.

Vie de M. le Dauphin, page 240.

Or, qu'on ſe le rappelle ; je pars de Compiegne le 6 Juillet ; j'arrive à Verſailles le lendemain ſoir. Le 8 je vais au petit Trianon ; la ducheſſe de Berry, qui eſt née l'année de la mort de Chambord, s'empreſſe de me faire ouvrir les portes de ſon jardin, &

me donne un valet de pied pour m'en montrer les beautés. Le 9, ma sœur Elisabeth m'apperçoit dans la foule ; elle me reconnoit à l'instant. Elle paroît comme hors d'elle-même : elle semble me ressaisir des yeux, elle s'attendrit à ma vue seule. Bientôt tout Versailles est en mouvement, l'on me porte les armes à tous les postes. Le 13 ma sœur me revoit dans la chapelle du château ; elle accourt auprès de moi avec madame victoire de France. Ces dames me serrent tendrement entre leurs bras, elles semblent oublier que les plus légitimes caresses ne s'autorisent point dans le lieu Saint. Le 17 le duc de Berry me voit du haut de la tribune, j'étois près de l'autel ; il m'envoye chercher par un officier aux gardes. Le 25 j'étois encore à peu près au même endroit ; il m'envoye chercher par un vieux seigneur de la cour, me montre de nouveau ses bons sentiments pour moi, me donne des marques d'un tendre attachement. Enfin le 7 du mois d'Août de l'année 1787, le duc & la duchesse de Berry me donnent M. M. T. C. de Riber, l'objet de leurs plus tendres soins. C'est le premier & le seul engagement que je pris en ma vie ; & le 13 Septembre j'aurai 60 ans. Tout le monde prend part à ma joie, semble me féliciter sur mon retour, semble me dire, avec attendrissement : *quem mortuum credideram revixit.* Et Caroline ! elle accourt deux fois de Kiovie à Verdun : elle fait en deux fois deux mille lieues pour me voir. Toutes ces démonstrations d'un tendre attachement montrent la véritable cause de l'affliction de monseigneur le Dauphin : l'on voit, l'on sent mieux que je ne puis l'exprimer, que le coup porté à l'épaule gauche de Chambord, marque ma translation à l'étranger.

XXX. Dieu la consola de nouveau par la naissance d'un prince, qui fut nommé comte de provence; mais ses larmes coulerent bientôt après pour le sujet le plus affligeant. Au moment où l'on s'y attendoit le moins, & fans aucune déclaration de guerre préliminaire, le roi de Prusse entre tout-à-coup dans la Saxe, à la tête d'une puissante armée : il pille & ravage une partie du pays, met l'autre à contribution. L'électeur son père est fugitif dans ses propres états; la reine sa mère, avec la plupart de ses enfants, en tombant en la puissance de l'ennemi, tombent dans la plus humiliante & la plus dure captivité. La réfistance qu'oppofent les Saxons n'étant pas concertée, ne put garantir l'électorat d'une entière invasion : tout plia, tout gémit sous la loi du vainqueur. Chaque jour étoit l'époque de quelque nouvelle calamité; & en fort peu de temps, cette malheureufe contrée se vit entiérement dévaftée. » Tous les Saxons que je voyois » arriver à la cour, racontoit la Dauphine elle-même, » étoient comme ces envoyés de Job, qui venoient » m'annoncer quelque nouveau défaftre, auquel ils » avoient échappé ». Il est plus aifé d'imaginer que d'exprimer l'affliction où étoit alors cette bonne princeffe : elle aimoit fa patrie, elle avoit pour fa famille l'attachement le plus tendre; & les maux de ſa famille & de ſa patrie étoient extrêmes, ſans que rien pût lui en faire eſpérer la fin. Dans l'excès de ſa douleur, la religion ſeule fut ſa reſſource & ſon ſoutien. Elle multiplioit ſes bonnes œuvres; elle adreſ-ſoit à Dieu les prières les plus ferventes; elle ne laiſ-ſoit paſſer aucun jour ſans réciter celle (*) que fai-ſoit le ſaint roi Joſaphat dans une ſemblable extrémité.

Mais la religion, en tempérant ſes peines par la ré-ſignation, ne lui en ôtoit pas le ſentiment. L'éloigne-ment groſſiſſoit encore le mal à ſes yeux; & les mo-tifs de conſolation qu'on s'empreſſoit de lui ſuggérer, ne ſervoient qu'à le lui rappeller. Elle avouoit à une perſonne qui avoit part à ſa confiance, que ſouvent, lorſqu'on la croyoit diſtraite par le travail des mains, elle parcouroit en eſprit les provinces de la Saxe; elle accompagnoit le roi ſon père dans ſes marches périlleuſes; elle ſuivoit ceux des princes ſes frères qui avoient échappé à la captivité, errants, cherchant un aſyle dans les cours étrangères; elle ſouffroit ſeule les maux de tous. Mais un de ces traits tel que l'hiſ-toire en offre peu, la tint long temps dans les plus mortelles allarmes. Par ordre du vainqueur, les mai-ſons de Dreſde furent couvertes de paille, & les caves remplies de poudre & d'autres matières com-buſtibles; en ſorte qu'au premier ſignal donné, tous les habitants, parmi leſquels étoit la reine avec plu-ſieurs

---

(*) *Paralip. chap.* 20.

fieurs de fes enfants, euffent péri miférablement au milieu des flammes, & fous les ruines de cette capitale.

C'eft dans cet état déplorable qu'étoient les affaires de la Saxe, quand il furvint à la Dauphine un nou-
veau furcroît d'affliction. Louis XV, qu'elle aimoit comme fon père, & dont elle étoit réciproquement chérie, penfa périr fous fes yeux de la manière dont nous l'avons rapporté.

Vie de M. le Dauphin, page 389.

D. Quel jour eft né le comte de Provence?

R. 1°. » N. de France, comte de Provence, né » le 17 Novembre 1755. »

Etrennes précitées, page 105.

R. 2°. Madame la Dauphine eft accouchée heu-
reufement le 17 Novembre, vers les fix heures du matin à Verfailles, d'un prince plein de vie & de fanté. Le roi le nomma fur le champ comte de Provence.

La Clef du cabinet, mois de Janvier 1756, page 74.

XXXI. Peu de temps après, elle mit au monde un prince qui fut nommé comte d'Artois. Elle eut en même-temps la confolation de voir que les puif-
fances alliées de la Saxe faifoient en fa faveur les pré-
paratifs les plus férieux. Elle crut toucher enfin au moment qui alloit finir les maux de fa maifon; la France le croyoit auffi, & jamais armée ne fe mit en marche avec plus de confiance que la nôtre. Tout, en effet, paroiffoit concerté pour la réuffite de l'en-

treprise ; mais ce sucès eût interrompu la suite des malheurs de la Dauphine : nos troupes si souvent victo-
rieuses, lorsqu'elles n'avoient à soutenir que des intérêts étrangers, furent battues & défaites en combattant en sa faveur. Cet accident lui fut d'autant
plus sensible, qu'elle y étoit moins préparée : » Hélas ! dit-elle en l'apprenant, la providence veut que
» je sois toujours prête à m'affliger plus qu'une autre ».
En effet, la déroute d'une armée françoise qui combattoit pour les Saxons, étoit pour elle un double sujet d'affliction, qui ne pouvoit que lui en présager
de nouveaux.

Aussi-tôt après la bataille, le vainqueur, fier d'un
avantage qui surpassoit son attente, fit annoncer sa
victoire par une décharge d'artillerie, dans le palais
même de la reine sa prisonnière. Depuis ce moment,
cette princesse & ceux de ses enfants qui partageoient
sa captivité, eurent à essuyer les traitements les plus
rigoureux ; on leur ôta tous leurs officiers, pour leur
en substituer d'autres qui sembloient gagés, moins
pour les soulager par leurs services, que pour aggra-
ver leur infortune, par une inflexible dureté. Ils al-
lerent jusqu'à leur interdire habituellement la promenade dans le jardin du château ; &, s'ils la leur ac-
cordoient encore de temps à autre, c'étoit moins par
égards pour leurs personnes, que dans la crainte qu'ils
ne leur échappassent par la mort. Des traitements de
cette nature faits à une mère, sont bien cruels pour
le cœur d'une fille tendre & sensible : la Dauphine

les ressentoit plus vivement que si elle les eût elle-même éprouvés; & cent fois on lui entendit dire: « Je serois heureuse si je pouvois faire l'échange du » palais de Versailles, pour la prison de ma mère! »

Dans cette extrême désolation, il ne lui échappa jamais la moindre plainte contre le prince qui en étoit la cause, & elle exigeoit la même retenue de toutes les personnes qui l'approchoient. Une dame de sa maison, après avoir dit que la conduite du roi de Prusse envers la reine de Pologne, étoit sans doute dictée par *l'humanité philosophique*, commençoit, en suivant la même ironie, à établir un parallele injurieux à ce prince: la Dauphine l'interrompit avec vivacité, & lui dit: « Souvenez vous, madame, qu'on doit » respecter dans le roi de Prusse l'image de la majesté » de Dieu, comme dans les autres souverains. Si le » Seigneur l'a choisi pour punir l'Allemagne, pour- » quoi s'élever contre l'instrument de ses vengeances? » tâchons plutôt de désarmer sa justice par nos prieres. »

Cependant la santé de la reine s'altéroit de jour en jour, & ne se soutenoit plus que par l'attente de sa prochaine délivrance: mais dès l'instant même où l'insultante allégresse du vainqueur lui apprit combien le terme en étoit encore éloigné; de l'état d'épuisement où ses chagrins l'avoient déjà réduite, elle tomba dans une défaillance qui la conduisit en peu de temps au tombeau. La Dauphine étoit encore inconsolable de la défaite des François, quand la nouvelle de cette mort la replongea plus profondément dans la dou-

84

leur. La tendre affection que lui avoit toujours témoigné cette respectable mère, les soins qu'elle avoit
pris de son éducation, le souvenir de ses vertus, joint
à l'image de ses malheurs, & sur-tout la circonstance
de sa mort dans la plus dure captivité; tout contribuoit à faire couler les larmes de la princesse avec
plus d'abondance & d'amertume.

Vie de M. le Dauphin, page 391.

D. Quel jour est né le comte d'Artois?

R. Né après l'an 1756, les Etrennes précitées ne
donnent point sa naissance.

D. Quel jour est-il né?

R. Après que madame la Dauphine eut mis au
monde le prince dont elle est accouchée le 9 Octobre, & qu'il eut été ondoyé, M. Rouillé, ministre d'état, surintendant général des postes, & grand
trésorier de l'ordre du Saint-Esprit, apporta le cordon de cet ordre, & le passa au cou du prince, que
le roi a nommé comte d'Artois. Ce prince fut ensuite remis à la comtesse de Marsan, gouvernante des
enfants de France, qui le porta dans son appartement, & il y fut conduit par le maréchal duc de
Luxembourg, capitaine des gardes-du-corps. On a tiré
à Versailles le soir du lendemain de cette naissance,
un très-beau bouquet d'artifice devant les fenêtres du
roi. Le 16, les états d'Artois complimenter sa majesté sur la naissance du comte d'Artois. L'évêque de
S. Omer porta la parole, & le duc de Bourgogne
y répondit en ces termes : » nous sommes très-sensi-

» bles aux affurances d'attachement des états ; ils nous
» trouveront auffi difpofés que le comte d'Artois à
» leur donner des marques de notre bienveillance,
» & à vous, monfieur, en particulier. »

La Clef du cabinet, mois de Novembre 1757, p. 414.

J'ai dit qu'on a fubftitué un autre enfant à la place
du duc de Bourgogne ; le voilà, fous le titre de fon
appanage, qu'il affure, en *particulier*, l'évêque de
S. Omer de fa bienveillance.

Monfeigneur le Dauphin confirme fa tranflation en
pays étranger, par une lettre qu'il écrivoit au roi
Staniflas, à l'occafion de la naiffance du comte d'Artois. La voici. » La première demande que le Dauphin faifoit au ciel quand il lui naiffoit un prince,
c'étoit qu'il fut vertueux. Le roi Staniflas l'ayant félicité fur la naiffance du comte d'Artois, il lui avoue,
avec cette franchife d'amitié que fe permet la vérité
fans penfer à flatter, que la joie qu'il reffent d'être
père de quatre garçons, ne lui laiffe plus rien à de-
firer, finon de les voir un jour imitateurs de fes vertus ». Je fuis infiniment fenfible, dit-il, à la part que
vous prenez à ma joie, qui, je vous l'avoue, ne
fauroit être plus grande. Je me vois quatre garçons : tout ce que je fouhaite à préfent, c'eft que
Dieu les conferve & qu'il les faffe reffembler à leur
bifaïeul. Ils n'auroient pas befoin d'autre recomman-
dation pour être aimés & refpectés, pour faire le bonheur du pays qu'ils habiteront : pardonnez moi cette

vérité, elle a échappé au fentiment qui me péné-
» tre. »

Vie de M. le Dauphin, page 184.

Tout dit que l'on avoit fubftitué un autre enfant
à la place du duc de Bourgogne, & il eft conftant
que le duc d'Aquitaine étoit mort ; cependant monfeigneur le Dauphin *se voyoit quatre garçons*, par conféquent, le duc de Bourgogne, le duc de Berry, le
comte de Provence & le comte d'Artois ; mais il n'a-
voit chez lui que les trois derniers ; ou voyoit-il donc
le premier, finon *dans le fentiment qui le pénétroit*, la
conviction de fon exiftence *dans le pays qu'ils habiteront*;
vérité, dit-il, *qui lui eft échappée*. Voilà l'aveu de monfeigneur le Dauphin ; pouvoit-il mieux faire fentir que
le duc de Bourgogne *habitoit* déjà un autre pays ?

XXXII. Peu de temps après la mort de la reine
fa mère, la Dauphine mit au monde une princeffe
qui fut nommée Clotilde ; mais dans la même année,
elle eut à pleurer la mort de la reine d'Efpagne fa
fœur, & elle vit mourir la ducheffe de Parme dans
le palais de Verfailles.

Page 395.

D. Quel jour eft née madame Clotilde ?

R. Le 23 Septembre M. la Dauphine accoucha
heureufement d'une princeffe à Verfailles, au grand
contentement du roi & de la famille royale.

La Clef du cabinet, mois de Novembre 1759, p. 401.

XXXIII. La providence cependant, au milieu de
tant de fujets d'afflictions, paroiffoit attentive à la

foutenir toujours par quelque endroit : elle voyoit fe développer de jour en jour , dans fes enfants , les plus heureufes inclinations pour le bien. Le plus avancé en âge , devançoit auffi les autres dans le chemin de la vertu , & les y attiroit par le charme de fes exemples : cet enfant chéri lui fut enlevé ; & fa mort prématurée : en même temps qu'elle l'accabla de douleur, lui impofa encore le trifte devoir de confoler le Dauphin qui s'en affligeoit à l'excès.

Vie de M. le Dauphin , page 395.

Le texte préfente deux événements : l'enlévement de cet enfant chéri , & fa mort prématurée. La princeffe Zephirine étant morte, c'eft le duc de Bourgogne qui étoit le plus avancé en âge ; ce fut donc lui qui fut enlevé à madame la Dauphine. Je l'ai déjà dit , s'il avoit été glorieux de le manifefter , au lieu de l'infinuer comme on fait , on l'eut exprimé à la véritable époque. On le donne enfin , parce qu'on le doit à la fidélité de l'hiftoire ; mais on le donne & on le place de manière à le laiffer ignorer éternellement du public , fi ce malheureux étant venoit à prendre le change , ou à s'endormir fur fon importance. Cependant le malheur de Chambord , relaté page 240 de la vie de monfeigneur le Dauphin , développe en quelque forte , & aide à expliquer le myftère ; mais il n'eft arrivé que l'an 1755 , environ quatre ans après le malheur du duc de Bourgogne ; feroit-il la caufe du délai qu'on a mis à rapporter fon enlévement. toutefois le premier événement eft exprimé en termes formels & abfolus : *cet enfant chéri lui fut enlevé* ; les termes qui expriment, qui annoncent le fecond, pour être auffi formels, ne font point également précis ; on meurt au monde, on meurt civilement, on meurt naturellement. D'abord l'on voit par une lettre de madame la Dauphine, que je donnerai plus bas, que le duc de Bourgogne a furvécu à monfeigneur le Dauphin fon père : par conféquent qu'il vivoit encore plufieurs années après *fa mort prématurée*, nous devrions dire : après fa mort en queftion. Du refte perfonne ne pouvoit le priver des droits & des avantages de la fociété, ni lui faire embraffer valablement l'état religieux malgré lui. Cependant on le fait mourir ; mais fa mort eft prématurée. Un fruit eft prématuré, lorfqu'il eft trop tôt mur ; une chofe eft prématurée, lorfqu'elle fe fait plutôt qu'elle ne devroit ; une affaire eft prématurée, lorfqu'il n'eft pas encore temps de l'entreprendre ; ainfi une mort eft prématurée, lorfqu'elle arrive, lorfqu'on la donne avant l'événement. Pour trouver un milieu dans les termes, ne devroit-on point dire que la mort prématurée du duc de Bourgogne : confiftoit dans fa deftinée à la vie cenobitique ? il paroîtroit, à la vérité, par la vie du roi Staniflas, tome 2, page 95, qu'on lui avoit déjà fait prendre le chemin qui devoit le conduire dans le fentier à côté des grands'routes, ce qui fignifie, qu'on le guidoit de manière à lui faire embraffer l'état religieux ; & l'on voit par l'hiftoire d'Irma, tome 1er, page 101, qu'on le deftinoit à être chef fuprême des

Brames. Les vues de ſes aïeux s'accordent ſpéculativement : un religieux peut être évêque, peut être pape. Si c'étoit peu pour s'aſſurer qu'il ne s'agit point de ſa mort naturelle, mais ſeulement de ſa mort au monde, l'on n'auroit qu'à confronter. qu'à péſer les termes qui expriment le projet de ſa mort au monde, & ceux qui donnent la mort naturelle de ſa tante, de ſon frère, de ſa sœur.

D. Qu'en dit le texte ?

R. 1°. » La mort rompit les doux nœuds qu'a- » voit formé la vertu : la princeſſe mourut en 1752 ». Article 17.

2°. » Peu de mois après s'être réjouie de ſa naiſ- » ſance, elle pleura ſa mort ». Art. 18.

3°. » La mort la lui enleva ». Art. 29.

Le texte exprime clairement la mort naturelle du duc d'Aquitaine & des deux princeſſes ; mais quand l'on en vient au projet de faire mourir au monde le duc de Bourgogne, le texte dit ſimplement : *sa mort prématurée l'accabla de douleur*, ce qui eſt bien différent, & ne demande point d'être commenté. Il eſt donc viſible que ſa mort prématurée conſiſte dans ſon ſacrifice avant d'être en âge de le conſommer. Deſtiné à être conſacré à Dieu pour tous les jours de ſa vie, il devoit mourir au monde par la profeſſion religieuſe, bien entendu, quand il ſeroit parvenu à l'âge requis par les loix de l'égliſe, & les ordonnances de la ſouveraine du pays qu'il habitoit. Cependant, ignorant les arrangements de ſa famille, il ne pouvoit faire

profession sans attenter formellement à l'autorité de
son grand père, dont la permission expresse & par
ecrit lui étoit indispensablement nécessaire. Craignant
toujours d'affliger sa vieillesse, & ne voulant point
faire profession, le duc de Bourgogne n'en écrivit point
à son grand père, ne fit point profession, & ne prit
aucun autre engagement sacré. Par-là, & par la seul,
tout se concilie, & tout se résout.

J'ai déjà fait voir que son enlévement nécessitoit
la substitution d'un autre enfant : Jean substitué à Jesus : *mulier ecce filius tuus* ; en falloit-il davantage pour
affliger son père & accabler sa mère ? un glaive de
douleur ne devoit-il point percer leur ame ?

L'auteur ne pouvoit cacher un tel attentat, sans
trahir la dignité de son ministère ; mais l'on sent assez que bien des gens auroient voulu en dérober la
turpitude : notre histoire en effet ne présente rien de
plus affreux. Que ne ferois-je point, moi-même, pour
l'ensévelir avec toute sa honte, si mon salut n'y étoit
attaché ? ah ! c'en seroit bientôt fait, si je n'avois qu'à
sauver mon corps terrestre, qui sera d'abord la pâ-
ture des vers : mais mon ame n'est-elle point faite
immortelle ? puis-je renoncer au bonheur de voir in-
cessamment mon Dieu dans sa divine essence ? or je
ne puis sauver mon ame, qu'en employant le moyen
nécessaire que le Seigneur a établi dans sa divine
bonté ; & je ne puis m'ouvrir les portes de l'église,
qu'en démontrant que je ne suis point baptisé, qu'en
démontrant par conséquent que je suis né à Ver-

failles , & que je n'étois point baptifé quand l'on m'a arraché à la France. Le titre de très-chrétien ne flattoit point mon amour propre ; mais toujours j'ai mis un religieux intérêt à la qualité de chrétien ; ne point y parvenir, ce feroit, fuivant moi, le plus grand malheur qui pût m'arriver. Que me ferviroit-il d'avoir gagné tout le monde, fi je venois à perdre mon ame !

J'ai dit que notre hiftoire ne préfente rien de plus affreux ; tout grand qu'il eft, le malheur du comte de Vermandois lui eft il comparable ? quelques mois après la mort du cardinal Mazarin, le 9 Mars 1661, il arriva un événement qui n'a point d'exemple ; & ce qui eft non moins étrange, c'eft que tous les hiftoriens l'ont ignoré. On envoya dans le plus grand fecret au château de l'ifle Sainte-Marguerite, dans la mer de Provence, un prifonnier inconnu, d'une taille au-deffus de l'ordinaire, jeune, & de la figure la plus belle & la plus noble. Ce prifonnier, dans la route, portoit un mafque, dont la mentonnière avoit des reforts d'acier, qui lui laiffoient la liberté de manger avec le mafque fur fon vifage. On avoit ordre de le tuer, s'il fe découvroit. Il refta dans l'ifle, jufqu'à ce qu'un officier de confiance, nommé *Saint-Mars*, gouverneur de Pignerol, ayant été fait gouverneur de la Baftille, l'an 1690, l'alla prendre à l'ifle de Sainte-Marguerite, & le conduifit à la Baftille, toujours mafqué. Le marquis de Louvois alla le voir dans cette ifle ; avant la tranflation, & lui parla debout, &

avec une considération qui tenoit du respect. Cet inconnu fut mené à la Bastille, où il fut logé aussi
bien qu'on peut l'être dans ce château. On ne lui re-
fusoit rien de ce qu'il demandoit. Son plus grand goût
étoit pour le linge d'une finesse extraordinaire, &
pour les dentelles. Il jouoit de la guittare. On lui faisoit la plus grande chère; & le gouverneur s'asseyoit
rarement devant lui. Un vieux médecin de la Bastille,
qui avoit souvent traité cet homme singulier dans ses
maladies; a dit qu'il n'avoit jamais vu son visage,
quoiqu'il eût souvent examiné sa langue & le reste
de son corps. Il étoit admirablement bien fait, disoit
ce médecin; sa peau étoit un peu brune; il intéres-
soit par le seul ton de sa voix, ne se plaignant jamais de son état, & ne laissant point entrevoir ce
qu'il pouvoit être.

Cet inconnu mourut en 1704, & fut enterré la
nuit à la paroisse de S. Paul. Ce qui redouble l'étonnement, c'est que, quand on l'envoya aux isles Sainte-
Marguerite, il ne disparut dans l'europe aucun homme
considérable. Ce prisonnier l'étoit sans doute; car voici
ce qui arriva les premiers jours qu'il étoit dans l'isle.
Le gouverneur mettoit lui-même les plats sur sa table, & ensuite se retiroit après l'avoir enfermé. Un
jour le prisonnier écrivit avec un couteau sur une
assiette d'argent, & jeta l'assiette par la fenêtre vers
un bâteau qui étoit au rivage presque au pied de la
tour. Un pêcheur, à qui ce bâteau appartenoit, ra-
massa l'assiette & la rapporta au gouverneur. Celui-

ci étonné demanda au pêcheur : « Avez-vous lu ce
» qui est écrit sur cette assiette, & quelqu'un l'a-t-il
» vue entre vos mains »?... Je ne sais pas lire ré-
» pondit le pêcheur. Je viens de la trouver, personne
» ne l'a vue ». Ce paysan fut retenu jusqu'à ce que
le gouverneur fût bien informé qu'il n'avoit jamais lu,
& que l'assiette n'avoit été vue de personne. Allez,
lui dit-il, vous êtes bien heureux de ne savoir pas
lire. Parmi les témoins de ce fait, il y en a un très-
digne de foi qui vit encore. M. de Chamillard fut le
dernier ministre qui eut cet étrange secret. Le second
maréchal de la Feuillade son gendre, m'a dit qu'à la
mort de son beau-père il le conjura à genoux de lui
apprendre ce que c'étoit que cet homme, qu'on ne
connut jamais que sous le nom de *l'homme au masque*
de fer. Chamillard lui répondit que c'étoit le secret
de l'état, & qu'il avoit fait serment de ne le révéler
jamais. Enfin il reste encore beaucoup de mes con-
temporains qui déposent de la vérité que j'avance,
& je ne connois point de fait ni plus extraordinaire,
ni mieux constaté.

Siècle de Louis XIV, tome 3, page 32, Neu-
châtel 1783.

La vie du duc de Bourgogne, par M. l'abbé Proyart,
aux dépens de l'auteur, imprimé l'an 1782, qui se
vend à Paris, chez Berton, rue S. Victor, dit que
l'homme au masque de fer est le comte de Vermandois. Il est fils de la duchesse de la Valliere, né le 2 Octobre 1667 ; c'est le second fils de Louis XIV. La

tradition porte qu'il fut enfermé pour avoir donné un soufflet à monsieur le Dauphin. Sa mère, se voyant préférer la marquise de Montespan, se fit carmélite à Paris le 2 Juin 1674, fit profession le 4 Juin 1675, mourut le 6 Juin 1710, âgée de soixante-cinq ans. Croyant que Dieu seul pouvoit succéder dans son cœur à son amant, elle se fit carmélite, & persévera. Sa conversion fut aussi célèbre que sa tendresse. Se couvrir d'un cilice, marcher pieds nuds, jeûner rigoureusement huit mois de l'année, faire maigre toute la vie, chanter le jour & la nuit dans une langue inconnue; tout cela ne rebuta point la délicatesse d'une femme accoutumée à tant de gloire, de mollesse, de plaisirs. Elle vécut dans ces austérités 45 ans, sous le nom de *sœur Louise de la miséricorde*. Quand on lui annonça la mort de son fils, elle dit : » je dois pleu-
» rer sa naissance encore plus que sa mort. »

XXXIV. L'année suivante, un traité de paix rendit Fréderic à ses sujets. Toute la Saxe sembla renaî-tre & oublier ses maux passés, pour se livrer à la joie; mais la Dauphine n'étoit, ce semble, de sa pa-trie, que quand il falloit s'affliger : au lieu de se ré-jouir avec le roi son père, qui recouvroit ses états, elle ne sentit que la douleur de voir deux de ses frè-res dans l'humiliation : le prince Clément, par la perte de la principauté de Liege ; & le prince Charles, par celle du duché de Curlande. Ces disgraces néanmoins pouvoient passer pour légeres aux yeux de la prin-cesse : il lui survint bientôt de plus cruels sujets d'af-

fliction. Après les inquiétudes & les fatigues d'une
guerre languante & opiniâtre, le roi son père respi-
roit enfin, & commençoit à faire goûter à ses peuples les douceurs de la paix : la Dauphine en bénis-
soit le ciel ; mais, comme Job, elle ne devoit le bénir que pour des pertes : la mort de ce prince la jeta
de nouveau dans le deuil. Fréderic succéda aux états
de son père : c'est celui à qui la Dauphine, par une
estime de préférence, avoit donné dès l'enfance le
surnom de *Sage*. Ce prince mourut encore, n'ayant
fait, pour parler ainsi, qu'essayer la couronne, dans
un regne de trois mois.

Page 395.

XXXV. C'est dans le même temps que l'altération de la santé du Dauphin lui causa les plus mortelles allarmes. Les médecins néanmoins avoient réussi
à les modérer ; & la naissance d'une princesse, qui
fut nommée Elisabeth, lui offrit un nouveau sujet de
consolation. Elle s'efforçoit d'ouvrir son cœur à l'espérance, & d'écarter l'affligeante pensée que Dieu
voulût mettre le comble à ses malheurs, par la perte
de ce qui lui restoit de plus cher au monde ; mais il
falloit qu'elle fût tout à la fois, fille, sœur, mère
& épouse infortunée : les symptômes les plus sinis-
tres lui présagèrent de nouveau le malheur qu'elle redoutoit : le Dauphin, après avoir perdu insensible-
ment son embonpoint, tomba enfin dans la maladie
longue & cruelle dont il mourut. On se rappelle que
tout le temps qu'il fut malade, elle ne le quitta point.

Toujours à côté de ſon lit, s'il ſe plaignoit, elle l'entendoit ; s'il ſouffroit, elle le voyoit ; quand on l'adminiſtroit, elle étoit préſente ; quand d'une parole il faiſoit fondre en larmes les aſſiſtants, elle étoit du nombre. Ses battements de cœur, ſes étouffements, ſes défaillances, rien ne lui échappoit : elle le vit mourir cent fois avant le jour de ſa mort. Toujours réſignée cependant, toujours ſoumiſe aux ordres de la providence, juſques dans l'excès de ſon accablement, elle reſpecta, avec ſa religion ordinaire, la main qui lui portoit le coup le plus ſenſible. L'affliction générale de la cour ; la maladie de la reine, la même que celle du Dauphin ; la mort du roi Staniſlas, qui avoit avec ce prince les plus grands traits de reſſemblance ; tout, au dehors, contribuoit encore à nourrir le ſentiment de ſa douleur ; tout ſembloit lui redire à chaque inſtant, que ſon époux étoit mort.

Page 397.

D. Quel jour eſt née madame Éliſabeth ?

R. J'ai vu la Clef du cabinet depuis le mois de Julliet 1751 juſqu'en l'an 1766 ; je n'y ai point trouvé la naiſſance de madame Eliſabeth ; je la prendrai dans la chronologie de M. le préſident Henault. 1764. Madame la Dauphine accouche le 3 Mai, à deux heures du matin, à Verſailles, d'une princeſſe, baptiſée, le même jour, dans la chapelle du château, & nommée Eliſabeth-Philippe-Marie Helene, par le duc de Berry, au nom de l'infant dom Philippe, &

par

par madame Adélaïde, au nom de la reine douairière d'Espagne.

Toutes ces virgules, sans fin & sans nombre, marquent, sans doute, que Philippe, nom masculin,
se trouve entre deux noms féminins, parce que celui
qui en est l'objet, devroit être au milieu de ces
dames.

Madame Elisabeth est le dernier des enfants de madame la Dauphine; elle en a eu huit, cinq princes
& trois princesses.

D. Quel est le naturel de ces enfants?

R. Au dire des naturalistes, les princes tiennent
du naturel de leur mère, les princesses de celui de
leur père, suivant cet axiome : *maternisantur* filii, *pater-
nisantur* autem filiæ.

Depuis le premier jusqu'au dernier de ses enfants,
madame la Dauphine n'en a donné aucun se portant
mieux que madame Elisabeth. Cependant elle est la
seule qui ait été baptisée le jour qu'elle est née; tous
les autres, le duc de Bourgogne excepté, ont été
ondoyés. On a baptisé la vigoureuse princesse avec
les cérémonies de l'église, dans l'espérance, sans doute,
de susciter une ame assez charitable pour baptiser son
malheureux frère; on l'a espéré en vain jusqu'aujour-
d'hui, 11 Juillet 1811.

C'est le lieu de se rappeller que le 13 Juillet 1787,
madame victoire & madame Elisabeth me serroient
tendrement entre leurs bras dans la chapelle du château de Versailles, qu'à la fin de la messe madame

Vme. Tome. IIme. P.   G

la comtesse de Provence me mit le poing droit sous le nez à bout touchant, & qu'elle passa bientôt à gauche, filant le long de madame Elisabeth. La relation du baptême de la jeune princesse, répand un nouveau jour sur les circonstances de cette mémorable journée. Outre ce que j'en ai déjà dit, ces circonstances marquent que je passai à gauche d'abord que je fus né, que le 3 Mai 1764, j'étois aux armes d'Espagne chez la veuve de mon bourgeois, uni au nom & prénoms de son fils aîné, & que l'année suivante, mes dames Elisabeth & Victoire y vinrent en la lettre de mon père, de la manière que j'y étois, sous enveloppe. Plein de cette vérité, ne me vit-on point prendre le nom de Philippe Capet, le jour que je sortis de ma chère prison de Versailles ? Ce fut à Paris, chez le sieur Gaugé, hôtel du gaillard bois, rue S. Germain l'Auxerrois, où je couchai le 9 Novembre 1787.

J'ai dit que l'on a substitué un autre enfant à la place du duc de Bourgogne ; cet enfant mourut à Versailles le 22 Mars 1761, à l'âge de neuf ans six mois neuf jours. Il faudroit le chercher dans les journaux ; la vie de monseigneur le Dauphin n'en parle point.

D. Qu'en dit la Clef du cabinet ?

R. Elle dit 1°. le duc de Bourgogne a été ondoyé immédiatement après sa naissance.

Mois de Novembre 1751, page 347.

2°. Madame la Dauphine a fait une fausse couche ;

qui a d'autant plus affligé la cour, qu'on a reconnu que c'étoit un prince qu'elle portoit.

Mois de Mai 1752, page 341.

3°. On craint pour les jours du duc de Bourgogne. Son état est fort critique depuis un mois d'une tumeur à la cuisse, on lui a fait des incisions & des coupures. La fievre ne le quitte point. Il montre néanmoins beaucoup de résignation, & un courage au-dessus de son âge & de ses forces.

Mois de Juin 1760, page 422.

4°. Depuis quelques jours on augure bien de la maladie du duc de Bourgogne. Son état est meilleur, & tout annonce dans les pansements de la cuisse une réparation dont on a lieu d'être satisfait.

Mois de Julliet 1760, page 44.

5°. On augure bien actuellement de la plaie du duc de Bourgogne : la suppuration en est diminuée, & ce prince n'a plus de fievre.

Mois d'Août 1760, page 114.

6°. Le roi de Pologne, duc de Lorraine & de Bar, dont la santé & la force se soutiennent, quoiqu'âgé de 88 ans, est de nouveau venu faire un voyage de sa résidence de Luneville à Versailles. Sa majesté y arriva le 19 Août, & s'y est arrêtée jusqu'au 3 Septembre. Elle a eu la consolation de voir le duc de Bourgogne, son arrière-petit-fils, autant que rétabli entiérement de sa longue & pénible maladie.

Mois d'Octobre 1760, page 256.

7°. L'état du duc de Bourgogne est toujours critique, par une fièvre qui ne cesse d'altérer son tempéramment. Ce prince n'en conserve pas moins sa pleine raison. Il s'applique même journellement à quelques exercices de l'esprit. La cérémonie du baptême lui a été suppléé ; & il a été nommé Louis-Joseph-Xavier par le roi & la reine, qui sont ses parrain & marraine. On lui a administré le sacrement de Confirmation deux jours après ; le 24 Novembre il s'est confessé, ensuite il a reçu pour la première fois la sainte Eucharistie.

Mois de Janvier 1761, page 48.

8°. Conséquemment à la lettre du roi & au mandement de l'archevêque, des actions de graces à rendre au Dieu des armées pour les succès dont les armes françoises ont été couronnées (dans la Hesse). La cérémonie en fut annoncée à Paris le 5 Avril de grand matin ; par trois décharges des canons de la Bastille, des Invalides & de l'Hôtel-de-ville. Il y eut une séconde décharge à midi. Vers les trois heures on chanta dans l'église métropolitaine un *te Deum* en musique & au bruit d'une troisième salve de l'artillerie. La douleur que la mort de Louis-Joseph-Xavier duc de Bourgogne cause à toute la France, n'a permis aucun autre acte de joie publique.

Ce prince, petit-fils du roi, & dont les qualités naissantes présageoient un prince digne de ses augustes ancêtres, est mort à Versailles le 22 Mars, âgé de neuf ans six mois neuf jours. Il a souffert long-temps & s'est vu mourir avec une sorte d'héroïsme.

Le 23 son corps a été exposé à visage découvert au palais des Thuilleries; embaumé, mis dans le cercueil & placé ensuite sur un lit de parade. Le premier Avril il a été transporté à l'abbaye royale de S. Denis, y a resté dix jours dans une chapelle ardente, où l'on a récité de continuelles prières pour le repos de son ame, puis on l'a descendu dans le tombeau de la famille royale. Le cœur du feu duc a été porté avec un grand cortege à l'abbaye royale du Val-de-grace.

Mois de Mai 1761, page 448.

9°. Le 6 Mai se sont faites les obsèques du feu duc de Bourgogne, & le lendemain après la célébration de la messe, & toutes les cérémonies usitées à l'occasion d'un petit-fils de France, héritier de la couronne, le corps a été descendu dans le caveau de la famille royale à S. Denis, où il a été exposé trentesix jours dans une chapelle ardente.

Mois de Juin 1761, page 457.

L'on voit d'abord que cet enfant n'est point descendu de Louis XV & de Marie-Leczinska son auguste épouse. Cette tumeur à la cuisse avec suppuration, marque un sang scrofuleux, maladie que n'ont point les enfants de monseigneur le Dauphin & de madame la Dauphine, que n'avoient point conséquemment leurs père & mère, leurs grand père & grand mère. Il seroit superflu de demander qui étoit cet enfant, quand il a dévoilé lui-même sa turpitude, en assurant, en *particulier*, l'évêque de S. Omer de sa bienveillance. Il est donc bien révoltant de le voir

G 3

décorer des titres du duc de Bourgogne, de petit-fils du roi, de petit-fils de France ; d'arrière-petit-fils du roi Stanislas.

Aussi, dit-on, sous le n°. 7°., l'état du duc de Bourgogne est toujours critique, par une fievre qui ne cesse d'altérer son tempéramment. Ce prince n'en conserve pas moins sa pleine raison. Il s'applique même journellement à quelques exercices de l'esprit.

R. Ce passage importe nécessairement deux personnes, l'une qui conserve sa pleine raison, l'autre dont la fievre altere le tempéramment ; car il implique contradiction de conserver sa pleine raison dans un état de fievre qui ne cesse d'altérer le tempéramment. Par ou l'on voit assez clairement que cet enfant n'étoit qu'un représentant que l'on a substitué à la place du duc de Bourgogne.

L'on dit sous le n°. 1°. qu'il a été ondoyé, & sous le n°. 7°. que la cérémonie du baptême lui a été suppléée.

R. C'est à-dire, qu'il a été baptisé. Il l'a été, & pour son compte, parce que la grace du sacrement, qui est purement spirituelle, ne souffre point de représentation ; mais il n'en est pas de même des titres qui dérivent de la naissance du duc de Bourgogne. Sujet du sacrement, l'intrus pouvoit participer à la grace du baptême ; mais inhabile, comme particulier, à posséder aucun des titres du prince, il ne pouvoit, dans aucun cas, se les approprier, ni s'élever au-dessus des bornes de sa mince qualité de représentant.

Ainsi, malgré l'usurpation formelle, si son âge eut
pu lui en inspirer le sentiment ; malgré toutes les ma-
chinations posthumes, les titres énoncés appartenoient
toujours au duc de Bourgogne en vertu des droits
de son sang. Que faisoient sur l'intrus les dénomina-
tions de prince, de duc, de petit-fils, d'arrière-petit-
fils, pas plus que les noms d'empereur, de roi, de
majesté, d'altesse &c... n'en font sur les acteurs dans
les différents rôles qu'on leur distribue journellement
au théâtre. Que faisoient les décorations ? pareillement ;
le proverbe nous l'apprend : » simia semper simia
» etiamsi aurea gestet insignia ». Malgré ce luxe insul-
tant, ces noms insipides, ces titres factices, ces alliances
empruntées, le caque sentira toujours le hareng.

L'on dit sous le n°. 7°. qu'il a été nommé Louis-
Joseph-Xavier par le roi & la reine ses parrain &
marraine.

R. Que l'on considère 1°. que le roi a décerné le
titre de duc de Bourgogne au fils aîné de monseigneur
le Dauphin avant qu'il ne seroit né, & qu'aucun de
ses freres n'a été favorisé d'une si haute marque de
distinction. 2°. Qu'aucun des enfants de monseigneur
le Dauphin n'a été tenu sur les fonts, ni par le roi,
ni par la reine. 3°. Que le nom de *Louis* est une
sorte de patrimoine qui est comme affecté à l'aîné
de chaque génération. 4°. Que le nom de *Joseph* est
le nom de madame la Dauphine, & que le nom de
Xavier est comme un bien maternel, partageable entre les enfants. D'après ces considérations, je le de-

mande : leurs majeftés auroient-elles été parrain & marraine d'un petit particulier, fans avoir des vues fupérieures à l'acte de la cérémonie ? elles ne l'ont donc tenu fur les fonts, que pour avoir occafion de marquer que le duc de Bourgogne étoit aux Pays-Bas, & qu'elles lui décernoient ces auguftes noms.

J'ai dit que le nom de *Xavier* eft comme un bien maternel, partageable entre les enfants de madame la Dauphine; on l'a donné à quatre de fes huit enfants, au duc de Bourgogne, au duc d'Aquitaine, au comte de Provence & à madame Clotilde : à l'un *de par le roi*, aux autres *de par l'églife*. On le voit par la chronologie du préfident Henault, 4e. partie, page 7. C'eft bien pour le marquer que l'on va fuppléer la cérémonie du baptême à quatre de fes enfants, comme à la fois, trois princes & une princeffe.

D. Quand fuppléa-t-on la cérémonie de leur baptême ?

R. Le 18 & 19 Novembre 1761. M. de la Roche Aimon, grand aumonier de France, fuppléa le 18 les cérémonies du baptême, avant la meffe au duc de Berry, & lorfque la meffe fut finie, au comte de Provence, en préfence de leurs majeftés, qui étoient accompagnées de la famille royale, des princes & princeffes du fang, & des feigneurs & dames de la cour. Le duc de Berry eut pour parrain le roi de Pologne électeur de Saxe, repréfenté par le duc d'Orléans, & pour marraine, madame Adélaïde. Il fut nommé Louis Augufte. Le comte de Provence fut tenu par le prince Conti pour le roi de Pologne duc de Lorraine & de Bar; il eut pour marraine madame Victoire, & fut nommé Louis-Stanislas-Xavier. Le lendemain 19 le même prélat, en présence de leurs majestés & de toute la cour comme la veille, suppléa le baptême au comte d'Artois, qui fut tenu par le duc de Berry au nom du roi d'Espagne. Sa marraine fut madame Sophie, & on lui donna le nom de Charles-Philippe. Le baptême de madame se fit après la messe. Le duc de Berry & madame Louise furent ses parrain & marraine, & la nommèrent Marie-Adélaïde-Clotilde-Xavier. M. Alard, curé de la paroisse du château, fut présent en étole à la cérémonie des deux jours, qui a été faite dans la chapelle du roi.

La Clef du cabinet, mois de Décembre 1761, p. 416.

L'on vient de voir qu'il restoit quatre filles de Louis XV:

M. Marie-Adélaïde, née le 23 Mars 1732.

M. Marie-Louise-Thérèse-Victoire, née le 11 Mai 1733.

M. Sophie-Philippine-Elisabeth-Justine, née le 27 Juin 1734.

M. Louise-Marie de France, née le 15 Juin 1737.

Etrennes militaires précitées, page 205.

Il restoit quatre filles du roi; les trois premières tiennent les trois derniers de leurs neveux sur les fonts de baptême, la quatrième tient la première de ses nièces. Madame est née le 23 Septembre 1759, dans le même mois que le duc de Bourgogne, le premier de ses frères, & a pareil jour que le duc de Berry. Le duc de Berry tient le dernier de ses frères sur les fonts au nom du roi d'Espagne, il tient la première de ses sœurs en son nom : elle est baptisée la dernère. Le parrain de madame se nommé Louis & sa marraine Louise ; cependant ils donnent à leur filleule le nom de la première de ses tantes, *Adélaïde* : ils la nomment Marie-Adélaïde-Clotilde Xavier. Le 5 Septembre 1765, mon père m'écrit aux armes d'Espagne, par le ministère de la chère sœur Thérèse, née le 11 Mai 1733 ; il me marque en substance : vous n'êtes point baptisé. Le 11 Avril 1770, madame Louise entre au couvent de S. Denis ; on lui donne dans le jour, disons mieux, elle se donne le nom de sœur Thérèse de S. Augustin, & à l'instant elle dit : » c'est à merveille : me voilà baptisée sœur » Thérèse de S. Augustin » : c'est ainsi que fut nommé mon premier camarade au couvent de Floreffe le 24 Juin 1770, jour anniversaire de la mort de la reine, la mère de madame Louise ; on le nommoit Antoine, on le nomma frère Augustin. Son père & M. l'abbé Berton étoient présents à la cérémonie. Pour moi, j'étois seul, & l'on ne toucha point au vénérable nom que je portois, *Joseph*, le nom de ma mère. Le prédit jour, 11 Avril, & la même année 1770, une postulante entre au couvent de S. Denis ; elle étoit de S. Germain. Il s'agissoit de lui donner un nom ; la prieure en défère à madame Louise,

elle lui donne le nom *d'Adélaïde.* » Depuis ce temps
» là, dit l'histoire de sa vie, page 105, le roi &
» d'autres personnes de la famille royale étant venu
» voir madame Louise, elle leur conduisit sa compagne
» sous le bras, & la leur présenta, en disant : » voici
» ma sœur Adélaïde ». Pour faire voir plus sensiblement encore, que madame Clotilde marquoit le premier de ses neveux, la religieuse princesse le qualifioit tantôt de *filleule,* tantôt de *fille aînée* de M. l'abbé
Bertin, comme le rapporte l'histoire de sa vie, page
279. Je l'ai déjà dit ailleurs, l'on voit sa tendre sollicitude pour son neveu dans bien d'autres endroits
encore. Cet enchaînement de faits & de circonstances, marque qu'il étoit aux armes d'Espagne le 19 Novembre 1761, le jour que l'on baptisa sa sœur, &
qu'il n'avoit point de prénom *de par l'église,* c'est-à-
dire, qu'il n'étoit point baptisé. Cependant la Clef
du cabinet disoit à l'instant, que le duc de Bourgogne
est mort le 22 Mars 1761 ; mais la page 405 de
l'histoire de la vie de monseigneur le Dauphin, édition de 1788, fait voir qu'il vivoit encore l'an 1765
ou 1766 ; & l'ouvrage ne donnant que la mort du
second de ses fils, l'année de l'édition marque qu'il
étoit vivant à cette époque. Ainsi, si l'autorité de
l'histoire l'emporte sur la relation d'un journal, nous
devons croire que le duc de Bourgogne vivoit encore l'an 1788. On concilie l'histoire & le journal,
en disant que le duc de Bourgogne de la fable n'étoit que le représentant du duc de Bourgogne de l'his

toire. Il me resteroit à observer que la Clef du cabinet dit que madame la Dauphine a fait une fausse
couche ; s'il étoit vrai, la vie de monseigneur le Dauphin, & la chronologie de M. le président Henault
l'auroient rapporté ; elles n'en parlent point ; on ne
l'a donc dit que pour marquer qu'il est faux que le
duc de Bourgogne a été ondoyé, quoique son représentant l'ait été.

D. Que fit monseigneur le Dauphin quand l'on eut
suppléé le baptême à ses enfants ?

R. Le Dauphin saisissoit toujours, & faisoit souvent naître les occasions de donner aux jeunes princes quelques leçons utiles : il leur en fit une des plus
frappantes le jour qu'on suppléa les cérémonies de
leur baptême. Après que leurs noms furent inscrits
sur le registre de la paroisse, il se le fit apporter ; &
l'ayant ouvert, il leur fit remarquer que celui qui les
précédoit étoit le fils d'un pauvre artisan, & leur dit
ces belles paroles : » Vous le voyez, mes enfants ;
» aux yeux de Dieu les conditions sont égales, &
» il n'y a de distinction que celle que donnent la foi
» & la vertu : vous serez un jour plus grands que
» cet enfant dans l'estime des peuples ; mais il sera
» lui-même plus grand que vous devant Dieu, s'il
» est plus vertueux ». Quelque temps avant sa mort,
comme il considéroit combien ses bras étoient mai-
gres & décharnés : » Voilà, mes enfants ; dit-il en
» s'adressant au duc de Berry & au comte de Pro-
» vence, ce que c'est qu'un grand prince : Dieu seul

» eſt immortel, & ceux qu'on appelle les maîtres du
» monde, ſent, comme les autres, ſujets aux mala-
» dies & à la mort. »

Vie de M. le Dauphin, page 189.

Tout porte à croire que le duc de Bourgogne étoit
l'objet de l'alluſion de monſeigneur le Dauphin. Quoique paſſant pour le fils d'un pauvre artiſan, il étoit
eſſentiellement de la même condition que ſes frères,
& il étoit plus grand qu'eux par ſon droit d'aineſſe.
Si l'auteur paſſe légèrement ici ſur ſa poſition, il ſemble en parler dans la vie du roi Staniſlas, où il dit:
Staniſlas, dans ſon domeſtique, étoit le maître le plus
aimable. Sans avoir les foibleſſes de Henri IV, il en
avoit l'enjouement, la bonté d'ame, & le cœur tout
entier. Ami de l'ordre, il demandoit de l'exactitude
dans le ſervice du roi ; mais nul particulier ne fut jamais plus commode & moins exigeant que lui pour
le ſervice de ſa perſonne. Souvent il prévenoit le lever de ſes valets-de-chambre, & les éveilloit lui-même.
Il connoiſſoit par leurs noms tous les officiers de ſa
maiſon, & tous avoient le droit de s'adreſſer à lui
directement, de lui expoſer leurs beſoins ou ceux de
leurs familles, & il eût été fâché que le dernier
d'entre eux ſe fût retiré de ſa préſence avec un viſage triſte. Si quelqu'un ſe préſentoit à contre-temps,
il commençoit par lui faire remarquer ſon indiſcré-
tion, & finiſſoit toujours par l'écouter avec bonté.
Un palefrenier avoit pénétré juſque dans le cabinet
du roi : le prince, occupé alors à minuter une dé-

pêche pour la cour de France, ne l'apperçoit pas,
celui-ci tousse long-temps, fait du bruit avec les gros
souliers; le roi croit que c'est son valet-de-chambre,
& continue son travail : mais le palefrenier, croyant
avoir assez attendu, lui adresse la parole : » sire, je
» suis Jacques. — Et que fait Jacques ici, dit le roi,
» pourquoi Jacques si matin ? il faut donc que je quitte
» le roi de France & mes affaires d'état pour écou-
» ter maître Jacques ? allons dis moi donc ce que
» tu veux ». Jacques expose au roi que sa femme
est accouchée : qu'étant comme lui au service de sa
majesté, elle ne peut pas nourrir son enfant, & qu'il
n'a pas le moyen de payer les mois de nourrice. Hé
bien, lui dit Stanislas, » va-t-en trouver Alliot de ma
» part, dis-lui de te porter sur son état pour cinquante
» écus de gratification que je te fais pendant trois
» ans, pourvu que tu t'acquittes bien de ton service ».
Jacques se retira plus pénétré de reconnoissance envers son bon maître, que ne le furent jamais les grands
seigneurs pour les millions que leur prodiguent les
grands rois au préjudice des peuples.

Tous les officiers du roi de Pologne qui avoient
besoin de sa protection, pouvoient la réclamer avec
confiance, sûrs de l'obtenir dès que leurs prétentions
étoient raisonnables. » Il est bien juste, disoit-il, que
» nous accordions, dans l'occasion, quelques minu-
» tes de notre temps à des hommes qui passent toute
» leur vie à notre service ». Un particulier, qui n'é-
toit pas inconnu au roi parce qu'il se distinguoit dans

sa profession, se trouvoit impliqué dans une mauvaise affaire, sans que toute son innocence pût lui en garentir les suites : il vint se jeter aux pieds du prince, le conjurant de l'aider à sauver son honneur : » ce » n'est point une grace que je vous accorderai, lui » répondit Stanislas, c'est une justice que je vous dois » & que je vous rendrai volontiers ». Sur le champ il écrivit aux juges que, sans prétendre dicter l'arrêt qu'ils devoient prononcer, il leur donnoit avis qu'il doutoit si peu de l'innocence du sujet accusé, qu'il se proposoit de lui donner des lettres de noblesse pour récompenser en sa personne la probité jointe à des talents distingués. Un jour que le roi de Pologne avoit reçu de la cour de France une réponse favorable à un de ses officiers, pour lequel il avoit sollicité lui-même un emploi. » Je ne puis différer jusqu'à demain, » lui écrivit-il sur le champ, à vous faire part de » la lettre que j'ai reçue de M. de Machaut. Je crois » enfin que mes vœux seront accomplis, & que je pour- » rai vous être utile ». Comme ce prince ne laissoit pas de successeur en Lorraine, ses gardes étoient ex- posées à se trouver sans état après sa mort. Un des officiers, que cette perspective inquiétoit, prit la li- berté d'en parler au roi : » sire, lui dit-il, quand l'affection & la reconnoissance ne nous commande- roient pas de veiller à votre conservation, nous y se- rions encore portés par un puissant intérêt. — Et quel est donc cet intérêt ?... C'est que nous mourons tous le même jour que votre majesté. — Voilà bien parler, mais avouez pourtant que je fais mieux encore! mes arrangemens font pris avec le roi mon gendre; &, duffent mes gardes fe réjouir de ma mort, je veux que lorfqu'elle arrivera . ils paffent au fervice d'un plus grand maître que moi. — Au moins, fire, ils n'en auront jamais de meilleur ni de plus géné-reux — Hélas, mon ami, continue le roi, en appuyant la main fur l'épaule de celui à qui il parloit, je ne fais pas la centième partie de ce que je voudrois faire pour mon pauvre peuple : il y a encore de la mifère, je le fais, & je ne puis fuffire à tout, cette idée m'affige ». L'officier ne put entendre ces dernières paroles fans répandre des larmes, & Staniflas en verfoit avec lui O rois de la terre, fentez ce que valent ces larmes, & vous êtes dignes de régner !

Vie du roi Staniflas, tome 1er. page 261 , Paris 1785, chez Pierre Berton, rue S. Victor.

L'on voit, par la Clef du cabinet, que monfeigneur le Dauphin a écrit à fon fils aux armes d'Efpagne. Entre un grand nombre d'articles qui l'infinuent, je n'en prendrai que quelques-uns : les voici :

1.° Un nouveau refus de facrements à une reli-gieufe urfuline de S. Cloud, à encore occupé le par-lement pendant quatre jours : à la fin cette malade a été adminiftrée comme par force le 1er. Septembre. Le 5 parut un arrêt de ce parlement, qui condamne au feu un imprimé, comme fanatique & féditieux, contenant une lettre prétenduement fignée par l'ar-chevêque de Rheims & par les agens du clergé, écrite

le

le 27 Août à tous les évêques qui n'ont pas été de l'assemblée, pour les inviter à donner leur adhésion à tout ce qui y a été réglé.

Voici de plus un arrêt du 4 Septembre de la même cour du parlement comme très-important à cause de ses suites : il concerne les actes de l'assemblée du clergé, & après un de ces préambules que trouvent aisément l'art & le style oratoire, on s'y déclare en ces termes : actes de l'assemblée générale du clergé de France sur la religion, extraite du procès verbal de ladite assemblée tenue à Paris par permission du roi, au couvent des grands Augustins en 1765.

La Clef du cabinet, mois d'Octobre 1765, page 279.

2°. La cour est à présent de retour de Compiegne à Versailles. Mais la reine accompagnée de ses principales dames, est allée de Compiegne à Commercy voir le roi de Pologne duc de Lorraine & de Bar, son auguste père, sur ce que ce prince n'ayant pu se rétablir parfaitement d'une indisposition dont il a été fort malade, ne s'est pas cru en état de soutenir le voyage qu'il avoit coutume de faire tous les ans à Versailles. Sa majesté se portant mieux à présent, & jouissant même de sa première santé, la reine est retournée à Versailles après une absence de trois semaines.

Mois d'Octobre 1765, page 282.

3°. Toute la cour est à Fontaine-bleau depuis le 5 Octobre. La reine étoit revenue le 13 Septembre au soir de Commercy, où elle étoit allée voir le roi

Vme. Tome. IIme. P.   H

114

de Pologne, duc de Lorraine & de Bar, son auguste
père. Madame la Dauphine & mes dames Adélaïde,
Victoire, Sophie & Louise avoient été au-devant de
sa majesté jusqu'à Bondis, y dînerent avec elle, &
passèrent sur les boulevards de Paris. Elles furent sa-
luées par plusieurs décharges des canons de la ville.
La reine s'arrêta avec les princesses à la place de
Louis XV pour en examiner la statue. Le roi son
père avoit dessein de la surprendre agréablement : il
vouloit lui-même partir de Commercy une heure après
elle, pour la dévancer par une autre route, & se
trouver à Versailles pour la recevoir : mais on a retenu ce prince en lui représentant que s'il partoit,
il enleveroit les chevaux absolument nécessaires au
retour de la reine. Le roi qui étoit à Choisy, s'est
rendu à Versailles pour le jour de l'arrivée de la
reine.

   Mois de Novembre 1765, *page* 339.

 4°. Le 22 Septembre le marquis de Santa-Crux,
grand d'Espagne, est arrivé de Madrid à la cour, &
y a notifié au roi le mariage du prince des Asturies
avec la princesse de Parme.

   Mois de Novembre 1765, *page* 340.

 5°. M. Feydeau de Marville, conseiller d'état, &
M. Dupleix de Bacquencourt, maître des requêtes,
s'étant acquitté de la commission importante dont ils
ont été chargés par le roi auprès de son parlement
de Navarre, sont revenus depuis le 20 Décembre à
Paris, & ont rendu compte de leurs opérations à sa

majesté dans un conseil de dépêches qui s'est tenu le 27.

Mois de Février 1766, page 94.

A moins de le dire en propres termes, pouvoit-on insinuer plus clairement que monseigneur le Dauphin a écrit à son fils le 5 Septembre 1765 ?

D. Pourquoi le laissa-t-il dans les Pays-Bas ?

R. Sans doute, parce qu'il aura cru que le feu de son âme, qui pouvoit s'amortir à la cour, devoit mieux s'entretenir dans les fatigues & les peines d'une vie pauvre, dure & laborieuse : du moins, c'est ainsi que fut élevé Henri IV.

Il se présente un autre motif, pris de la situation du duc de Bourgogne, que l'adulation, pour parvenir à ses fins, aura pu ventiller comme analogue au bien de l'état : le voici. Charles II, roi d'Espagne, institua héritier de ses états, Philippe, duc d'Anjou, second fils du Dauphin, lui substituant le duc de Berry, son frère ; & au défaut de l'un & de l'autre, Charles, archiduc d'Autriche, second fils de l'empereur ; vit-on les suites affreuses, de l'un & de l'autre de ces motifs ?

XXXVI. Le Dauphin étoit âgé de trente-six ans, & les rares qualités de son esprit, jointes à une vertu consommée, faisoient concevoir les plus flatteuses espérances, quand on commença à s'appercevoir du dépérissement de la santé, il perdit sensiblement son embonpoint : la fraîcheur de son teint se flétrissoit, & la pâleur effaçoit peu à peu les plus belles couleurs

H 2

de fon vifage. On vit avec étonnement un tempéramment auffi vigoureux que l'étoit celui de ce prince,
fe confumer par la langueur : on en chercha la caufe,
& chacun fit fes conjectures. Plufieurs crurent que
les maux de la religion avoient porté un coup mortel à fon cœur. D'autres prétendirent qu'il s'étoit
échauffé la poitrine, en donnant trop de temps au
travail, & trop peu au fommeil & aux autres délaf-
femens. Peut-être ces différentes caufes réunies ont-
elles concouru au même effet. Quoiqu'il en foit, deux
ans s'étant déjà écoulés depuis qu'il avoit reffenti les
premières atteintes de fa maladie, il fe trouva dans
un état d'épuifement qui l'accabloit. Toute efpèce de
nourriture lui devint infipide : il ne confervoit plus
de goût que pour le café. Il lui prit un jour envie de
manger du raifin; il s'en trouva fort bien, & continua. Les médecins lui en permirent l'ufage auffi fréquent qu'il le voulut; il en faifoit prefque fon unique nourriture. L'appétit lui revint, & peu-à-peu il
fe remit à une nourriture ordinaire. On efpéroit que
la nature reprendroit enfin le deffus : l'efpérance fut
de courte durée.

Vie de M. le Dauphin, livre 5, page 303.

XXXVII. Pendant le voyage de Compiegne, il
fe fatigua confidérablement à exercer les troupes du
camp que le roi avoit ordonné devant cette place.
Il ne fe contentoit pas d'être fpectateur des opérations, il les dirigeoit lui-même. Rien ne fe faifoit que
par fes ordres; & il fe trouvoit par-tout pour les

donner. Tous les jours, pendant les matinées les plus fraîches, on le voyoit, dès le lever du foleil, ranger lui-même les troupes en ordre de bataille, & commander les évolutions. Comme ces exercices lui plaifoient, & qu'il en foutenoit volontiers la fatigue, on les jugeoit plus utiles que nuifibles à fa fanté. Un gros rhume qui lui furvint au retour d'une promenade qu'il fit par un temps humide vers l'abbaye de Royal-lieu, porta une atteinte mortelle à fa poitrine, déjà fort affoiblie. Cependant le retour de la cour à Verfailles, étant fixé à quelques jours de là, la crainte de lui occafionner un dérangement, l'engagea à prendre les moyens les plus prompts pour fe défaire de fon rhume : il garda la chambre, & prit toutes fortes de palliatif. Il vouloit paroître guéri pour le jour du départ, il le parut. Mais à peine fut-il arrivé à Verfailles, que le mal s'aigrit fenfiblement : il lui furvint un crachement de fang accompagné d'accidents fâcheux. Une faignée le foulagea. Quelques jours après, il parut convalefcent, quoiqu'il confervât toujours une toux feche. Par le même motif de complaifance, qui lui avoit fait craindre d'apporter quelque retard au retour de Compiegne, il témoigna au roi que le féjour de Fontainebleau lui plairoit beaucoup, & qu'il défireroit que le voyage fe fît comme de coutume. Il s'y rendit avec la cour le 4 Octobre. Les premiers jours après fon arrivée, on crut appercevoir un mieux fenfible. A la maigreur extrême de fon vifage, fuccéda une bouffiffure qu'on prit pour embonpoint. Il

H 5

118

se trouvoit bien de l'exercice qu'il prenoit : on conçut des espérances. Voici comment la Dauphine en
écrivoit au roi Stanislas » Je ne puis encore être par-
» faitement tranquille sur l'état de M. le Dauphin;
» mais je regarde les complimens que votre majesté
» veut bien me faire, comme le présage le plus heu-
» reux de son entier rétablissement. La fievre est di-
» minuée, les crachats sont moins abondans & de
» meilleure qualité; voilà ce qui soutient mes espé-
» rances ; mais mon unique confiance est en Dieu:
» c'est de lui seul que j'attends la conservation de
» M. le Dauphin; aussi suis je très-obligée à votre ma-
» jesté de toutes les prières qu'elle a fait faire, &
» auxquelles elle a voulu assister elle-même. »

Page 304.

Cependant le mal faisoit sourdement des progrès;
& au moment que l'on s'y attendoit le moins, tous
les accidents qui s'étoient déjà annoncés, reparurent
avec des caractères plus effrayants. La toux devint
plus violente, la fievre plus forte, le sommeil plus
agité, & bientôt des expectorations purulentes indi-
quèrent la formation de l'abcès à la poitrine. De la
cour, l'allarme se répandit jusqu'aux extrémités de la
France. Tout ce qu'il y avoit d'ames vertueuses dans
le monde & dans le cloître s'empressèrent de demander à Dieu, par les vœux les plus ardents, la conservation d'une tête si précieuse à la religion & à l'état.
Bientôt après, le danger paroissant de jour en jour
plus pressant, on ordonna des prières publiques dans

toute l'étendue du royaume ; & ce fut là comme le
fignal d'une défolation générale, qui ne peut être com-
parée qu'à celle qu'occafionna la maladie de Louis XV
à Metz. L'affliction de tous les gens de bien étoit fi
fincère, qu'elle fe communiquoit à tous les cœurs,
& entraîna les plus indifférents : les étrangers même
partageoient la douleur des françois. Le Dauphin s'é-
toit étudié à cacher fes rares qualités, & il y avoit
réuffi. La France jufqu'alors n'avoit connu qu'impar-
faitement le tréfor qu'elle poffédoit en fa perfonne ;
mais après avoir paffé toute fa vie dans fon cabinet,
il fut obligé, fi je puis ainfi parler, d'être malade en
public. Toutes les perfonnes de la cour fe faifoient
un devoir de leur affiduité à lui faire leurs vifites ;
& lui, de fa complaifance à les recevoir. Paroles, actions, fentiments, tout ce qu'il faifoit, tout ce qu'il
difoit étoit recueilli & rendu public, tout intéreffoit
jufqu'à l'attendriffement. On apperçut alors le fond
de fon cœur : fon mérite ne fut plus un problême.
On rendit par-tout hommage à fes grandes qualités ;
on fe reprochoit de ne les avoir pas connu plutôt :
tant il eft vrai que les droits de la vertu font inalié-
nables, qu'on peut lui contefter pour un temps, mais
qu'elle recouvre tôt ou tard.

Page 307.

Les prières publiques que l'on fit alors ne furent
point, comme on le voit quelquefois, des prières de
cérémonie : elles étoient commandées par le cœur,
beaucoup plus que par les ordonnances des évêques ;

H 4

& l'on vit en cette occasion la différence que le peuple met entre un prince & un prince. Chacun envisageant la perte du Dauphin comme un malheur personnel, vouloit sincérement l'éloigner, & en prenoit les moyens qu'il jugeoit devoir être les plus efficaces. Nous fûmes alors témoins de ce qu'on voit à peine dans ces calamités où tous ont à craindre pour la vie : toutes les fêtes étoient suspendues, un triste silence régnoit dans ces lieux même de divertissement, qui retentissent habituellement de cris de joie ; en plusieurs endroits le zèle des ecclésiastiques suffisoit à peine à la piété des fidèles, qui, pour adresser à Dieu des vœux plus efficaces, vouloient se mettre en état de grace, & se réconcilier avec lui. On ne cessa de prier pendant deux mois entiers ; & la ferveur sembloit redoubler avec le danger. La capitale se distingua parmi les autres villes du royaume : pendant les prières de 40 heures, toutes les églises des paroisses & des communautés étoient remplies de monde ; on y entroit respectueusement, on prioit, souvent on pleuroit, & on se retiroit en silence.

Page 308.

XXXVIII. » Pendant ces jours de deuil & d'affliction, il n'étoit pas rare de voir des gens de tout sexe & de toute condition prosternés au milieu de la place de sainte Genevieve, dont l'église étoit toute remplie de monde. Les pauvres habitants des campagnes, plus sensibles encore & plus religieux que ceux des villes, profitoient des jours ou il leur étoit

permis de fufpendre leurs travaux , pour s'acquitter envers le Dauphin , & demander au ciel avec plus d'inf-
tances la confervation d'un prince qui ne penfoit qu'à
ls rendre heureux. Ils arrivoient par troupes dans la
cpitale , & fe rendoient aux tombeaux des faints
protecteurs de la France. Dans la faifon la plus ri-
goureufe , on les voyoit le long des rues & dans les
plaes publiques , fe délaffer , en mangeant un morceau de pain bis , de la fatigue d'un voyage de plu-
fieur. lieues.

La famille royale de fon côté , réuniffoit tous les
genre: de bonnes œuvres , pour fléchir le ciel & dé-
tou ne le coup qui menaçoit la France. Mais il étoit
inévitable , le mal étoit fans remède : & les médecins dédarèrent , que tous les fecours de leur art de-
venant léformais inutiles , il n'y avoit qu'un prodige
qui put opérer la guérifon du Dauphin. Cette nouvelle ,
qui fe répandit bientôt parmi le peuple , au lieu de
rallentir fon ardeur dans la prière , ne fit que l'enflammer davantage ; & , puifqu'il falloit que Dieu fit un
miracle , on crut que c'étoit la circonftance ou l'intérêt de fa gloire autorifoit à le folliciter de fa bonté ,
& à l'efpérer fans préfomption.

Les différents corps de l'état , & toutes les communautés ajoutèrent aux prières publiques , des prières particulières & d'abondantes aumônes. Les pauvres
n'étant plus diftraits par les inquiétudes de la mifère ,
n'étoient occupés , comme le refte du peuple , qu'à
offrir des vœux pour la caufe commune. Les troupes

qui n'avoient pas oublié la campagne de 1745, & qui fe rappelloient fur-tout les bontés dont le Dauphin les avoit comblées tout récemment au camp e Compiegne, prirent la plus grande part à la douleur publique; & l'on remarqua que dans toutes les vies de guerre, elles donnèrent des preuves éclatantes de leur affection envers ce prince. Ce que fit en cette occafion le régiment des dragons Dauphin, me proît digne d'être tranfmis à la poftérité : il s'impof un jeûne folemnel, & pendant qu'il dura, les glifes étoient remplies de ces braves guerriers qui, profternés au pied des autels, conjuroient le Dieu des armées, avec toute la ferveur de leur zèle, de leur accorder une vie pour laquelle ils auroient voulu verfer tout leur fang. Les officiers de ce régiment répandirent de grandes aumônes; & le pauve foldat, moins riche, mais auffi généreux que fon officier, trouva de quoi exercer fa charité dans la modicité même de fa paye, dont une partie, par le jeûne qu'il s'étoit impofé, ceffoit de lui être néceffaire pour fa fubfiftance.

Tant de prières & de bonnes œuvres ne pouvoient être fans effet : fi le ciel ne nous accorda pas la confervation du Dauphin, il nous accorda du moins de le faire revivre dans un fils héritier de fon amour pour la religion & pour les peuples; & il lui accorda à lui-même la grace d'une bonne mort, qu'il défiroit uniquement. Un jour qu'on lui parloit des prières qu'on faifoit pour lui : » j'en reffens les effets, répondit-

» il , car Dieu me fait des graces bien fpéciales ; &
» toute ma crainte, c'eft de n'en pas affez profiter »

Tandis que la France entière étoit dans le deuil &
l'affliction au fujet de fa maladie , lui-même , poffé-
dant toujours fon ame en paix , voyoit approcher le
moment de fa diffolution avec tous les fentiments de
réfignation & de confiance , qu'une vie paffée dans
la vertu infpire aux plus grands faints. Pour donner
une jufte idée de fes difpofitions dans ces derniers
moments , je crois ne pouvoir mieux faire que de
copier le recit qu'en fait la Dauphine. Ce morceau ,
le plus précieux peut-être de tout l'ouvrage , ne ref-
pire que le fentiment & la vérité. Les détails les moins
intéreffants y intéreffent , par la même qu'ils font ceux
d'une époufe qui ne penfoit à écrire que pour elle-
même.

Page 309.

XXXIX. » Le jour , dit la princeffe , que les médecins virent un danger preffant , la Breuille , fuivant
l'ordre qu'il en avoit reçu de M. le Dauphin , l'en
avertit. Quoiqu'il fut très éloigné de cette penfée , il
en reçut la nouvelle avec une fermeté & une tranquillité que la religion feule peut donner. Peu de
temps après qu'il l'eut apprife , la reine defcendit chez
lui ; je la fuivis avec mes enfants. La reine me voyant
les yeux rouges , & ne fe doutant pas du danger où
étoit M. le Dauphin , me dit que j'avois une fluxion
fur les yeux : M. le Dauphin me fixa dans ce moment , & fe doutant bien de ce qui pouvoit m'avoir

rougi les yeux, il me demanda si cette fluxion m'avoit prise en m'éveillant, ou depuis ? je lui répondis que j'avois eu mal aux yeux depuis le matin. Il me fit une seconde question, par laquelle je compris bien qu'il me demandoit si j'avois pleuré : je fis semblant de ne pas l'entendre. Il en resta-là, & continua de parler à la reine avec sa tranquillité ordinaire. »

Page 313.

» L'après midi il envoya chercher M. du Muy, & lui fit beaucoup de questions sur une maladie de poitrine qu'il avoit eue : il reçut ensuite la visite de la reine. Dès qu'elle fut sortie : » ou croyez vous, me dit-il, que soit M. Collet ? car je veux me confesser cer après midi : c'à toujours été mon projet. Envoyez le chercher ». J'allai chercher M. Collet qui étoit chez moi, & je redescendis. Il me dit de lui apporter ses livres pour se préparer, me fit rester auprès de son lit, & fit sa préparation avec la plus grande tranquillité. Quand il fut prêt, il me dit de faire entrer son confesseur. Sa confession finie, il m'envoya chercher, & me dit : » je comptois faire mes dé» votions dimanche ; mais M. Collet m'a dit tout à » la franquette, qu'il valoit mieux que je commu» niasse en viatique ». Ensuite il me demanda ce que j'avois fait toute la matinée : je lui répondis que je n'avois pas fait grand'chose. Il me dit : » vous vous » êtes au moins lavé les yeux »; il vouloit dire que j'avois pleuré. Je lui avouai que cela étoit vrai ; & dans ce moment même, ne pouvant contenir mes larmes, elles coulèrent de nouveau : il le vit, & me dit en fouriant : » allons donc, courage, courage. »

Page 104.

» Il envoya enfuite chercher Alélide ; & quand elle fut arrivée, il lui répéta ce qu'il m'avoit dit fur fa communion : puis s'adreffant à toutes deux, il nous dit : » je ne puis vous exprimer, mes cœurs, combien » je fuis aife de partir le premier. Je fuis fâché de » vous quitter ; mais je fuis bien-aife de ne pas ref- » ter après vous ». Ce'a nous fit pleurer : il s'attendrit lui même, & nous dit : » ah ! finiffez donc, vous » me faites de la peine » ; & tout de fuite il nous conta que M. Collet lui avoit dit qu'il feroit bien de recevoir fes facrements : qu'il efpéroit que le bon Dieu exauceroit les vœux qu'on faifoit pour lui ; mais que s'il en difpofoit autrement.... » oh ! nous dit il, » quand il en a été là, il n'a pu achever, tant il pleu- » roit ; & je lui ai dit qu'il faifoit l'enfant. »

» Il nous dit enfuite qu'il efpéroit recevoir fes facrements le jeudi, pourvu que le roi ne chaffât point, parce qu'il ne vouloit pas le déranger. Quand le roi vint chez lui, il fit la converfation à l'ordinaire : mais il le queftionna beaucoup fur les jours de la femaine ou il chafferoit ; & il fut fort aife d'apprendre qu'il ne fortiroit pas le jeudi. Après que le roi fut forti, il me demanda fes livres de prières, comme il avoit toujours fait pendant fa maladie. En me les rendant, il me demanda fi j'avois fon crucifix, qu'il me donnoit à porter dans tous fes voyages : je lui dis qu'oui,

116

& je lui ajoutai qu'il avoit des indulgences *in articulo mortis*. » ah! tant mieux, s'écria-t-il, il me fera bien
» utile. »

Page 315.

» Le soir il envoya chercher le cardinal de Luy.
nes : i lui dit qu'ayant résolu de recevoir ses sacre.
ments, il le prioit de lui dire l'usage de son diocèse
pour l'Extrême-onction. Le cardinal troublé par cette
demande, à laquelle il ne s'attendoit pas, répondit
qu'il craignoit de se tromper; qu'il le chercheroit dans
le rituel. » Eh! je vous en prie, lui dit M. le Dau-
» phin, envoyez-le moi par écrit dès ce soir ». Le
cardinal m'apporta le soir l'extrait du rituel, que je
remis à M. le Dauphin, qui me l'avoit déjà demandé
plusieurs fois dans la soirée. Il le lut avec attention,
& me le remit en me disant : » gardez le jusqu'à
» demain matin; car il faudra le montrer à M. Col-
» let »; ce qu'il disoit, parce que le rituel de sens
ordonne qu'on ne donnera l'Extrême onction aux malades que dans un danger éminent. Quoique son état
fût plus dangereux, il ne le croyoit pas si pressant
qu'il l'étoit, & il vouloit suivre la règle en tout. »

Page 316.

» Le lendemain vers les huit heures il me dit de
faire venir son confesseur, qu'il envoya au cardinal,
pour s'arranger sur l'Extrême-onction. Il me fit appeller pendant ce temps là, me demanda son cru-
cfix, & me désigna la place où il vouloit qu'il fut
attaché à son lit. Son confesseur revint, je sortis. En-

viron une demie heure après il me fit appeller, &
me dit avec un air riant & tranquille : » je ne comp-
» tois recevoir le bon Dieu que demain, mais M. Col-
» let veut que ce soit ce matin ». Il m'ordonna en
même temps de lui apporter les livres dont il avoit
besoin, & qu'il me nomma. Ensuite il me dit : » où
serez vous pendant que je recevrai mes derniers sacremens? il faut que vous restiez en haut chez vous »
Je lui demandai la permission de me tenir dans un
cabinet derrière sa chambre : » eh bien, à la bonne
» heure », me dit-il, il donna lui-même les ordres
pour l'arrangement de sa chambre, pour recevoir le
bon Dieu. Il reçut ses sacremens à onze heures &
demie. Je ne rapporte pas toute l'édification qu'il a
donnée en les recevant. Ceux qui en ont été témoins
peuvent en rendre un compte plus exact que moi qui
n'y étois pas. »

Page 317.

» Après la messe, qu'il entendit tout de suite, il
me fit appeller. Le roi étant dans ce moment auprès
de son lit, il me fit seulement un geste qui exprimoit
toute sa joie ; & je n'oublierai jamais l'air de contentement, de joie, de béatitude qui brilloit dans
ses yeux, & qui étoit répandu sur son visage. Le roi
s'étant un peu éloigné, il me tendit la main, en me
disant : » je suis ravi de joie ; je n'aurois jamais cru
» que recevoir ses derniers sacremens, effrayât si
» peu, & donnât tant de consolation ; vous ne sau-
» riez l'imaginer ». Mes dames vinrent un moment

après, lorsque le roi étoit encore auprès de son lit; en les voyant, il se mit la main sur la poitrine, pour leur faire connoître la douceur des consolations qu'il ressentoit. Il fut très-gai avec le roi & la reine; mais de temps en temps il jettoit les yeux sur son crucifix, qui étoit sur son lit ; & il le regardoit avec une joie & un contentement qui éclatoient malgré lui. »

Page 318.

» Quand il vit que le roi alloit sortir, il pria la reine de se retirer un moment, & parla au roi en particulier. Après son dîner il m'ordonna de lui apporter son écritoire avec du grand papier, & d'aller chez moi jusqu'à ce qu'il m'envoyât chercher. La reine vint après son dîner, il n'avoit pas fini d'écrire, il la pria d'attendre. Quand il eut achevé, il nous appella la reine & moi, & nous parut fort content. Il avoua pourtant qu'il étoit fatigué, & il se mit sur le côté. La reine qui crut qu'il alloit dormir, prit un livre & moi aussi. Au bout d'un petit moment, il se retourna, & dit : » ah ! vous lisez ! j'aimerois » mieux que vous fissiez la conversation ». Il y prit part lui-même, & repéta à la reine combien il avoit éprouvé de consolation en recevant ses sacremens. La reine lui en témoigna sa joie : mais elle ajouta qu'elle étoit remplie d'espérance pour sa guérison : il se retourna avec vivacité, & lui dit : » Ah ! ma- » man, je vous en prie, gardez cette espérance pour » vous ; car pour moi, je ne desire point du tout » de guérir ». Il dit après cela à la reine : » vous
» devez

,, devez être étonnée de ce que je ne vous ai point
,, parlé ce matin de mes facrements ; mais je ne fa-
,, vois pas encore que je duffe les recevoir aujourd'hui.
,, Il eft affez plaifant que tout le monde en fut averti,
,, excepté moi. ,,

Page 319.

,, Quand la reine fut fortie, il envoya chercher Adélaïde. En arrivant, elle lui dit : j'ai quitté pour vous bien
bonne compagnie. Car j'avois chez moi le roi & madame
la comteffe de Touloufe : ,, voyez, dit il en riant, les
,, égards que l'on a pour les pauvres mourants ; leur
,, moment eft bien brillant, c'eft dommage qu'il ne foit
,, pas plus long ,,. Il fut très-gai toute la journée, &
l'on voyoit fa joie redoubler toutes les fois qu'il regardoit fon crucifix. Après le falut, il fit venir fes enfants,
& les reçut à l'ordinaire, fans leur parler de fon état.
Se trouvant feul avec Adélaïde & moi, il nous dit qu'il
eut voulu ne pas recevoir l'Extrême-onction, parce qu'il
n'étoit pas dans le danger preffant que le rituel exigeoit ; mais que fon confeffeur lui avoit repréfenté qu'il
feroit bien de la recevoir, tant pour l'édification, que
parce qu'en la recevant avec toute fa préfence d'efprit,
il en retireroit plus de fruits ; & que d'ailleurs il évite-
roit par là un fecond fpectacle à la famille. Il ajouta
qu'il avoit répondu à fon confeffeur, qu'il eut donc à
s'arranger là deffus avec le cardinal de Luynes. Il nous
dit enfuite qu'il avoit été touché de l'état de M. le
prince de Condé, qui avoit fondu en larmes pendant
toute la cérémonie. ,,

Page 320.

Vme. Tome. IIme. P.   I

130

,, Le jeudi matin, il me demanda comment j'allois,
& me dit ; ,, je crois que vous avez plus de force &
,, de courage aujourd'hui ; ainſi je vais vous confier ce
,, que j'ai dit hier au roi, quand j'ai prié la reine de ſe
,, retirer ! je lui ai demandé qu'il vous laiſſât maîtreſſe
,, abſolue de l'éducation de vos enfants, ſi je venois à
,, mourir ,,. Je fondis en larmes, & me jetai ſur ſa
main, ſans m'appercevoir que le roi entroit, & ſe trouvoit derrière moi. Il le vit, & me dit : ,, prenea donc
,, garde, voilà le roi ,,. L'après midi il raconta ce qu'il
m'avoit dit à Adélaïde, & lui ajouta : ,, j'ai bien mal
,, pris mon temps ; car le roi eſt entré dans ce moment ;
,, & la pauvre créature a été obligée de renfoncer ſes
,, larmes ,,. Il nous dit auſſi qui ſi le bon Dieu lui prê-
toit vie, il eſpéroit recevoir encore ſes ſacrements au
bout de l'intervalle des dix jours preſcrits par le rituel ;
& il compta que le dixième jour ſeroit le ſamedi. Il le
dit auſſi au roi, en lui demandant s'il ſeroit néceſſaire
qu'il y vint, parce qu'il voudroit bien épargner cette
peine à tout le monde, & il en chercha les moyens. ,,

Page 321.

XL. ,, Quelques jours après, je le priai de s'unir d'intention aux prières qu'on faiſoit pour obtenir ſa guéri-
ſon. ,, Non, me répondit-il, M. Collet me l'a défendu ,,.
Je lui dis que je ne croyois pas cela : il ſe mit à rire,
& me dit : ,, il eſt vrai qu'il ne me l'a pas défendu ;
,, mais il ne me l'a pas conſeillé, parce que cela me
,, troubleroit & m'agiteroit ,,. La reine lui dit auſſi un
jour la même choſe que moi, & elle ajouta, qu'il y

étoit obligé, parce que sa vie étoit utile & nécessaire à la religion. „Ah! maman, lui répondit il, les vues, „ de la providence sont bien différentes de celles des „ hommes „. Il ne pouvoit pas croire qu'il fut bon à rien, ni qu'il fut aussi aimé des peuples qu'il l'étoit. Quand il sut qu'on continuoit les prières de quarante heures au delà du temps ordinaire, il en parut mécontent, „ parce que, disoit-il, selon les règles de l'église, „ ces prières ne doivent durer que trois jours. „

Page 322.

„ Il étoit continuellement occupé de la pensée de recevoir le bon Dieu une seconde fois, il en parloit souvent : & au bout de huit jours il demanda à la Breuille s'il n'étoit pas encore dans un assez grand danger pour communier en viatique. La Breuille lui dit qu'il n'étoit pas dans le danger pressant ou il avoit été huit jours auparavant ; mais que tant qu'il y auroit de la fievre avec crachement de pus, il y auroit du danger. „ Cela me „ suffit, dit M. le Dauphin; car tant qu'il y a du dan- „ ger, on peut recevoir ses sacrements de dix en dix „ jours „. Cependant, ne voulant pas s'en rapporter à lui même, il m'ordonna d'envoyer chercher son confesseur, de lui dire ce que la Breuille avoit dit de son état, & de lui demander si cela ne suffisoit pas pour qu'il fut permis de communier encore en viatique. Il fut charmé d'apprendre que M. Collet avoit jugé comme lui. Il le vit le lendemain, & fixa sa communion au dimanche vingt-quatre. La veille il nous dit, à Adélaïde & à moi, qu'il désireroit beaucoup que nous y

I 2

fuſſions préſentes ; & il ajouta : „ comme je ſuis mieux,
„ cela ne vous fera pas la même impreſſion que la pre-
„ mière fois „. Il reçut la communion après ſa meſſe,
en particulier, n'y ayant dans ſa chambre que les perſonnes néceſſaires. „

Page 323.

„ Un jour que les médecins le trouvoient mieux,
& même au-delà de leurs eſpérances, ils lui témoignèrent leur ſatisfaction de ſon état. Après qu'ils furent
ſortis : „ voyez, me dit-il, ce que c'eſt que l'attache-
„ ment à la vie : quand j'ai ſu le danger ou je me trou-
„ vois, je n'en ai été nullement affecté ; & je ſens bien
„ que ſi les mêmes accidents revenoient, cela ne m'af-
„ fligeroit pas davantage ; cependant ce petit mieux me
„ fait plaiſir „. Il comptoit cela pour un grand attachement à la vie. „

„ Malgré l'état de foibleſſe ou il étoit, il n'a jamais
manqué de faire ſes prières & ſes lectures ordinaires,
& même ſa méditation. Il ne récitoit plus le grand office, mais en place, il en diſoit un plus court. Il liſoit ſur-tout avec plaiſir le teſtament ſpirituel & les ſaints
deſirs de la mort, du pere l'Allemant. Il demanda un
jour à la reine ſi elle connoiſſoit ce livre : la reine lui
ayant répondu que non : „ ah ! c'eſt un bien bon li-
„ vre, lui dit-il, & qu'il faut lire en ſanté „. Un jour
en faiſant ſa prière, il me dit tout-à-coup : „ ah ! voilà
„ une paraphraſe du pſaume trente-ſeptième (*), que

(*) Le Prophete exprime dans ce pſaume les ſentiments d'une ame que la vue de ſes iniquités jete dans
le trouble & l'agitation.

„ je n'ai pas le courage de lire , parce que je n'éprouve
„ rien de ce qui y eſt dit. „

Page 324.

„ Dans le temps qu'il paroiſſoit être mieux , & qu'il
le croyoit véritablement, il ne vouloit pas qu'on s'en ré-
jouit trop , & ſur-tout qu'on le crut hors de danger, afin
de s'entretenir dans les heureuſes diſpoſitions ou Dieu
l'avoit mis. Il nous dit un jour, en nous parlant du temps
ou il avoit reçu ſes ſacrements : „ je n'avois pas la moin-
„ dre frayeur : il n'y eut qu'un moment ou j'ai eu grand'-
„ peur du purgatoire ; car , me ſuis-je dit à moi-même,
„ je ſouffre bien ici ; & cependant ces douleurs ne ſont
„ rien, comparées à un inſtant paſſé dans le purgatoire ;
„ cette réflexion m'a effrayé „. Une autre fois , en nous
parlant de la conſolation qu'il avoit reſſentie en recevant
ſes ſacrements , il nous dit qu'il craignoit que ce ne fut
une illuſion du démon , parce qu'il étoit trop grand
pécheur , pour mériter tant de graces. „

„ Il a été pendant toute ſa maladie d'une attention
& d'une bonté extrêmes pour tout le monde : il n'étoit
occupé que des autres, il s'oublioit lui-même. Les moindres ſervices qu'on lui rendoit étoient payés de mille
marques de bonté. Un jour , après avoir paſſé une nuit
affreuſe , il dit au premier médecin de la reine, qui
avoit veillé : „ ah ? mon pauvre la Sone, je ſuis dé-
„ ſolé de la mauvaiſe nuit que je vous ai fait paſſer :
„ allez-vous coucher, car vous devez être bien fatigué „.
S'appercevant que la Breuille avoit l'air triſte de ce qu'il
avoit paſſé une mauvaiſe nuit : „ votre viſage , lui dit-il ,

I 3

„ reſſemble toujours à mes nuits; cela n'eſt pas bien: un
„ médecin ne doit pas s'affecter ainſi pour ſon malade „.
L'évêque de Verdun, (M. Nicolai), lui diſoit un jour
qu'il ne le voyoit jamais s'impatienter : „ ah ! contre
„ qui voulez vous que je m'impatiente, lui dit M. le
„ Dauphin ? mes médecins ſont d'une aſſiduité éton-
„ nante; les grands officiers ont pour moi toutes les at-
„ tentions poſſibles : ſi j'ai beſoin d'eux, je les trouve,
„ & ils ſe retirent dès qu'ils prévoient qu'ils pourroient
„ m'importuner „. C'eſt ainſi qu'il ſavoit rendre juſtice
à chacun. „

Page 325.

„ Au milieu de ſes ſouffrances il avoit conſervé toute
ſa gaieté naturelle, ou pour mieux dire, il l'avoit re-
priſe depuis qu'il avoit reçu ſes ſacrements. Dans les
commencements de ſa maladie, il liſoit des livres de différentes ſciences : quand il s'eſt apperçu que ces lectures le fatiguoient, il en a cherché d'autres qui puſſent
l'amuſer ſans le fatiguer. C'eſt à l'abbé de Moſtuejouls
qu'il s'étoit adreſſé pour lui, en choiſir; & n'étant plus
en état de lire, même ces ſortes de livres, il lui dit un
jour : „ l'abbé, ſi je vous demande encore des livres,
„ ne me donnez plus que l'a b c, & le catéchiſme, car
„ ce ſont les ſeuls que je ſois en état de lire „. Il voyoit
tous les ſoirs les premiers gentilshommes de la chambre, les grands officiers & ſes menins; il s'entretenoit
avec eux ſur toutes ſortes de matières avec gaieté. Le
matin, après ſa meſſe, il faiſoit entrer tout le monde,
même les ambaſſadeurs, & il parloit à chacun. Il deman-

doit pardon aux ambassadeurs du dérangement qu'il leur occasionnoit, en les faisant rester à Fontaine-bleau. On sortoit toujours de chez lui enchanté de ses bontés, & désolé de ce qu'il se fatiguoit pour parler à tout le monde. Un jour l'ambassadeur de l'empereur s'écria en sortant de chez lui : ,, oh ! que de courage & de vertu ,,! on ne pouvoit se lasser d'admirer l'un & l'autre. Le maréchal de Richelieu dit un jour tout haut : ,, non, ,, il n'y a que la religion qui puisse inspirer tant de ,, courage ,,. Il étoit logé plus agréablement à Fontaine-bleau qu'à Versailles, parce que de son lit il pouvoit voir tout ce qui se passoit dans la cour, & cela l'amusoit : ,, je suis pourtant mieux ici que je ne se- ,, rois à Versailles, me dit-il un jour, il n'y a que pour ,, vous que je suis fâché d'y être, car votre escalier ,, doit bien vous fatiguer. ,,

Page 326.

XLI. Le roi parlant un jour d'un prince d'Angle-terre qui se mouroit, & une de mes dames ayant lu dans l'almanach l'article des princes morts : ,, vraiment, ,, dit-il, j'ai pensé être la derniérement; on auroit mis : ,, Louis Dauphin, mort à Fontaine-bleau le vingt-cinq ,, Novembre ,,. Une autre fois, comme le roi nous an-nonçoit que nous porterions bientôt le deuil d'un autre prince ou princesse : ,, je crois, dit M. le Dauphin, ,, que dans les autres cours on parle bien aussi de mon ,, deuil. ,,

,, Un soir après le salut, je me trouvai toute seule avec lui ; craignant qu'il ne s'ennuyât, je m'approchai

I 4

de son lit, & lui dis : ne voulez-vous pas que j'appelle la Sone pour venir causer, car je crains que vous ne vous ennuyiez ? „ non, mon cœur, me dit-il, puis je „ m'ennuyer quand je vous ai „? pénétrée de ces pa- roles, je fus un moment sans pouvoir répondre ; il crut que je n'avois pas entendu, & me dit du ton le plus doux & le plus tendre : „ avez-vous entendu ce que „ je vous ai dit „? hélas ! mon cœur, lui répondis- je, je voudrois bien vous être de quelque ressource. „ Oh ! me dit-il, vous ne sauriez croire de quelle res- „ source vous m'êtes „. C'est ainsi que sa charité lui faisoit regarder comme une ressource les petits soins que ma tendresse s'efforçoit de lui rendre. „

Page 328.

„ Le lundi deux Décembre, il se plaignit d'un peu d'hémorrhoïdes. Le mal augmenta ; il se forma une tu- meur qui grossissoit de jour en jour, & le faisoit beau- coup souffrir. Il ne vouloit pas cependant en convenir, disant toujours qu'il n'avoit pas de douleur, mais seu- lement de la gene de ne pouvoir se tenir sur le dos ni sur le côté gauche, ce qui lui fatiguoit le côté droit ; mais en dormant il crioit, & quelquefois même lors- qu'il étoit éveillé, il lui échappoit de petites plaintes. Mais quand on lui disoit, vous souffrez beaucoup : „ non, „ répondoit-il, pas beaucoup „. Vraiment, lui dis je un jour, le bon Dieu veut que vous souffriez de tou- tes les parties de votre corps, car il n'y en a aucune qui ne soit affectée : „ ah ! pour ma tête, me dit-il, „ je l'ai très-bonne pour végéter ; car c'est tout ce que

„ je fais „. Un foir qu'il fouffroit beaucoup, Adélaïde lui dit qu'elle ne pouvoit pas revenir de fa patience, elle qui l'avoit quelquefois vu jeter les hauts cris pour les moindres petits maux ; il ne lui répondit que ces mots : „ c'eft que ceci vient de Dieu, & que c'eft „ pour Dieu. „

Page 329.

XLII. „ Ne pouvant refter couché fur le côté gauche, il étoit obligé de tourner le dos au roi : il lui en fit fes excufes en riant. La nuit du douze au treize, ayant dormi fort tard, il n'eut pas le temps de faire fes prières ; il me dit l'après dîné : „ je n'ai non plus „ prié Dieu aujourd'hui qu'un juif „. Hélas ! lui répondis-je, vos fouffrances font de bonnes prières. „ Oui, „ me dit-il, fi j'en faifois bon ufage „. Il regrettoit tant d'avoir manqué fes prières, qu'il répéta le même propos à la reine après dîné, & le foir à Adélaïde. Adélaïde lui ayant dit la même chofe que moi fur fes fouffrances, & en ayant reçu la même réponfe, elle lui ajouta qu'elle n'étoit pas en peine de l'ufage qu'il en faifoit : „ oh ! lui dit-il, le diable eft bien méchant, „ il rode par-tout. „

Page 330.

„ Toute la journée du treize, il fut dans des douleurs continuelles, fans pourtant fe plaindre ; mais il ne pouvoit pas refter un inftant dans la même fituation. La reine lui ayant dit qu'elle vouloit aller le lendemain à notre dame de bon fecours, il lui recommanda de bien prier pour obtenir de Dieu l'adouciffement des douleurs aigues qu'il ressentoit. Il avoit grand desir que les chirurgiens ouvrissent son abcès ; mais il se soumit aux raisons qu'ils lui donnerent pour n'en rien faire. Enfin le soir du treize on l'ouvrit d'un coup de lancette : il n'en sentit d'autre soulagement que de pouvoir se mettre sur son séant, il en fut très-content. „

„ Le lendemain dès qu'il vit la reine, il lui dit: „ maman, vos vœux sont exaucés, je suis soulagé; ma „ tumeur est percée „. La reine lui ayant dit que cela ne l'empêcheroit pas d'aller à bon secours ; qu'elle avoit bien d'autres graces à demander pour lui, il lui répondit : „ mais je ne vous avois demandé de prier „ que pour le soulagement des douleurs que j'endurois. „

Page 331.

„ Le soir, quoiqu'il eut beaucoup d'oppression, du froid & un grand redoublement de fievre, il ne se plaignit pas ; seulement, avant que de s'endormir, il dit à la Breuille : „ qu'est-ce donc que cette gentillesse qui „ m'est revenue aujourd'hui ? je sens de l'oppression „ Quoiqu'il fut très-mal, il ne s'en doutoit pas ; & dans la journée du dimanche, il s'occupa beaucoup de ses pâques, me fit lire des canons du Bréviaire, & parcourut lui-même les autres, pour voir s'il n'y étoit rien dit sur les pâques des malades. Il vit son confesseur le soir, & lui en parla aussi. Il avoit projetté de faire ses dévotions la nuit de Noël ; il m'en parloit souvent ; il faisoit ses arrangements pour ses messes, & il avoit nommé l'abbé de Tallerand pour les dire. Il s'étoit aussi occupé de l'ornement de la chapelle pour la messe de minuit, & il avoit envoyé chercher exprès un garçon du garde-meuble, pour lui donner ſes ordres là-deſſus. Il dit en riant à M. Collet, qu'il avoit un reproche à lui faire, de ne l'avoir pas averti la nuit précédente qu'on diſoit la meſſe, & qu'il devoit y communier. Il nous avoit auſſi conté qu'il avoit fait ce rêve, & qu'il s'étoit trouvé fort embarraſſé devant communier à cette meſſe, & n'ayant pas encore été à confeſſe. Le ſoir, quand on ſe retira, il demanda, comme il faiſoit ſouvent, qui de la faculté paſſeroit la nuit ? on lui dit que ce ſeroit l'apothicaire, mais que ſon médecin coucheroit dans le cabinet. Son bon cœur lui fit dire d'abord : „ mais „ pourquoi donc cela ? ſi la Breuille & la Sone paſſent „ toutes les nuits, ils n'y réſiſteront pas „. On l'aſſura que cela ne les fatigueroit pas. „

Page 332.

„ Cependant cette précaution de faire reſter un médecin, lui fit comprendre qu'on avoit de l'inquiétude. Il appella Adélaïde, & lui dit : „ comment me trouvez- „ vous ce ſoir „ ? mais pas trop mal, lui répondit-elle. „ Depuis quelques jours, lui ajouta-t-il, je ne ſuis pas „ content de mon état. „

„ Le lendemain, dès ſix heures du matin, il envoya chercher ſon confeſſeur, & lui demanda ce qu'on penſoit de ſa ſituation ? M. Collet lui avoua qu'on craignoit beaucoup pour lui. Il lui fit un petit reproche de ne lui en avoir rien dit dans la converſation qu'il avoit eue avec lui la veille, & il s'arrangea auſſi-tôt pour recevoir le bon Dieu. Quand M. Collet fut ſorti, il appella son médecin, & lui ordonna de lui dire la vérité sur son état, parce qu'il étoit essentiel qu'il le sût : la Breuille ne lui dissimula pas ses craintes. Il lui demanda s'il étoit en aussi grand danger, que lorsqu'il avoit reçu les sacremens pour la première fois ? ayant su que le danger étoit plus pressant encore : ,, j'espérois pourtant, ,, dit-il, faire mes dévotions à Noël : dites-moi si je ,, puis encore vivre quinze jours ,, ? le médecin saisi d'une pareille question, ne put pas y répondre sur le champ. M. le Dauphin se retourna de son côté ; & voyant son trouble, il le prit par la main ; & avec un visage riant & serein : ,, vous êtes ému, lui dit-il, ras ,, surez-vous ; vous savez bien que je ne crains pas la ,, mort ,,. Enfin la Breuille lui dit qu'il ne pouvoit lui répondre de rien : ,, cela me suffit, dit M. le Dauphin ,, il lui demanda si je savois son état ; & sur ce qu'il lui répondit que la famille en étoit instruite, il m'envoya chercher. Je le trouvai assoupi : on vint lui apporter un bouillon ; je m'approchai, il me vit & me souhaita le bon jour ; ensuite il me dit : ,, pourquoi donc ne ,, m'avez-vous pas averti que j'étois plus mal ,, ? je répondis que je n'avois pas cru que ce fut à moi à le lui dire : ,, eh ! à qui donc, reprit-il ,, ? je lui dis que je croyois que c'étoit à son confesseur & à son médecin. Il me demanda comment il recevroit le bon Dieu, si ce seroit en cérémonie, ou pendant sa messe. Il m'ajouta que M. Collet lui avoit conseillé de le recevoir à la messe. Je lui dis que M. Collet étant de cet avis, ce seroit bien de s'y conformer. Un moment après il

me dit : „ cette fois-ci, je ne vous dirai pas d'y ref-
„ ter : cela vous feroit trop fenfible „. Je lui dis que
malgré l'état ou il fe trouvoit, je ne défefpérois pas
encore, parce que je n'avois point mis ma confiance
dans le fecours des hommes, mais en Dieu. Il me répondit : „ c'eft toujours bien fait „. Je le priai de s'u-
nir aux prières qu'on faifoit pour lui, & de prier fur-
tout la fainte Vierge, faint François-Xavier & faint Louis:
il ajouta : „ & mon bon ange Gardien „. Il parla enfuite d'Adélaïde ; je lui demandai s'il vouloit qu'elle
vint, il me dit qu'oui. Quand elle fut arrivée, il lui
dit à peu-près les mêmes chofes qu'à moi fur fon état
& fur fes facremens. Quelques momens après, il nous
appella & nous dit : „ j'ai quelque chofe à vous dire
„ à toutes deux ; ou fi vous aimez mieux, me dit-il,
„ que je ne parle qu'à Adélaïde „. Je lui dis que s'il
avoit quelque chofe à m'ordonner, j'étois prête à l'é-
couter : il me dit, „ non, dans le fond, ce n'eft qu'à
„ Adélaïde à qui j'ai à parler „. Je me retirai, & il
dit à Adélaïde qu'il avoit ordonné à fon premier valet-
de-chambre, de lui porter toutes fes tabatieres après
fa mort, & qu'il la prioit de les donner à fes menins ; mais qu'elle eut l'attention de n'en pas donner à
trois qui ne prenoient point de tabac, & il les lui
nomma. „

Page 333.

„ La reine vint à fon ordinaire, il lui dit qu'il ne
feroit pas comme la première fois, qu'il l'avertiroit qu'il
recevroit le bon Dieu ce jour-là. Il reçut le roi avec

la même tranquillité. À dix heures & demie, il me dit qu'il étoit temps de faire entrer son confesseur, puisqu'il devoit communier à onze heures & demie; je le dis au roi & à la reine, qui se retirerent. Quand M. Collet fut arrivé, M. le Dauphin me dit de monter chez moi, & de revenir un peu avant la demie, pour lui arranger ses oreillers. Je descendis à l'heure qu'il m'avoit marquée; il me demanda ses livres pour la communion, & me dit : „ ce n'est que pour les „ trois quarts : ainsi, restez là avec M. Collet „. Il fit ses prières. Je regardai ses mains, & vit avec surprise qu'il ne trembloit pas du tout, & qu'il tenoit son livre ferme. Quand il eut fait ses prières, il me dit de l'arranger ; & se tournant vers M. Collet, il lui dit en riant: „ elle m'aide beaucoup „ ; puis il me demanda ou j'irois pendant la cérémonie, je lui dis que je ferois comme la première fois , & me tiendrois dans le cabinet. „ Allons, me dit il, Adieu „. Quand sa messe de communion & sa messe d'action de graces furent dites, il me fit appeller, & me dit : „ eh bien, comment vous en va „ ? il dîna ensuite, & reçut la visite des princes. Il appella M. le duc d'Orléans, & lui dit en souriant: „ je dois vous ennuyer ; car de temps en temps je vous „ régale d'une petite agonie „. Il lui parla ensuite d'autres choses, & adressa la parole aux autres princes, l'un après l'autre. À trois heures il demanda à la Breville s'il n'alloit pas dîner. Sur ce qu'il lui répondit qu'il ne dîneroit pas, il lui dit avec un air de bonté : „ mes dé-

„ votions vous ôtent toujours l'appétit, & vous donnent
„ un visage de l'autre monde. „

Page 336.

„ Il demanda quelque temps après à Adélaïde, si le
roi avoit donné ses étrennes à la reine ; & il dit qu'il seroit curieux de voir les nôtres. Adélaïde se doutant qu'il
avoit envie d'avoir les siennes, le dit au roi, qui la chargea de le lui demander : elle le fit après le salut. Il lui
dit qu'il les recevroit volontiers : le roi lui donna une
tabatiere. Il la fit admirer à la reine, l'admira lui-même,
& en parut très-content. Le soir il nous dit : „ Savez-
„ vous pourquoi j'ai eu envie d'avoir ma tabatiere ? c'est
„ que j'en aurai une de plus à donner. „

„ Le mardi, s'appercevant que ses mains trembloient,
il me demanda pourquoi ? vers les huit heures du soir
il lui prit un étouffement terrible, avec une foiblesse
considérable : il fut quelque temps sans pouvoir parler.
Quand il le put, il dit qu'il étoit bien foible, & demanda
en même temps son confesseur. Sur ce qu'on lui dit que
M. l'archevêque étoit chez moi, il dit qu'il seroit bien-
aise de le voir : il le reçut à son ordinaire, & lui
parla beaucoup, quoiqu'il étouffât. „

„ Le mercredi matin, il m'appella & me demanda
si j'aimois une de ses tabatieres qu'il me désigna : je
lui répondis que je l'aimois assez. „ C'est, me dit-il,
„ que je veux vous en donner deux : celle où est
„ votre portrait, & telle autre que vous aimerez le
„ mieux „. Je ne pus m'empêcher de lui demander
celle qu'il aimoit le mieux lui-même. Il me répondit

qu'en vérité il n'en favoit rien. M. l'archevêque revint chez lui, & lui donna fa bénédiction. M. le Dauphin fit la converfation avec lui, & lui demanda ce que c'étoit que les proceffions dont on lui avoit parlé la veille. M. l'archevêque lui répondit que c'étoit la grande proceffion de fainte Geneviève, qu'on avoit faite pour lui. „ Comment! reprit il, c'eft pour moi? je ne m'en dou„ tois pas „. M. l'archevêque lui ayant parlé de la ferveur avec laquelle tout le monde prioit pour lui: „ j'efpère, répondit-il, que ces prières ferviront au fa„ lut de mon ame : mais pour celui de mon corps, „ je ne le défire pas. „

Page 338.

„ Il n'aimoit pas qu'Adélaïde & moi nous nous éloignaffions de fon lit. Les derniers jours, nous allions quelquefois près de la cheminée, ne pouvant réfifter à la peine qu'il nous faifoit : il nous appella, & nous dit: „ pourquoi vous en allez-vous toujours? eft-ce que vous „ ne pouvez pas vous tenir auprès de moi „? depuis plufieurs jours il rêvoit fouvent. Sa principale occupation, dans fes rêves, étoit la meffe de minuit, il en parloit toujours, il croyoit y être. Au milieu de fes rêves, la voix de M. Collet le faifoit fur le champ revenir à lui. Vers les cinq heures, il me demanda fi nous irions bientôt au falut? je lui dis que ce ne feroit qu'à fix heures; que s'il le vouloit, nous nous rendrions plutôt à la chapelle. Il me dit que non. Dans cet intervalle, depuis cinq heures jufqu'à fix, il appella plufieurs fois fon confeffeur, lui parla bas, & l'envoya parler à

fon

fon médecin. A fix heures je lui dis que nous allions au falut : il me dit, „ c'eft bien fait „. En rentrant dans la chambre, je fus étonnée de n'y voir aucun médecin. On me dit qu'il avoit renvoyé tout le monde, & qu'il étoit refté feul avec M. Collet. Je crus qu'il avoit voulu fe confeffer encore une fois. Je m'approchai de fon lit avec mefdames : il nous reçut très-bien, & nous parla avec fa tranquillité ordinaire, ainfi qu'au roi & à la reine. Mais j'appris le foir, que pendant notre abfence, il s'étoit fait dire les prières des agonifants. „

Page 339.

„ Tandis que la reine étoit affife auprès de fon lit, il m'appella, & me dit tout bas : „ je crois pourtant „ que je pafferai encore cette nuit „. Confternée & troublée de ce propos, je lui dis : ah ! j'efpère que cela fera encore long. „ Non, me dit-il, cela n'ira pas bien „ loin „. pénétrée de douleur, je me retirai; il appella Adélaïde, & lui dit la même chofe. Comme elle parloit affez haut pour être entendue de la reine, il lui dit: „ paix donc, parlez plus bas „. Il fe faifoit tater le pouls à tout moment, & demandoit comment on le trouvoit. Cependant il avoit toujours de la gaieté dans l'efprit, & plaifantoit encore. Quelqu'un ayant pouffé une table affez rudement, il contréfit le bruit, & demanda à Louife fi ce n'étoit pas du tonnerre, parce qu'elle en a peur. Comme il avoit beaucoup de peine à cracher & à fe moucher, il difoit qu'il en avoit oublié la manière, qu'il auroit bien befoin de la rapprendre. „

Vme. Tome. IIme. P.   K

„ Dans la nuit il me demanda : on lui dit que j'é-
tois montée chez moi pour me repofer quelques heures,
parce que je m'étois bleffée à la jambe. A fept heures
du matin il me demanda encore : M. de la Sône lui dit
qu'il alloit monter pour me donner de fes nouvelles. Il
vint en effet : je me levai tout de fuite. Je ne fûs pas
plutôt levée, que fon premier valet-de-chambre vint me
dire qu'il me prioit de lui envoyer le tabac que la reine
lui avoit fait accommoder la veille : je defcendis fur le
champ. Dès qu'il m'apperçut, il me dit : „ quoi ! c'eſt
„ vous-même „ ? je lui dis que je lui apportois le tabac qu'il m'avoit demandé. Il me prit la main , & me
dit en me la ferrant : „ eh ! bon jour , mon petit cœur;
„ que je fuis aife de vous voir ! je vous croyois per-
„ due. Il y a un moment qu'on m'avoit dit que vous
„ ne defcendriez que ce foir. Que je vous aime „ ! il
me ferra encore la main , & je baifai la fienne, hélas ! pour la dernière fois. N'ayant plus le courage de
refter auprès de fon lit , j'allai me mettre au fond de
la chambre : il m'appelloit à chaque inftant. Louife vint:
il avoit un bras hors de fon manteau de lit : je lui pro-
pofai de le remettre. Il fe tint fur fon féant affez long-
temps fans s'appuyer; & pendant que Louife arrangeoit
l'autre bras , je ne fis que le foutenir très-légérement. „

Page 341.

„ Un moment après, il dit : „ que tout le monde
„ forte, excepté M. Collet „ : il étoit allé dire la meffe.
Je dis à M. l'archevêque de s'approcher de fon lit, en
attendant M. Collet. Dès qu'il l'apperçut, il lui dit :

„ ah, bonjour, monſeigneur „ : c'eſt ainſi qu'il l'appelloit toujours; & il ſe mit à faire la converſation avec
lui. M. Collet vint : nous paſſâmes dans le cabinet.
Après qu'il lui eut parlé, il nous fit rappeller. Son médecin lui propoſa de prendre une potion qu'on lui avoit
préparée : il l'accepta. En la prenant ; „ ah ! dit-il, que
cela eſt fort ! eſt-ce du lilium „ ? on lui dit que non.
Un moment après, il appella le médecin, & lui dit :
„ votre drogue a penſé me donner un battement de
„ cœur „. Il demanda enſuite en riant à la reine, ſi elle
aimoit les momies d'Egypte ? la reine lui ayant répondu
que non : „ c'eſt, lui dit-il, que bientôt vous en au-
„ rez une : car les drogues chaudes qu'on me donne
„ me deſſéchent „. La reine lui dit que quand il ſe
porteroit bien, il auroit bientôt recouvré ſon embonpoint : „ ah oui „, lui dit-il, avec un ſourire qui marquoit aſſez qu'il n'y comptoit pas. Il m'appella enſuite,
& me dit : „ arrangez-moi mes oreillers, & tachez de
„ me trouver une ſituation qui me mette la poitrine un
„ peu à l'aiſe pour reſpirer „. Je l'arrangeai de mon
mieux, & lui demandai s'il ſe trouvoit plus commodément ? il me dit : „ oui, du moins pour le moment „.
Il s'aſſoupit, & ſe réveilla, en diſant à M. Collet : „ n'eſt-
„ on pas à l'élévation „ ? M. Collet lui dit qu'on ne
diſoit pas la meſſe. Il demanda à la reine ſi elle venoit
de matines ? on lui dit que ce n'étoit pas la nuit de
Noël : il dit qu'il l'avoit cru ; & ſon agitation continuant, il commença à chanter un Noël. Son confeſſeur lui dit de ne point chanter, parce que cela lui

148

fatigueroit la poitrine. „ Vous avez raifon, dit-il „, &
fe tut, un moment après, il fe mit fur fon féant, & fe
laiffa enfuite tomber, en difant : „ ah ! répofons-nous
„ pour un moment „. Je fus fi effrayée de l'état ou
je le voyois, que je crus qu'il alloit avoir une foibleffe,
& j'appellai la Breuille. Il s'apperçut de ma frayeur,
& me demanda pourquoi j'appellois le médecin ? je lui
répondis que je croyois qu'il fe trouvoit mal. Il me dit
en riant ; „ oh non pas encore „; puis fe fouvenant
qu'on lui avoit dit que je m'étois bleffée à la jambe,
il me dit : „ n'êtes-vous pas bien fatiguée ? comment
„ va votre jambe „? je lui dis que ce n'étoit rien. Il
dit à fon médecin que pour s'être mis un moment fur
le côté gauche, il fentoit une douleur au cœur : il fe
remit à droite ; mais la douleur continuant toujours, il
m'appella & me dit de lui foutenir le bras gauche. Je
le foutins jufqu'à ce qu'il fe trouvat mieux. C'eft le
dernier inftant ou j'ai eu le bonheur de le voir ; car
quoique je fois reftée quelque temps dans fa chambre,
je n'ai plus ofé approcher de fon lit. Je l'entendois feulement fe plaindre de fa douleur au côté gauche, qui
avoit beaucoup augmenté. „

Page 343.

Ici finit la relation de la Dauphine, qui ne voulut
écrire que ce qu'elle avoit vu : elle eft continuée par
l'évêque de Verdun, qui eft refté auprès du prince jufqu'à fon dernier foupir. Son confeffeur & quelques autres perfonnes ont auffi recueilli plufieurs particularités
de fa maladie, que nous avons été obligés d'omet-

re , pour ne pas interrompre le recit de la Dauphine,

Page 345.

La relation de madame la Dauphine commence page
313, finit page 345. Elle eſt remarquable en ce qu'elle
eſt comme le tableau des premiers événemens de la vie
du duc de Bourgogne ; les ſubféquens, juſqu'à l'an 1787,
ſont marqués dans la vie de madame Louiſe. Preſque par-
tout, ou les événemens de ſa vie ſont tracés, les pages
concourent à les démontrer. C'eſt ainſi que la première
page de la relation, indicative du lieu & du jour de ſa naiſſance, montre que le duc de Bourgogne en eſt l'objet ; &
que la dernière montre qu'il eſt allé dans les Pays-Bas, qui
ſont marqués par les deux derniers chiffres , indicatifs de
l'époque de la bataille de Fontenoi, où ſe trouvoit monſieur le Dauphin. C'eſt ainſi encore que la page 465 de
la vie de madame Louiſe, marque que monſeigneur le
Dauphin, qui eſt né le 4 Septembre, aimoit tendrement
ſon fils aîné, & lui a écrit l'an 1765 : *& ego ero tecum :*
ma qualité de D. va vous accompagner. Attribuera-t-on
au hazard, ou à l'éditeur ſeul, le concours de la démonſtra-
tion? je l'ai déjà dit, il n'y a point de hazard dans l'ordre de la providence ; & la cour étoit trop clair-voyante
pour perdre l'ouvrage de vue , & ne point voir que
monſeigneur le Dauphin voulut être malade en public
pour donner ſes dernières inſtructions à ſon fils, la cauſe
innocente de ſa maladie. Enfin il eſt bien viſible que
madame la Dauphine & madame Louiſe déſiroient ardemment que cet infortuné enfant manifeſtât les événe-

K 3

ments par lesquels on l'a fait passer. Je ne m'arrêterai point à faire remarquer tout ce que la relation de madame la Dauphine offre de remarquable ; je ne puis m'asseoir ici qu'un moment pour observer : 1°. que M. *de la Sône* & madame *Adélaïde* marquent le duc de Bourgogne ; *la messe de Noël*, la nuit du 12 au 13 Septembre ; le *matin*, la reine ; le *côté gauche*, le pays où il a été transféré ; l'*après dîné*, ainsi que le *côté droit*, le royaume de France ; le *soir*, l'état d'obscurité où il étoit réduit : dans les endroits, s'entend, où il y a lieu à indication. Que l'on ne s'ennuye point de mes redites! — Quand l'on m'emprisonna à Versailles au n°. 4, l'an 1787, l'on appelloit *la Belgique*, le pays de la reine ; & quand j'arrivai à Verdun l'an 9, on l'appelloit le pays des bons enfants. On me logea d'abord chez M. Fressinez, marié avec une bourguignone ; & puis on me conduisit chez madame Thierry, rue S. Maur, à la fin, sans doute, d'avoir occasion de me dire que je ressemblois au roi Stanislas : son portrait étoit dans l'appartement que l'on me donna. Cependant ce n'étoit point, ce me semble, précisément la chose : si mon premier logement montroit l'auteur de la *prophétie turgotine*, le second, en me portant, en quelque sorte, à Commercy, marquoit que monseigneur le Dauphin écrivit au roi Stanislas qu'il se voyoit quatre garçons: car le nom de *Thierry* en marque trois. Cependant en donnant page 85, la prédite lettre de monseigneur le Dauphin, aurois-je osé faire remarquer où étoit le quatrième garçon qu'il se voyoit à la naissance du comte d'Artois le 9 Octobre 1757 ? De-là on me fit passer chez madame Delattre, n°. 7, maison attenante, la dernière que l'on me donna dans la bonne ville de Verdun.

2°. Qu'elle infinue qu'il n'a été ni ondoyé ni baptifé en France. „ Ne pouvant refter couché fur le côté gauche, il étoit obligé de tourner le dos au roi : il lui en fit fes excufes en riant. La nuit du douze au treize, ayant dormi fort tard, il n'eut pas le temps de faire fes prières; il me dit l'après dîné : „ je n'ai non „ plus prié Dieu aujourd'hui qu'un juif „. Hélas ! lui répondis-je, vos fouffrances font de bonnes prières. „ Oui, me dit-il, fi j'en faifois bon ufage „. Il régrettoit tant d'avoir manqué fes prières, qu'il répéta la même chofe à la reine l'après dîné, & le foir à Adélaïde. Adélaïde lui ayant dit la même chofe que moi fur fes fouffrances, & en ayant reçu la même réponfe, elle lui ajouta qu'elle n'étoit pas en peine de l'ufage qu'il en faifoit : „ oh ! lui dit-il, le diable eft bien méchant, „ il rode par-tout. „

Page 330.

3°. Qu'elle infinue qu'il a voyagé toute la journée du 13. „ Toute là journée du treize il fut dans des douleurs continuelles, fans pourtant fe plaindre ; mais il ne pouvoit pas refter un inftant dans la même fituation. La reine lui ayant dit qu'elle vouloit aller le lendemain à notre Dame de bon fecours, il lui recommanda de bien prier pour obtenir de Dieu l'adouciffement des douleurs aigues qu'il reffentoit. Il avoit grand desir que les chirurgiens ouvrissent son abcès ; mais il se soumit aux raisons qu'ils lui donnèrent pour n'en rien faire. Enfin le soir du treize on l'ouvrit d'un coup de lancette : il n'en sentit d'autre soulagement que de pouvoir se mettre sur son séant, il en fut très-content. „

Page 331.

4°. Qu'elle insinue qu'il a été transféré dans le pays de la reine. „ Le jour, dit la princesse, que les médecins virent un danger pressant, la Breuille, suivant l'ordre qu'il en avoit reçu de M. le Dauphin, l'en avertit. Quoiqu'il fut très-éloigné de cette pensée, il en reçut la nouvelle avec une fermeté & une tranquillité que la religion seule peut donner. Peu de temps après qu'il l'eut apprise, la reine descendit chez lui; je la suivis avec mes enfants. La reine me voyant les yeux rouges, & ne se doutant pas du danger ou étoit M. le Dauphin, me dit que j'avois une fluxion sur les yeux: M. le Dauphin me fixa dans ce moment, & se doutant bien de ce qui pouvoit m'avoir rougi les yeux, il me demanda si cette fluxion m'avoit prise en m'éveillant, ou depuis? je lui répondis que j'avois eu mal aux yeux depuis le matin. Il me fit une seconde question, par laquelle je compris bien qu'il me demandoit si j'avois pleuré : je fis semblant de ne pas entendre. Il en resta-là, & continua de parler à la reine avec sa tranquillité ordinaire. „

Page 315.

5°. Qu'elle insinue qu'il a été déposé chez un Allemand, nommé *Nicolas*. „ Un jour que les médecins

le trouvoient mieux, & même au delà de leurs espérances, ils lui témoignèrent leur satisfaction de son état.
Après qu'ils furent sortis : ,, voyez, me dit-il, ce que
,, c'est que l'attachement à la vie : quand j'ai su le dan-
,, ger ou je me trouvois, je n'en ai été nullement af-
,, fecté ; & je sens bien que si les mêmes accidents re-
,, venoient, cela ne m'affligeroit pas davantage ; cepen-
,, dant ce petit mieux me fait plaisir ,,. Il comptoit cela
pour un grand attachement à la vie, ,,

,, Malgré l'état de foiblesse où il étoit, il n'a jamais
manqué de faire ses prières & ses lectures ordinaires,
& même sa méditation. Il ne récitoit plus le grand office, mais en place, il en disoit un plus court. Il lisoit sur-tout avec plaisir le testament spirituel & les saints
desirs de la mort, du père l'Allemant. Il demanda un
jour à la reine si elle connoissoit ce livre : la reine lui
ayant répondu que non : ,, ah ! c'est un bien bon li-
,, vre, lui dit-il, & qu'il faut lire en santé ,,. Un jour
en faisant sa prière, il me dit tout-à-coup : ,, ah ! voilà
,, une paraphrase du pseaume trente septième, que je
,, n'ai pas le courage de lire, parce que je n'éprouve
,, rien de ce qui y est dit. ,,

Page 324.

,, Dans le temps qu'il paroissoit être mieux, & qu'il
le croyoit véritablement, il ne vouloit pas qu'on s'en ré-
jouit trop, & sur-tout qu'on le crut hors de danger, afin
de s'entretenir dans les heureuses dispositions ou Dieu
l'avoit mis. Il nous dit un jour, en nous parlant du temps
ou il avoit reçu ses sacrements : ,, je n'avois pas la moin-

156

„ dre frayeur : il n'y eut qu'un moment ou j'ai eu grand'
„ peur du purgatoire ; car, me suis-je dit à moi-même,
„ je souffre bien ici ; & cependant ces douleurs ne sont
„ rien, comparées à un instant passé dans le purgatoire;
„ cette réflexion m'a effrayé „. Une autre fois, en nous
parlant de la consolation qu'il avoit ressentie en recevant
ses sacrements, il nous dit qu'il craignoit que ce ne fut
une illusion du démon, parce qu'il étoit trop grand
pécheur, pour mériter tant de graces. „

„ Il a été pendant toute sa maladie d'une attention
& d'une bonté extrêmes pour tout le monde : il n'étoit
occupé que des autres, il s'oublioit lui-même. Les moindres services qu'on lui rendoit étoient payés de mille
marques de bonté. Un jour, après avoir passé une nuit
affreuse, il dit au premier médecin de la reine, qui
avoit veillé : „ ah ? mon pauvre la Sône, je suis dé-
„ solé de la mauvaise nuit que je vous ai fait passer;
„ allez-vous coucher, car vous devez être bien fatigué „
S'appercevant que la Breuille avoit l'air triste de ce qu'il
avoit passé une mauvaise nuit : „ votre visage, lui dit-il,
„ ressemble toujours à mes nuits; cela n'est pas bien : un
„ médecin ne doit pas s'affecter ainsi pour son malade „
L'évêque de Verdun, (M. Nicolaï), lui disoit un jour
qu'il ne le voyoit jamais s'impatienter : „ ah ! contre
„ qui voulez-vous que je m'impatiente, lui dit M. le
„ Dauphin ? mes médecins sont d'une assiduité éton-
„ nante; les grands officiers ont pour moi toutes les at-
„ tentions possibles : si j'ai besoin d'eux, je les trouve,
„ & ils se retirent dès qu'ils prévoient qu'ils pourroient

,, m'importuner ,,. C'eſt ainſi qu'il ſavoit rendre juſtice
à chacun. ,,

Page 325.

Il étoit ſur la rive droite de la meuſe, à deux lieues
& demie au-deſſus de Namur, un hameau, nommé
Frappecu, ou demeuroit un forgeron Allemand, nommé *Nicolas Lecler*, qui avoit épouſé M. Dachet; comme forgeron, il avoit toujours *devant lui le fer & le
feu*. Les dépoſitions, que j'ai données dans mes quatre
premiers tomes, portent que le petit fils du R. & de la
R. de F. fut transféré chez lui au berceau & y fut dépoſé. Comme Moyſe, quand il fut expoſé ſur les bords
du Nil, il étoit dans un panier. La femme du forgeron diſoit qu'il *n'avoit point quinze jours*. Les colporteurs leur déclarèrent *qu'il n'étoit point baptiſé, &
qu'il ne falloit point le baptiſer, parce qu'on le bap-
tiſeroit en France*. Les cris de quelques françois l'ayant
rempli de peur, la femme du forgeron porta cet enfant
chez ſon frère, nommé *J. Dachet*, fondeur de cuivre.
Il avoit épouſé T. Lelievre, & demeuroit aux armes
d'Eſpagne, rue des jéſuites à Namur. Ces nouveaux hôtes
appellèrent l'enfant du nom & prénoms de leur fils aîné,
nommé *P. J. Dachet*, qui venoit de mourir; il étoit
né le 27 Janvier 1748. La marraine de P. J. Dachet
s'appercevant que l'enfant prédit, que l'on avoit apporté
de Frappecu à Namur, & que l'on appelloit P. J. Dachet, n'étoit point ſon filleul, elle en parla plus d'une
fois à la mère de P. J. Dachet; celle-ci en convint enfin,
lui recommandant de n'en rien dire. L'enfant entendit,

comme par hazard, dans le mois de Septembre 1757, qu'il étoit de Versailles, & que son père se nommoit Louis. A peine instruit d'une vérité si consolante, il s'évade de sa captivité, & prend la route de son pays; il étoit âgé de six ans. Par suite de sa position, il ne put dépasser Givet; il manqua même, dans l'irritation des esprits, de perdre la vie en rentrant à Namur. Ce lui fut d'une profonde impression : elle lui fut toujours présente. Son père lui écrivit le 5 Septembre 1765, par le ministère d'une de ses sœurs, nommée *M. L. T. Victoire*; il lui marquoit implicitement qu'il n'étoit point baptisé. Il mourut trois mois & demi après. Quelque temps après la mort de son époux, madame la Dauphine écrivit à l'évêque d'Amiens, M. de la Motte, lui marquant explicitement que son fils le Dauphin avoit tâché de s'approcher de la sainte Communion, & lui disant en même-temps d'une manière implicite, qu'il n'étoit point baptisé. L'on voit par cette lettre que son père & son frère étoient morts à cette époque; cette lettre est consignée en la vie de monseigneur le Dauphin, page 405, l'enfant prédit, qui fut d'abord transféré chez Nicolas Lecler, seroit-il l'objet de la lettre de madame la Dauphine? il est une certaine expression en la vie de feu son époux, page 423, qui pourroit comme en faire douter; mais le doute disparoîtra à l'instant. Voici le texte. ,, Pendant sa maladie, le jeune Dau- ,, phin son fils devoit recevoir la confirmation, & elle ,, désiroit beaucoup d'être présente quand on la lui con- ,, féreroit ,,. C'est du duc de Berry dont il est ici parlé.

L'on voit par la vie de son auguste père, page 189, que monseigneur le Dauphin fit une leçon des plus frappantes aux jeunes princes le jour qu'on suppléa les cérémonies de leur baptême ; & par la clef du cabinet, mois de Décembre 1761, page 416, que l'on suppléa les cérémonies de leur baptême le 18 & 19 Novembre 1761. Personne n'ignore que l'on entend, par *les jeunes princes*, le duc de Berry, le comte de provence, le comte d'Artois ; le duc de Berry étoit donc baptisé quand madame la Dauphine écrivoit la prédite lettre à l'évêque d'Amiens ; il ne pouvoit par conséquent en être l'objet, vu que celui qui en étoit l'objet, n'étoit point baptisé, & étoit le Dauphin ; c'étoit par conséquent le duc de Bourgogne, car il est constant que le duc d'Aquitaine étoit mort avant la naissance du duc de Berry même, le plus âgé des trois jeunes princes. On l'aura appellé *le jeune Dauphin*, par antithese au vieux Dauphin, son frère aîné, le Dauphin de la prédite lettre de leur auguste mère, ou pour marquer la prééminence de son âge sur ses deux jeunes frères. Le duc de Bourgogne, n'étant point baptisé étoit passivement *grand pécheur* en Adam. Cependant je fus obligé de me retirer à l'abbaye de Floreffe, ordre de prémontré, comté de Namur ; j'y entrai le 14 Novembre 1768. L'on m'endossa bientôt l'habit de l'ordre ; inutile tentative ; je ne voulois point faire profession. Le roi écrivit au duc de Bourgogne le 14 Juin 1771, lui marquant qu'il n'étoit point baptisé, & lui mandant de retourner à Versailles par le chemin le plus court ; cette lettre ne lui fut point remife. L'on voit fenfiblement par la chronologie de M. le préfident Henault, 5e. partie, page 38 & fuivantes, que le roi lui écrivit à cette époque. Enfin le roi mourut le 10 Mai 1774 : le duc de Bourgogne lui fuccédoit. Le duc de Berry ne laiffa point de monter fur le trône ; fon ufurpation lui coûta la vie. On ne m'imputera point fa perte ; j'eus donné ma propre vie pour le fauver : fa fille reftante ne devroit-elle point m'être infiniment chère ? l'on peut m'appliquer ce que j'ai dit du duc de Bourgogne, du petit-fils du R. & de la R. de F. Comme lui, l'on me transféra à Frappecu au berceau, l'on me porta aux armes d'Efpagne rue des jéfuites à Namur, l'on m'appella P. J. Dachet du nom & prénoms du fils de Jacques Dachet, & mon père m'écrivit aux armes d'Efpagne. En rapprochant les prénoms ci articulés fuivant l'ordre de la narration, nous avons Nicolas-Louis-Victoire ; s'il s'agiffoit objectivement d'un garçon l'on diroit Victor, & fi l'on ofoit faire paffer le maître avant le valet, nous aurions Louis Nicolas-Victor. Je dis *s'il s'agiffoit objectivement d'un garçon* ; ne s'agit-il point de l'aîné de fes fils ? mon père m'écrit par le miniftère de ma chère tante Marie-Louife-Thérèfe-Victoire, m'inftruit d'une vérité importante, me donne des marques de fon amour paternel, & étaye fa lettre même de moyens propres à me rendre à moi-même. Il me qualifie de *fon fils*, de *fon cher fils*, il fe figne *Ludovicus Delphinus*, Louis Dauphin, & m'adreffe fa lettre en ces termes: à monfieur monfieur d'Aché étudiant, demeurant rue des jésuites à Namur. Il n'y avoit dans la ville de Namur, que trois maisons du nom de Dachet : celle de Louis, rue du Pont ; celle de Jacques, rue des Jésuites ; & celle des demoiselles Dachet, leurs cousines, rue saint Jacques. Jacques Dachet étoit mort, & un violent coup de vent avoit renversé & brisé l'enseigne ; la maison n'en restoit pas moins, & n'en conservoit pas moins le nom des armes d'Espagne. Je demeurois encore chez la veuve dudit Jacques Dachet, même maison & même rue des Jésuites quand mon père m'écrivit. Parce qu'il ignore que les belges écrivent le nom de *d'Aché* autrement que les françois, ne suis-je point suffisamment désigné par l'adresse de la lettre de mon père ? ne m'est-elle point adressée ? ne m'est-elle point remise ? n'en suis-je point l'objet ? ne suis-je point son fils ? ne suis-je point un des quatre garçons qu'il se voyoit à la naissance du plus jeune de mes frères ? si je n'en étois pas un, mes trois frères, par leur crédit, m'auroient-ils fait porter les armes à tous les postes, pendant mon séjour à Versailles l'an 1787 ? ces vérités une fois établies, il paroîtra évident que l'enfant qui fut d'abord déposé à Frappeeu chez Nicolas Lecler, est l'objet d'une allusion que monseigneur le Dauphin fait dans une prière que nous donne l'histoire de sa vie, page 206. La voici. ,, Seigneur Dieu des armées, seul arbitre de la vie & de la mort, vous qui, du milieu des combats, détournez, quand il vous plaît, les coups de dessus ceux que vous voulez sauver, exaucez, je vous en conjure, l'humble prière que je vous adresse ; conservez L. N. V. (Louis-Nicolas-Victor) votre fidèle

serviteur : servez-lui vous même de bouclier : détournez
de devant lui le fer & le feu : préservez-le de tout accident, soutenez-le dans ses fatigues ; afin que de retour
en santé, il puisse continuer à m'assister de ses bons
conseils, m'aider à faire triompher la justice & la religion, & m'enseigner toujours la voie droite qui conduit à vous „.

Pour bien voir tout l'amour du père pour le fils, il
faudroit donner ce qui précède & suit cette belle prière.
Le morceau est intéressant, il n'ennuyera point, le voici.
„ L'évêque de Verdun, M. Nicolaï, avoit la plus grande
part à l'amitié du Dauphin. Pendant sa maladie, c'est
à lui qu'il s'adressoit de préférence pour les petits offices
de confiance. Il l'avoit fait dépositaire de plusieurs pa-
piers importants qui sont entre les mains du roi. S'appercevant un jour que la fatigue & l'insomnie lui avoient
altéré les traits du visage : „ vous ressemblez, pour le
„ moment, lui dit-il, à M. de***, vous avez le même
„ visage. Vous pouvez, lui dit l'évêque, en suivant la
„ plaisanterie, confondre mon visage avec les plus tris-
„ tes ; mais je vous prie de ne pas confondre les cœurs.
„ Oh! pour cela ne craignez pas, lui dit le prince, je
„ ne m'y tromperai jamais „. La nuit qui précéda sa
mort, adressant la parole au prélat : „ je vous en prie,
„ lui dit-il, exercez votre zèle envers un mourant ; sou-
„ lagez mon confesseur, & tâchez de me suggérer les
„ sentiments qui doivent m'animer en ce dernier mo-
„ ment „ : l'évêque lui obéit ; lorsqu'il eut fini : „ ce
„ que vous me dites me touche & m'attendrit, lui dit
„ il ;

,, il ; puis lui prenant la main , il la ferra fur fon cœur ,
,, en lui difant : vous ne me quitterez furement pas. ,,
Le comte du Muy occupoit une place diftinguée
dans le cœur du Dauphin ; en voici une preuve qui me
paroît bien intéreffante : ce feigneur étoit parti pour aller joindre nos armées ; le Dauphin qui, fans craindre
pour lui-même , avoit follicité l'agrément du roi pour
les commander en perfonne , craignit exceffivement pour
la vie d'un ami qu'il croyoit digne de fa tendreffe & de
toute fa confiance. Mais, en prince religieux , il voulut
lui témoigner fon affection plus efficacement que par la
crainte : il eut recours à Dieu, & en lui demandant le
falut de nos armées, il crut pouvoir lui demander fpé-
cialement la confervation d'une tête qui lui étoit fi chère ,
& tous les jours jufqu'à la fin de la campagne , il lui
adreffa la prière fuivante, qu'il avoit lui-même compo-
fée : ,, Seigneur Dieu des armées , feul arbitre de la
,, vie & de la mort , vous qui , du milieu des combats ,
,, détournez, quand il vous plaît, les coups de deffus
,, ceux que vous voulez fauver , exaucez, je vous en
,, conjure , l'humble prière que je vous adreffe ; con-
,, fervez Louis-Nicolas-Victor , &c. ,,

Dans un des derniers moments de fa vie , voyant le
comte au pied de fon lit , & s'appercevant que fa douleur étoit extrême , il lui dit du ton le plus affectueux
& le plus tendre : ,, ne vous abandonnez donc point à
,, la douleur ; confervez-vous pour fervir mes enfants ;
,, ils auront befoin de vos lumières & de vos vertus.
,, Faites pour eux ce que vous avez fait pour moi : je

„ compte fur cette dernière preuve de votre tendreſſe.
„ J'eſpère que Dieu les protégera ; mais ſur-tout que
„ leur jeuneſſe ne vous éloigne jamais d'eux. „

Louis XVI ne fut pas plutôt monté ſur le trône,
qu'il invita le vertueux ami de ſon père à venir l'aider
de ſes conſeils en qualité de miniſtre de la guerre. Ce
ſeigneur, par un principe qu'il ſeroit fâcheux pour l'humanité que tous les gens de bien adoptaſſent, s'étoit
déjà refuſé à l'honneur d'une pareille marque de confiance que lui avoit donné Louis XV ; & la même
crainte de ne pas faire aſſez de bien dans cette place
éminente, en y faiſant tout le bien qu'il pourroit, l'auroit encore arrêté, s'il n'eût cru devoir ſacrifier en cette
occaſion ſa façon de penſer aux vœux du Dauphin mourant. Quand on vint lui annoncer que le prince l'appelloit au miniſtère : „ j'aurois encore refuſé le roi, dit-il ;
„ mais je ne puis refuſer le fils de M. le Dauphin. „

Perſonne ne s'eſt montré plus inconſolable de la mort
du Dauphin que ce vertueux & fidèle ami. Ayant obtenu du roi qu'il ſeroit enterré à ſes pieds, il déſigna
lui-même l'endroit de ſa tombe, ſur laquelle il fit gra-
ver l'expreſſion de ſa douleur : *Huc uſque luctus meus.*
„ Ma douleur m'a ſuivi juſqu'ici. „

Page 205.

Que de choſes j'aurois encore à dire pour faire remarquer & épuiſer toutes les inſinuations de madame
la Dauphine ! je ne ferai plus qu'obſerver que monſeigneur le Dauphin a été touché des efforts que ſon fils
a faits pour remonter en France l'an 1757 ; que l'on

voit presque à chaque page de la relation, qu'il désiroit qu'on le fît rentrer, & que madame la Dauphine se chargeant de lui soutenir le bras gauche, semble requérir madame Louise de lui soutenir le bras droit. „ Tandis que la reine étoit assise auprès de son lit, il m'appella, & me dit tout bas : *je crois pourtant que je passerai encore cette nuit.* Consternée & troublée de ce propos, je lui dis : ah ! j'espère que cela sera encore long. *Non*, me dit-il, *cela n'ira pas bien loin.* Pénétrée de douleur, je me retirai ; il appella Adélaïde, & lui dit la même chose. Comme elle parloit assez haut pour être entendue de la reine, il lui dit : *paix donc, parlez plus bas.* Il se faisoit tâter le pouls à tout moment, & demandoit comment on le trouvoit. Cependant il avoit toujours de la gaieté dans l'esprit, & plaisantoit encore. Quelqu'un ayant poussé une table assez rudement, il contrefit le bruit, & demanda à Louise si ce n'étoit pas du tonnerre, parce qu'elle en a peur. Comme il avoit beaucoup de peine à cracher & à se moucher, il disoit qu'il en avoit oublié la manière, qu'il auroit bien besoin de la rapprendre. „

„ Dans la nuit il me demanda : on lui dit que j'étois montée chez moi pour me reposer quelques heures, parce que je m'étois blessée à la jambe. A sept heures du matin il me demanda encore : M. de la Sône lui dit qu'il alloit monter pour me donner de ses nouvelles. Il vint en effet : je me levai tout de suite. Je ne fus pas plutôt levée, que son premier

» valet-de-chambre vint me dire qu'il me prioit de lui
» envoyer le tabac que la reine lui avoit fait accommo-
» der la veille : je descendis sur le champ. Dès qu'il
» m'apperçut, il me dit : *quoi ! c'est toi-même ?* je
» lui dis que je lui apportois le tabac qu'il m'avoit de-
» mandé. Il me prit la main, & me dit en me la ser-
» rant : *eh ! bon jour, mon petit cœur ; que je suis*
» *aise de te voir ! je te croyois perdue. Il y a un*
» *moment qu'on m'avoit dit que tu ne descendrois*
» *que ce soir. Que je t'aime !* Il me serra encore la
» main, & je baisai la sienne, hélas! pour la dernière
» fois. N'ayant plus le courage de rester auprès de son
» lit, j'allai me mettre au fond de la chambre : il m'ap-
» pelloit à chaque instant. Louise vint : il avoit un bras
» hors de son manteau de lit : je lui proposai de le re-
» mettre. Il se tint sur son séant assez long-temps sans
» s'appuyer ; & pendant que Louise arrangeoit l'autre
» bras, je ne fis que le soutenir très-légérement. »

» Un moment après, il dit : *Que tout le monde*
» *sorte, excepté M. Collet* : il étoit allé dire la messe.
» Je dis à M. l'archevêque de s'approcher de son lit,
» en attendant M. Collet. Dès qu'il l'apperçut, il lui
» dit : *ah, bon jour, monseigneur :* c'est ainsi qu'il
» l'appelloit toujours ; & il se mit à faire la conversa-
» tion avec lui. M. Collet vint : nous passâmes dans
» le cabinet. Après qu'il lui eut parlé, il nous fit rap-
» peller. Son médecin lui proposa de prendre une po-
» tion qu'on lui avoit préparée : il l'accepta. En la pre-
» nant : *ah!* dit-il, *que cela est fort ! est-ce du li-*

„ *lium ?* on lui dit que non. Un moment après, il
„ appella le médecin, & lui dit : *votre drogue a penfé*
„ *me donner un battement de cœur.* Il demanda en-
„ fuite en riant à la reine, fi elle aimoit les momies d'E-
„ gypte ? la reine lui ayant répondu que non : *c'eft*,
„ lui dit-il, *que bientôt vous en aurez une : car*
„ *les drogues chaudes qu'on me donne me deffèchent.*
„ La reine lui dit que quand il fe porteroit bien, il
„ auroit bientôt recouvré fon embonpoint : *ah oui*,
„ lui dit-il, avec un fourire qui marquoit affez qu'il n'y
„ comptoit pas. Il m'appella enfuite, & me dit : *ar-*
„ *rangez-moi mes oreillers, & tâchez de me trou-*
„ *ver une fituation qui me mette la poitrine un peu*
„ *à l'aife pour refpirer.* Je l'arrangeai de mon mieux,
„ & lui demandai s'il fe trouvoit plus commodément ?
„ il me dit : *oui, du moins pour le moment.* Il s'affou-
„ pit, & fe réveilla, en difant à M. Collet : *n'eft-on pas*
„ *à l'élévation ?* M. Collet lui dit qu'on ne difoit pas
„ la meffe. Il demanda à la reine fi elle venoit de ma-
„ tines ? on lui dit que ce n'étoit pas la nuit de Noël :
„ il dit qu'il l'avoit cru ; & fon agitation continuant,
„ il commença à chanter un Noël. Son confeffeur lui
„ dit de ne point chanter, parce que cela lui fatigue-
„ roit la poitrine. *Vous avez raifon*, dit-il, & fe tut.
„ Un moment après il fe mit fur fon féant, & fe laiffa
„ enfuite tomber, en difant : *ah ! repofons nous pour*
„ *un moment.* Je fus fi effrayée de l'état où je le
„ voyois, que je crus qu'il alloit avoir une foibleffe,
„ & j'appellai la Breuille. Il s'apperçut de ma frayeur,

„ & me demanda pourquoi j'appellois le médecin? je
„ lui répondis que je croyois qu'il se trouvoit mal. Il
„ me dit en riant ; *oh non pas encore* ; puis se sou-
„ venant qu'on lui avoit dit que je m'étois blessée à la
„ jambe, il me dit : *n'êtes vous pas bien fatiguée ?*
„ *comment va votre jambe ?* je lui dis que ce n'étoit
„ rien. Il dit à son médecin que pour s'être mis un mo-
„ ment sur le côté gauche, il sentoit une douleur au
„ cœur : il se remit à droite ; mais la douleur conti,
„ nuant toujours, il m'appella & me dit de lui soute-
„ nir le bras gauche. Je le soutins jusqu'à ce qu'il se
„ trouvât mieux. C'est le dernier instant où j'ai eu le
„ bonheur de le voir ; car quoique je sois restée quel-
„ que temps dans sa chambre, je n'ai plus osé appro-
„ cher de son lit. Je l'entendois seulement se plaindre
„ de sa douleur au côté gauche, qui avoit beaucoup
„ augmenté. „

Vie de M. le Dauphin, page 341.

XLIII. Au moment où son premier médecin, fidèle à
l'ordre qu'il lui en avoit donné, l'avertit du danger de son
état : sans s'émouvoir & sans paroître inquiet, il lui dit
avec bonté : „ la Breuille, je reconnois ici que vous
„ êtes un honnête homme : je vous ai toujours aimé,
„ & je vois que vous méritez mon estime. Eh bien, je
„ vous ordonne de m'avertir avec la même franchise,
„ quand vous vous appercevrez que le danger sera plus
„ pressant „. Sur ces entrefaites, la reine entra avec la
Dauphine & les jeunes princes. „ Je vous prie, leur
„ dit-il en regardant son médecin, de lui accorder vo-

,, tre amitié ; c'eſt le plus honnête homme du monde ,..
Il ſe prêta enſuite à la converſation avec la plus grande
tranquillité, & ſans laiſſer même ſoupçonner ſon danger
à la reine qui l'ignoroit encore.

La première choſe qu'il fit dès qu'il fut libre, fut de
faire appeller ſon confeſſeur. Il lui fit part de l'ouverture que lui avoit fait ſon médecin, & lui ajouta :
,, par la grace de Dieu, je ne me ſens nulle attache
,, à la vie. Je déſirerois bien avoir une meilleure ame ;
,, mais je me confie en la miſéricorde infinie de Dieu ,,.
Il lui dit enſuite qu'il ſeroit bien-aiſe de ſe confeſſer ;
& il le fit avec autant de tranquillité, que s'il eût joui
de la plus parfaite ſanté. Il ne comptoit recevoir ſes
ſacrements qu'à quelques jours de-là ; mais le lendemain
ſur les huit heures du matin, ſon confeſſeur lui ayant
propoſé de les recevoir le jour même : ,, je ne demande
,, pas mieux, lui répondit-il ; mais j'aurai bien peu de
,, temps pour me diſpoſer à une ſi grande action ,,.
L'adminiſtration néanmoins ne devoit ſe faire que vers
midi. Dès ce moment, il ſe mit en prières. Après y
être reſté environ une heure, il demanda qu'on lui fît
un entretien en forme de méditation ſur les diſpoſitions
aux derniers ſacrements, & ſur les graces particulières
qu'ils produiſent dans l'ame.

A onze heures, le roi, la reine, la famille royale,
les princes du ſang, les grands du royaume, les ambaſſadeurs des cours étrangères, & tout ce qu'il y avoit
de ſeigneurs à la cour, ſe rendirent à l'égliſe pour aller
chercher le ſaint Sacrement. A cette nouvelle, toute la

ville s'émut : le peuple accourut en foule, & remplit en un instant toutes les cours du château. On n'entendoit de toutes parts que des soupirs & des gémissements. Quand le malade sut que le saint Sacrement approchoit, il voulut s'asseoir sur son lit, afin de recevoir plus respectueusement son Créateur. Le roi n'ayant pas le courage d'entrer dans la chambre, se jeta à genoux à la porte. Le duc d'Orléans & le prince de Condé entrèrent pour tenir la nappe de Communion. Pendant la cérémonie, tandis que tout le monde fondoit en larmes, & que plusieurs éclatoient en soupirs, le Dauphin paroissoit aussi tranquille & aussi recueilli que lorsqu'il communioit en santé. Un air de sérénité & de satisfaction répandu sur son visage, annonçoit le calme intérieur de son ame. Le cardinal de la Roche-Aimon, en sa qualité de grand-aumônier de France, fit l'administration. Dans le trouble où l'avoit jeté ce douloureux ministère, il omettoit une des onctions, sans qu'aucun des ministres assistants le lui fit observer. Le Dauphin, le seul qui dans ce moment possédât son ame en paix, s'en apperçut, & l'en avertit avec bonté.

Après qu'il eut été administré, il demanda qu'on lui dît une messe d'action de graces, qu'il entendit avec son recueillement & sa piété ordinaires. La messe finie, son confesseur s'approcha de son lit. ,, Je n'eusse jamais ,, crû, lui dit-il, qu'il y eût tant de consolation à re- ,, cevoir ses derniers sacrements : Dieu me fait goûter ,, en ce moment une joie si douce, que jamais je n'ai ,, rien éprouvé de semblable ,,. Il vouloit continuer,

& l'abbé Collet raconte lui-même que, ravi de l'effu-
fion de cœur avec laquelle il exprimoit fa reconnoiffance, il ne fe feroit point laffé de l'entendre ; mais
penfant qu'il devoit être excédé de fatigue, après avoir
paffé quatre heures en exercices de piété, il lui repréfenta qu'il étoit temps qu'il fe tranquillifât. „ Non,
„ lui répondit-il, je ne me fens nullement fatigué :
„ Dieu a foutenu mon efprit & mes forces „. Le confeffeur, avant que de fe retirer, lui dit qu'il le con-
juroit de s'unir aux prières qui fe faifoient dans tout
le royaume, pour obtenir du ciel ce qui, après le falut de fon ame, intéreffoit le plus la nation. „ Vous
„ entendez fans doute ma confervation „, lui dit le
Dauphin en fouriant ? „ ah ! monfieur, reprit le con-
„ feffeur, pourriez-vous en douter ? vous feul ignorez
„ combien vous nous êtes cher & néceffaire „. Le
prince fe recueillit un inftant, & répondit enfuite : „ per-
„ mettez-moi de m'en tenir à demander uniquement à
„ Dieu l'accompliffement de fa volonté fur moi : fes
„ penfées font bien différentes des nôtres „. Il cita en
même temps ces paroles de l'Ecriture : *Cogitationes meæ
non funt cogitationes veftræ.* Touché de ces grands
fentiments de réfignation, fon confeffeur lui dit que fa
difpofition étant en effet la plus parfaite, il ne lui con-
viendroit pas de chercher à l'affoiblir, & il fe retira.
Le roi auffi-tôt s'approcha de fon lit & l'embraffa. Le
Dauphin s'apperçut qu'il avoit les larmes aux yeux.
„ Ah! lui dit-il, votre attendriffement eft la feule chofe
„ qui me faffe de la peine en ce moment : je vous ai

,, toujours été inutile, & je vous laisse chargé de mes
,, enfants ,,. Le même jour dans l'après-midi il écrivit
ses dernières dispositions, & une longue lettre pour le
roi. Il en fit un paquet, qu'il scella lui-même de ses armes, & qu'il remit au ministre qui avoit le département de la cour, en le chargeant de le porter au roi
aussi-tôt après sa mort.

Page 345.

XLIV. Comme on ne doutoit pas que les prières de
ce prince ne dussent être agréables à Dieu, on le pressa
de prier pour sa propre conservation. La reine alla même
jusqu'à lui en faire une sorte d'obligation de conscience,
fondée sur ce qu'il étoit d'une grande ressource pour la
religion. ,, Maman, lui répondit-il, ayez confiance : ce-
,, lui qui a établi sa religion sans moi, saura bien la
,, soutenir & la faire triompher, sans moi ,,. Touché
cependant de l'extrême affliction de la famille royale &
de toute la nation, il se fit un jour violence pour s'unir
à des vœux qui n'étoient point les siens, & pour demander à Dieu une grace qu'il ne désiroit point. Mais
le lendemain, son confesseur s'étant rendu auprès de
lui : ,, non, lui dit-il, qu'on n'exige plus de moi dé-
,, sormais que je demande à Dieu ma conservation ; je
,, sens que cette prière me dessèche l'ame & m'empêche
,, de m'unir à Dieu avec la consolation que j'ai le bon-
,, heur d'éprouver, lorsque je ne lui demande que des
,, graces de salut ,,. Comme on lui parloit de l'état
florissant où se trouvoit la religion dans un des royaumes
de l'Inde, il jeta les yeux sur le Crucifix qui étoit atta-

ché au pied de son lit, & témoigna à la personne qui lui parloit, que cette nouvelle lui causoit la joie la plus sensible.

Pendant toute sa maladie, outre le temps qu'il donnoit à ses exercices de piété, seul ou avec la Dauphine, il vouloit que son confesseur l'entretînt réguliérement une demi-heure chaque jour sur les vérités du salut. „ Je tâche, lui disoit-il dans une conversation „ qu'il avoit avec lui, de bien me pénétrer de ce que „ vous me dites, afin de me le rappeller de temps en „ temps, & d'en faire le sujet de mes courtes médita- „ tions : car dans l'état où je suis, je ne puis plus en „ faire de bien suivies : il m'est presque impossible de „ lire par moi-même, & je n'ai jamais pu m'accoutu- „ mer à me faire lire. „

Parmi les différents bienfaits dont il témoignoit à Dieu sa reconnoissance dans les derniers jours de sa vie, il le remercioit sur-tout de trois choses : de lui avoir donné une épouse vertueuse ; de lui accorder le temps de se disposer à la mort par les souffrances d'une longue maladie, qui lui laissoit toute sa connoissance ; & enfin d'avoir près de lui, dans ses derniers momens, un confesseur zélé, une famille & des amis qui ne désiroient pas moins le salut de son ame, que la santé de son corps.

La nuit du quinze au seize de Décembre ayant été fort orageuse, le lendemain dès six heures du matin, il fit appeller son confesseur, & lui demanda qu'il lui dît sincérement ce qu'on pensoit de son état. Le con-

feſſeur lui avoua que, quoique l'on ne déſeſpérât pas
encore que le Seigneur ne ſe laiſſât fléchir par les larmes de toute la nation proſternée au pied des autels,
les médecins cependant craignoient tout pour les ſuites.
A cela le Dauphin répondit : ,, mon unique déſir eſt
,, de communier encore une fois : aidez-moi donc pour
,, me diſpoſer à recevoir mon Créateur & mon Sauveur,
,, qui voudra bien ſe donner à moi dans l'excès de ſa
,, bonté, & que je verrai bientôt comme mon ſouve-
,, rain Juge. Cette réflexion, ajouta-t-il, eſt effrayante,
,, mais elle ne diminue rien de ma vive confiance en
,, ſa miſéricorde. ,,

Toute la matinée fut pour lui un temps de préparation à ſa Communion, qu'il fit à onze heures & demie. Depuis ce moment ſur-tout on n'oſoit plus lui parler du rétabliſſement de ſa ſanté ; l'entretenir de Dieu
& de l'éternité, étoit le plus grand plaiſir qu'on pût lui
faire. Au milieu de ſes plus grandes ſouffrances, il con-
ſervoit toute la gaieté qui faiſoit le fond de ſon caractère ; jamais on n'apperçut ſur ſon front le moindre
nuage de triſteſſe, & l'on eût dit que mourir étoit pour
lui une action ordinaire de la vie. Peu de temps avant
ſa mort, la Providence lui ménagea une épreuve qui
eût été capable d'accabler une ame moins forte, mais
qui ne lui cauſa pas la moindre émotion : il voyoit de
ſon lit tout ce qui ſe paſſoit dans une des cours du château : il s'apperçut un jour qu'on chargeoit à la hâte
une voiture d'office : ce qui lui fit comprendre qu'on
ne doutoit plus de ſa mort prochaine. Il demanda ce

que c'étoit que cette voiture ; & comme on ne croyoit
pas qu'il eût diſtingué les effets dont on venoit de la
charger, on lui répondit qu'elle partoit à l'occaſion du
renouvellement du quartier. Au même inſtant il vit entrer dans la cour un carroſſe, qu'on arrangea avec la
même précipitation. „ Voilà, ſans doute, dit-il, le car-
„ roſſe des officiers qui ont fait mettre leurs meubles
„ ſur la voiture qui vient de ſortir „. Perſonne ne ſentit l'ironie ; & la tranquillité avec laquelle il parloit fit
croire qu'il étoit très éloigné de ſoupçonner la vérité. Il
en ſeroit ſans doute reſté-là & nous auroit laiſſé ignorer
l'épreuve à laquelle l'avoit mis cette imprudence, ſi ſon
humeur toujours gaie ne l'eût porté, par occaſion,
à décéler ſa penſée : ſon médecin entra pour lui préſenter un bouillon : il étoit fort copieux ; en le recevant, il regarda ceux qui croyoient lui avoir fait prendre le change, & leur dit en ſouriant : „ s'il faut que
„ je le prenne tout entier, vous pouvez bien aller dire
„ à ces gens-là de dételer, car je les ferois attendre
„ trop long-temps. „

Page 350.

Le mercredi dix-huit, vers les cinq heures du ſoir,
il dit à ſon confeſſeur, qu'il déſiroit beaucoup qu'on lui
récitât les prières des agoniſants. Le confeſſeur lui re-
préſenta que ce ſeroit donner, avant le temps, l'alarme
la plus cruelle. „ Ne me refuſez pas cette grace, reprit-
„ il ; ces prières ſont ſi belles ! elles m'inſpirent de la
„ dévotion „ : ce qui annonce qu'il s'en étoit déjà occupé. Nous avons vu plus haut que, pour ménager la

senfibilité de la famille royale, il attendit pour se les faire réciter, qu'elle fût sortie pour aller au salut. „ Il „ s'y unissoit, dit l'abbé Collet, comme un homme „ qui ne soupire qu'après le moment de sa dissolution; „ & il sembloit sortir de lui-même pour s'élever vers „ Dieu. „

Les personnes qui restoient habituellement auprès de lui, ne pouvoient lui faire de plus grand plaisir que de l'entretenir des pensées relatives à sa situation; souvent il les en prioit lui-même. „ Si j'étois quelques momens „ sans lui parler, dit son confesseur, il m'appelloit, & „ me disoit : parlez-moi de Dieu, car cela m'est d'une „ grande consolation „. Le cardinal de Luynes lui disoit, qu'il devoit être dans la ferme confiance que Dieu lui tiendroit compte du sacrifice qu'il lui demandoit de sa vie au milieu de sa carrière. „ Ah ! s'écria-t-il, si „ vous saviez combien ce sacrifice me coûte peu ? est-„ il possible, M. le cardinal, qu'on goûte tant de dou-„ ceurs aux approches de la mort „ ? M. de la Martiniere, qui étoit alors auprès de son lit, rendit peu de temps après cette exclamation au roi, qui en fut si pénétré qu'il ne put retenir ses larmes. Le duc d'Orléans, frappé jusqu'à l'étonnement de la tranquillité avec laquelle ce prince envisageoit l'approche de sa dernière heure, disoit à Louis XV : „ je n'aurois jamais cru, „ sire, qu'aux portes de la mort on pût conserver tant „ de sérénité, & une paix si profonde ? cela doit être „ ainsi, répondit le roi, quand on a su, comme mon „ fils, passer toute sa vie sans reproches. „

Le jeudi dix-neuf, il s'apperçut lui-même qu'il entroit en agonie ; il dit un peu avant l'heure ordinaire : „ je serois bien-aise d'entendre la messe. Puis en regardant son crucifix, il ajouta : que j'aie encore cette „ consolation, ce sera pour la dernière fois „. Tout le temps qu'elle dura, il eut les yeux fixés sur l'autel ; son attention se soutint comme s'il eût été en parfaite santé. Les assistants placés comme entre deux sacrifices, jetoient les yeux tantôt sur l'autel, tantôt sur le prince mourant ; & leurs prières étoient des pleurs.

Après la messe, il dit qu'il étoit temps qu'on lui récitât publiquement les prières des agonisants ; qu'il falloit avertir le grand aumônier. Quand le prélat fut entré, on se jeta à genoux, chacun de son côté, & tout le monde se mit à pleurer. Le prince, toujours semblable à lui-même, étoit presque le seul qui possédât son ame assez en paix, pour s'unir aux prières qu'on faisoit pour lui. Se sentant distrait par quelque besoin qui l'empêchoit de les suivre avec toute son attention, il les fit interrompre pour un moment. Quand le grand-aumônier en fût arrivé aux paroles les plus redoutables, qu'il ne prononçoit qu'à voix basse & entrecoupée, le Dauphin, les yeux fixés sur son crucifix, reprit lui-même d'un ton de voix ferme & animé : „ *Proficiscere, ani-* „ *ma christiana, de hoc mundo, &c.* „. Il répéta avec la même fermeté les autres prières qui suivent. Quelques instants après il demanda la Dauphine : on lui dit qu'il falloit qu'il ajoutât à ses autres sacrifices, celui de ne plus voir cette princesse. Il ne répondit rien ; mais fon filence annonçoit fa réfignation. Il lui furvint au même moment une quinte de toux des plus violentes. Quand elle fut appaifée, penfant combien la Dauphine auroit fouffert, fi elle eût été préfente, il dit, comme s'il lui eût parlé : „ va-t-en, mon cœur, va-„ t-en, cela eft trop cruel à entendre. „

Sur les deux heures après midi, on lui récita le *Miferere* au pied de fon lit. Il dit enfuite qu'il défireroit qu'on lui rappellât de temps en temps quelques paffages des pfaumes ou du nouveau Teftament les plus propres à foutenir fa foi & fa confiance en Dieu. Depuis ce moment, on ne lui récita plus aucune prière fuivie. Le grand-aumônier, le cardinal de Luynes, l'évêque de Verdun & fon confeffeur l'entretenoient alternativement, felon qu'il le défiroit, en lui faifant, fur quelques textes de l'Ecriture, des réflexions analogues à fa fituation. Quand un paffage le touchoit davantage il fe le faifoit répéter deux fois.

A cinq heures, il chargea l'évêque de Verdun de s'informer de l'endroit où étoit la Dauphine, & de s'affurer par lui-même de fa fituation. L'évêque lui rapporta que la princeffe étoit avec le roi chez madame Adélaïde, qui avoit pour elle les foins les plus empreffés, & qui lui donnoit un lit dans fon appartement pour la nuit fuivante. Le prince reprenant la parole, dit : „ elle eft „ bien affligée! peut-elle encore pleurer „? & fans at-tendre la réponfe, il dit à fon premier médecin, qui étoit auffi celui de la princeffe : „ la Breuille, croyez-„ vous qu'il n'y ait rien à craindre pour la poitrine de „ madame

„ madame la Dauphine ? „

Un moment après, il marqua sa reconnoissance à tous ceux qui avoient été attachés à sa personne : aucun ne fut excepté. Il remercia avec bonté ceux qui l'avoient servi par intérêt, comme ceux qui l'avoient fait par affection ; se réservant de faire connoître à ceux-ci, en particulier, qu'il les avoit toujours distingués de la foule des courtisans. Pendant toute sa maladie, il ne lui est pas échappé une plainte, pas une parole d'aigreur contre ceux qui s'étoient efforcés de calomnier, aux yeux des peuples, son mérite & ses vertus. La Dauphine nous apprend seulement qu'un jour qu'on lui parloit de la désolation générale de la nation, il dit avec sa douceur ordinaire : „ hélas ! il y a six mois que bien des „ gens me détestoient ; je ne l'avois pas plus mérité que „ l'amour qu'on me témoigne à présent. „

Après qu'il eut parlé à ses officiers & à ses menins, il eut la pensée de faire appeller les jeunes princes ses enfants ; mais faisant attention que l'extrémité de son état pourroit être pour eux un spectacle trop effrayant, il se contenta de faire venir leur gouverneur, qu'il chargea de leur porter ses dernières instructions, que nous avons rappellées ailleurs. Il vouloit y ajouter quelque chose ; mais le duc de la Vauguyon, accablé de douleur, & fondant en larmes, tomba entre les bras des personnes qui étoient auprès de lui, qui le conduisirent aussi-tôt dans un arrière-cabinet.

Après avoir demandé, pour la seconde fois, des nouvelles de la Dauphine & de madame Adélaïde : „ &

„ la reine, dit-il, fans doute qu'elle eft auffi bien affli-
„ gée „? l'état des autres le touchoit beaucoup plus
que l'extrémité où il étoit lui-même réduit. Il s'occupoit,
avec toutes fortes de bontés, des perfonnes que le devoir ou l'amitié retenoient auprès de lui. Il dit à fon
confeffeur qu'il fe reprochoit beaucoup de l'avoir em-
pêché de dîner. Ayant adreffé à l'évêque de Verdun
quelques paroles qui annonçoient qu'il confervoit encore
fa gaieté, le prélat, à l'occafion de ce qu'il lui difoit,
lui répondit que puifqu'il croyoit lire jufque dans le fond
de fon cœur, il alloit auffi deviner ce qui fe paffoit
dans le fien; & il lui dit, que furement il étoit bien
occupé de madame la Dauphine & de madame Adélaïde. „ Ah ! vous avez bien raifon, lui dit le Dauphin,
„ je prie Dieu de les confoler. „

Sentant que fa fin approchoit, & ne croyant pas
pouvoir paffer la nuit, il dit le foir au cardinal de Luynes : „ il eft temps, M. le cardinal, que vous me don-
„ niez la dernière bénédiction & l'indulgence *in arti-*
„ *culo mortis* „; il lui en avoit déjà parlé. Sur ce
que le cardinal lui repréfenta qu'il n'étoit point encore
à la dernière extrémité, il lui dit : „ vous voudrez donc
„ bien que je vous faffe éveiller cette nuit „. Le cardinal l'affura qu'il refteroit toujours auprès de lui. Le
prince lui témoigna combien il étoit touché de fon attachement & de fon affiduité. Tout ce qu'il difoit annonçoit le plus grand défir de fe voir réuni à Dieu:
fon médecin lui ayant tâté le pouls, difoit qu'il avoit
encore du reffort & de la force : „ tant-pis, lui répon-

„ dit-il „. Mais penſant que cette parole pouvoit laiſſer croire qu'il ſe laſſoit de ſouffrir, il ajouta : „ quand je „ dis, tant-pis, ne croyez pas que ce ſoit par découra- „ gement ; graces à Dieu, je ne m'ennuie pas de mes „ ſouffrances ; mais quand je penſe que dans peu je „ pourrai avoir le bonheur de voir mon Dieu face à „ face, & de le connoître en lui-même, je vous avoue „ que je déſirerois bien que le moment fût déjà ar- „ rivé. „

Toutes les fois qu'on lui parloit des prières publiques & particulières qui ſe faiſoient pour lui dans toute l'é- tendue du royaume, il en paroiſſoit vivement touché. Quelqu'un pendant cette nuit, lui ayant fait la réflexion, qu'au moment où il lui parloit, toute la nation, dans la douleur & les larmes, demandoit à Dieu la conſer- vation de ſa vie ; après être reſté un moment en ſilence, comme pour recueillir ſes forces défaillantes, il leva les yeux & les mains au ciel, & s'écria du ton de voix le plus attendriſſant : „ ah ! mon Dieu, je vous en con- „ jure, protégez à jamais ce royaume ; comblez le de „ vos graces & de vos bénédictions les plus abondan- „ tes „. Ces paroles pénétrerent tous les aſſiſtants ; & l'un d'eux lui dit : „ pour moi, monſieur, je ne dé- „ ſeſpère pas encore que le Seigneur, touché par tant „ de prières & de larmes, ne faſſe éclater ſa puiſ- „ ſance, pour vous rendre à nos vœux „. Le prince l'interrompant, rejeta avec une fermeté héroïque une penſée qui, ſelon lui, n'étoit plus celle dont on devoit l'occuper. Pluſieurs fois pendant cette nuit, il offrit à

Dieu le sacrifice de sa vie pour toute la nation, & spécialement pour le roi & la famille royale. ,, Si j'étois ,, assez heureux, dit-il à ceux qui étoient autour de son ,, lit, pour entrer dans le ciel au sortir de ce monde, ,, & qu'il plût à Dieu d'exaucer mes prières, je vous ,, promets que vous en ressentiriez les effets : je n'ou- ,, blierois pas ceux qui m'ont été ici-bas les plus chers. ,,

Pénétré de reconnoissance pour la grace que Dieu lui faisoit, de lui conserver jusqu'à la fin la plus parfaite connoissance, il dit, en regardant son crucifix, qu'il tint presque toujours entre les mains pendant son agonie : ,, vous voulez donc, ô mon Dieu, que je mette ,, à profit pour l'éternité dans laquelle je vais entrer, ,, jusqu'au dernier instant de mon agonie ,,. Vers minuit, il pressa le cardinal de Luynes de lui donner la dernière bénédiction & l'indulgence *in articulo mortis.* En certains moments la chaleur de la fievre lui causoit des absences ; mais comme la peine qu'il avoit alors à parler, l'obligeoit à le faire en peu de mots, & à voix basse, il est probable que ce qu'on croyoit destitué de sens, ne l'étoit pas toujours : c'est ainsi que le cardinal de Luynes attribuoit au délire ce qu'il lui dit pendant cette nuit. Il lui demanda s'il y avoit des caves de sépulture dans le chœur de sa cathédrale ? sur la réponse que lui fit le cardinal, qu'il n'y en avoit qu'une sous l'autel pour les archevêques : ,, il faudra donc en faire ,, une, lui dit le Dauphin ; car je dois faire un voyage ,, à Sens ,,. On découvrit le sens de ces paroles, quand, à l'ouverture de son testament, on vit qu'il demandoit être enterré dans la métropole de cette ville.

Cependant fa poitrine fe rempliffoit, il ne lui étoit plus poffible d'expectorer. Comme on lui difoit qu'il devoit fouffrir cruellement, il avoua qu'il n'avoit jamais tant fouffert de fa vie. Quoique les boiffons qu'on lui donnoit alors le fatigaffent & ne ferviffent qu'à prolonger fes fouffrances, il s'efforçoit de les prendre, & n'en refufoit aucune. Ce n'étoit plus dans fes derniers momens, des fentiments de réfignation & de confiance qu'il exprimoit ; c'étoit des tranfports d'amour & des défirs enflammés d'être uni à fon Dieu. Il fe faifoit tâter le pouls fort fouvent ; & il demandoit avec la plus grande tranquillité, s'il alloit bientôt mourir ? combien d'heures il pourroit encore vivre ? il demanda s'il iroit bien jufqu'à fix heures du matin ? fur ce qu'on lui répondit qu'il pourroit encore aller plus loin : ,, mon ,, Dieu, s'écria-t-il, ferai-je donc encore privé long- ,, temps de la joie ineffable de votre vue ,,? on lui demanda s'il défiroit que Dieu abrégeât fes maux ? ,, non, ,, répondit-il, je ne veux que fa volonté, je ne dois ,, pas me laffer, ajouta-t-il en regardant fon crucifix, ,, de fouffrir pour l'amour de notre Sauveur, qui a ,, tant fouffert pour nous : je reffens des douleurs dans ,, la poitrine, mais cela ne doit point s'appeller fouf- ,, frir beaucoup ,,. Son confeffeur lui ayant demandé s'il étoit toujours dans la difpofition de ne vouloir que l'accompliffement de la volonté de Dieu fur lui, il lui répondit avec un tranfport que fes paroles feules peuvent rendre : ,, oui, fi j'avois mille vies & mille fantés ,, en ma difpofition, je les facrifierois à l'inftant au

„ défir qui me preffe de voir mon Dieu & de le pof-
„ féder. Je n'ai jamais rien tant fouhaité, pourfuivit-il,
„ que de le connoître en lui-même; il doit être bien
„ grand, bien admirable dans l'étendue de fes perfec-
„ fections infinies! „

Page 354.

XLVI. Le vendredi, vers les fix heures du matin,
il perdit tout ufage de la parole; fon cœur fut la dernière partie qui fuccomba. Tout étoit mort en lui, qu'il
confervoit encore toute la vivacité du fentiment. Dès
qu'on lui parloit de Dieu, il s'efforçoit de faire connoître par quelques foibles fignes, qu'il en étoit touché.
„ N'ayant plus de mouvement que dans les lèvres, dit
„ l'abbé Collet, il les remuoit, quand je lui parlois,
„ pour me faire comprendre qu'il m'entendoit „. Quand
il ne donna plus aucun figne de connoiffance, le cardinal de Luynes entreprit de lui dire, pour la dernière
fois, les prières des agonifants, qu'il eut beaucoup de
peine à achever. Les affiftants n'y répondirent que par
des larmes & des fanglots. Bientôt après on vit fes yeux
s'éteindre infenfiblement : il ne paroiffoit plus tenir à la
vie que par un léger fouffle. Aucune agitation violente,
aucun mouvement convulfif n'annonça fon dernier foupir : il le rendit paifiblement, & comme s'il fe fût endormi d'un doux fommeil, après avoir effuyé une agonie de vingt-deux heures. Ce fut le 20 Décembre 1765,
à huit heures du matin. Il étoit âgé de trente-fix ans trois
mois feize jours.

Le cardinal de Luynes chargé d'annoncer une fi trifte

nouvelle à la Dauphine, dont il étoit le premier aumônier, lui dit : ,, madame, béniſſons le Seigneur, nous
,, avons un ſaint de plus à honorer dans le ciel. Non,
,, il n'y a point de religieux de la Trappe qui n'enviât
,, la mort que vient de faire M. le Dauphin. La Foi
,, peut bien nous conſoler, & ſa réſignation héroïque
,, doit être le modèle de la nôtre ,,. Quoique la princeſſe dût être aſſez préparée à ce fâcheux événement,
elle en fut comme accablée.

Page 366.

XLVII. Il ſeroit difficile d'exprimer l'extrême conſter-
nation où la mort du Dauphin jeta toute la nation. La
douleur fut générale, & auſſi vive dans le fond de nos
campagnes qu'elle l'étoit à Fontaine-bleau & à Verſailles. Louis XV pleura amérement ſon fils unique &
l'héritier de ſa couronne. La reine, victime de ſa tendreſſe, ne lui ſurvécut pas long-temps. Les dames de
France, auſſi affligées que la reine & la Dauphine,
s'efforçoient, pour les conſoler, de contenir les premiers mouvements d'une douleur dont elles conſervent
encore le ſentiment. Héritiers du cœur de leur père,
les enfants de ce prince ſentirent, dans un âge encore
tendre, toute la grandeur de leur perte. Le titre de
Dauphin, & les diſtinctions attachées à ce nom, au
lieu de flatter l'enfance du duc de Berry, ne ſervirent
qu'à perpétuer ſa douleur. La première fois qu'en tra-
verſant les appartements, il entendit crier devant lui,
place à M. le Dauphin; au ſouvenir de celui qui portoit ce titre peu de temps avant, ſon cœur s'émut ; on

M 4

vit couler fes larmes. Le roi Staniflas, à l'ouverture de la lettre qui lui apprenoit la nouveile de cette mort, s'écria en foupirant : „ la perte réitérée d'une couronne, „ n'eft jamais allée jufqu'à mon cœur; celle de mon „ cher Dauphin l'anéantit ! „

Page 367.

XLVIII. Suivant les dernières difpofitions de ce prince, fon cœur feulement fut porté à S. Denis, & fon corps fut conduit à Sens. De plufieurs lieues aux environs les habitants des campagnes accouroient en foule, & bordoient les chemins par où paffoit la pompe funèbre. On eût dit, à voir ces pauvres gens, qu'on faifoit les funérailles de leur père commun : les uns gardoient un filence de trifteffe & d'admiration ; d'autres, fans s'être jamais vus, fembloient fe connoître & fe racontoient, comme entre amis, ce qu'ils favoient des vertus du prince. Ils répétoient, les larmes aux yeux, ce qu'ils avoient fi fouvent ouï dire : „ il auroit voulu diminuer „ nos tailles & nous rendre heureux. Oui, difoient-ils „ encore, c'eft Dieu qui nous a punis, nous ne méri- „ tions pas d'avoir jamais un fi bon roi „. D'autres enfin tâchoient de fe confoler en fe difant dans leur lan- gage naïf (*) : „ Il faut efpérer que les enfants d'un fi

---

(*) Le convoi s'étant arrêté dans un petit village près de Sens, nommé *Saint-Denys*, une pauvre femme, en con- sidérant le char qui portoit le corps du Dauphin, se mit à pleurer. „ Ne pleurez pas, lui dit son mari; les en- „ fants d'un si brave homme, ne seront pas bâtards, ils „ ressembleront à leur père. „

„ brave homme reſſembleront à leur père „. On n'entendoit tout le long de la route, que des regrets atten-
driſſants. Pluſieurs accompagnèrent le convois juſqu'à
Sens : les autres, après l'avoir long-temps ſuivi des
yeux, reprenoient triſtement le chemin de leurs hameaux.
Et c'eſt ainſi que depuis Fontaine-bleau juſqu'à Sens,
le bon peuple qui connoît encore les vraies vertus,
rendit l'hommage le plus ſolemnel à celles du Dauphin, & le combla de mille bénédictions.

Il ne paroît pas que ce prince ait été porté par aucune raiſon particulière à choiſir Sens plutôt que tout
autre endroit pour le lieu de ſa ſépulture ; & Louis XV
diſoit un jour à l'archevêque de Paris : „ ſi mon fils fût
„ mort à Verſailles, il ſe ſeroit fait porter chez vous :
„ je lui ai entendu dire plus d'une fois, qu'il déſiroit
„ d'être enterré dans l'égliſe-mère du diocèſe où il
„ mourroit, „

Page 368.

XLIX. Cependant le peuple, un peu revenu du premier accablement de ſa douleur, ſongea à témoigner,
en la manière qu'il le pouvoit, ſon amour & ſa reconnoiſſance envers ce bon prince. On célébra ſes ob-
ſèques dans toute l'étendue du royaume avec un zèle
& un empreſſement dont on ne ſe rappelle point d'exemple, même en faveur des rois. Il y avoit comme un
combat de généroſité entre les différents ordres de l'é-
tat, à qui ſurpaſſeroit l'autre en témoignage d'affection.
On comptoit pour rien la dépenſe ; & l'on eût dit
qu'après une ſi grande perte, on n'avoit plus rien à mé-

nager. Les plus petites paroiſſes, les communautés les plus pauvres, les derniers corps de métiers s'empreſſèrent, comme les autres, de lui rendre leurs derniers devoirs. Trop pauvres pour faire l'achat des tentures & des luminaires, ils ſe les procuroient, lorſqu'on s'en étoit ſervi ailleurs; & en différant de quelques jours leurs cérémonies funèbres, ils s'en acquittoient avec autant de magnificence & d'appareil que les plus riches.

Les univerſités, les académies, les orateurs & les poëtes, célébrèrent à l'envi ſes vertus : toute la France retentit de ſes louanges. Entraînés par la foule, ſes calomniateurs chantèrent la palinodie, & ſe firent ſes panégyriſtes : des plumes accoutumées à décrier la vertu, eſſayèrent de louer le prince le plus vertueux; & par un contraſte bien bizarre, on vit en plus d'un endroit l'éloge du Dauphin à côté d'une invective contre la religion. M. de Voltaire lui-même donna ce diſtique pour être mis au bas de ſon portrait :

Connu par ses vertus, plus que par ses travaux,
Il sut penser en sage, & mourut en héros.

Page 370.

L. Il parut une infinité d'oraiſons funèbres, dont un grand nombre ſont imprimées : on parla du prince dans toutes les chaires chrétiennes. Les curés & les prédicateurs, qui ne faiſoient pas un diſcours entier à ſa louange, ne croyoient pas pouvoir ſe diſpenſer de rappeller au moins ſon ſouvenir à leur auditoire; ſoit qu'ils exhortaſſent à la pratique d'une vertu, ou à la fuite d'un vice, l'exemple du Dauphin faiſoit autorité : ils

en appelloient à fa conduite, & ce morceau étoit toujours le plus touchant, & celui qui faifoit le plus d'impreffion fur les peuples. On vit, en plufieurs endroits,
des orateurs qui, en attendriffant les autres, s'attendrif-
foient eux-mêmes jufqu'à verfer des larmes, & pouvoir à peine terminer leur difcours.

LI. Les françois difperfés dans les différentes villes
des royaumes étrangers, y pleurèrent la perte commune
de la patrie. Ceux qui fe trouvèrent à Cadix, fe dif-
tinguèrent par des dépenfes confidérables, en aumônes
& en décorations pour un fuperbe catafalque. Comme
fi la providence eût voulu que tous les éléments, ainfi
que toutes les nations, rendiffent hommage à la mémoire & aux vertus de ce prince, la pompe funèbre
fut annoncée deux jours avant, par une décharge de
canon de treize vaiffeaux françois, qui fe trouvoient à
la rade devant cette ville. Les coups fe répétèrent enfuite de minute en minute, excepté en certains temps
où il y avoit des fufpenfions momentanées, pour préparer des falves générales. L'évêque de Cadix officia.
On partagea entre mille pauvres deux mille aunes de
drap qui avoient fervi au catafalque, & l'on diftribua
à chacun d'eux un pain & la valeur de dix fous de
France. L'oraifon funèbre fut prononcée en langue ef-
pagnole, par un docteur de l'univerfité d'Offuna. On
me permettra d'en extraire quelques morceaux qui annoncent que le Dauphin étoit connu chez l'étranger
comme parmi nous.

„ La France, dit l'orateur, a perdu un prince que

» fa grande ame , & la fupériorité de fes talens ,
» dans la fleur de l'âge, lui font doublement regretter...
» Sa piété & fon amour pour les peuples , qui fai-
» foient l'admiration des étrangers, deviennent aujour-
» d'hui le fujet des regrets & de l'affliction des fran-
» çois. Hélas! peuvent-ils dire, nous avons perdu celui
» qui eût été dans nos faftes un Clovis, un Charle-
» magne, un Louis, un Henri ; & fi je ne refpectois
» les décrets des fouverains pontifes, j'ajouterois un
» faint.... Quel bonheur pour un état d'être gouverné
» par un prince tel que la France fe le promettoit dans
» fon Dauphin !... un prince qui connoît le fond de
» fes obligations & de fes devoirs, qui apperçoit la du-
» plicité d'Achitophel & la franchife de Nathan, qui
» fait repouffer les traits de la flatterie, & fe défendre
» de la féduction des libertins : un prince qui décou-
» vre le faux de ces principes prétendus merveilleux,
» que les philofophes de ce fiecle ont coutume de pro-
» pofer aux fouverains, comme des moyens d'affurer la
» félicité des états : un prince qui calcule, comme Da-
» niël, ce que dépenfe en infamies un méchant accré-
» dité, qui devine les intentions des impies, qui décon-
» certe leur ligue criminelle & confond leur audace...
» Eglife de Jefus-Chrift, que n'aviez-vous pas droit
» d'efpérer d'un prince fi religieux ? & vous pafteurs
» de fon troupeau, prêtres du Très-Haut, que ne de-
» viez-vous pas attendre de fa piété?... Mais fi vous
» vous rappellez les dernières inftructions qu'il a don-
» nées à fes enfants, pourriez-vous craindre de ne pas

„ retrouver en eux la même protection?... Le Dau-
„ phin laisse après lui une succession magnifique, qui
„ ne sortira jamais de sa maison & de son sang. Il laisse
„ à l'église, à la nation, à l'europe entière, la sainteté
„ de sa vie, & tout l'éclat de ses vertus, dont la pro-
„ vidence prendra soin de perpétuer la mémoire dans
„ la postérité..... Allez donc, ame précieuse, allez
„ prendre place dans le séjour du repos éternel, à côté
„ des Charlemagne & des Louis : acquittez vous en-
„ vers votre nation des larmes que vous lui faites
„ verser?... „.

Le Dauphin ne fut pas seulement pleuré des françois & regretté de nos alliés. La mort d'un prince
vertueux est une sorte de calamité universelle : tous
les peuples de l'europe se montrèrent sensibles à notre
perte, sans en excepter ceux que la diversité de religion,
ou des oppositions d'intérêt national eussent dû rendre,
ce semble, les plus indifférents. Par tout où ce prince
étoit connu, on l'estimoit & on l'aimoit. Les ennemis
même de la nation ne l'avoient jamais été de sa personne. Voici ce qu'écrivoit d'Angleterre au duc de
Nivernois qui avoit été notre ambassadeur en cette
isle, un homme de lettre (le docteur Maty) à portée de connoître & d'apprécier les sentiments de ses
compatriotes : „ permettez à un étranger de mêler
„ ses larmes aux vôtres & à celles de toute la France.
„ Germanicus pleuré des romains, le fut aussi de ses
„ voisins, des ennemis même de leur empire. Si
„ M. le Dauphin jette encore les yeux sur la terre,

„ il n'y voit plus en ce moment que des cœurs Fran-
„ çois. „

Page 372.

Il est de la justice de faire remarquer une certaine expression; l'on dit : „ le titre de Dauphin, & les dis-
tinctions attachées à ce nom, au lieu de flatter l'enfance
du duc de Berry, ne servirent qu'à perpétuer sa douleur. La première fois qu'en traversant les appartemens,
il entendit crier devant lui, place à M. le Dauphin, au
souvenir de celui qui portoit ce titre peu de temps avant,
son cœur s'émut; on vit couler ses larmes. „

D. Que dit la Clef du cabinet de cette attribution
populaire ?

R. Après la mort de cet aimable prince, le roi a
donné le titre de Dauphin au duc de Berry; & ce jeune
prince étant allé remercier sa majesté, de retour le même
jour de Fontaine-bleau à Versailles, on vit ses pleurs
couler abondamment, d'entendre crier par les gardes:
place à M. le Dauphin.

Mois de Février 1766, page 103.

Si le roi lui a donné *le titre de Dauphin*, il ne lui
appartenoit pas de droit; il ne le lui a point donné : le
texte l'insinue. L'eut-il voulu, il n'eut pu le lui donner
légitimément; la conduite de Charles VI à l'égard du
Dauphin son fils, fait duement preuve. Mais pourquoi
s'alambiquer l'esprit, quand rien ne fait présumer qu'il
a voulu le lui donner. Dès le 27 Mars 1766, trois
mois & sept jours après la mort de monseigneur le

Dauphin, le roi caſſa les arrêtés qui avoient revêtu le duc de Bourgogne de certains noms étrangers. En voici la relation. Le parlement de Grenoble, comme d'autres, avoit fait le 22 Mars & le 30 Julliet de l'année dernière, des arrêtés au ſujet du parlement de Paw, leſquels lui ont attiré le même mécontentement de la part du roi, que celui qui a paru contre le parlement de Paris. Cependant ſes députés, au nombre de ſept, ont enfin été mandés par le roi. Introduits le 27 Mars à ſept heures du ſoir dans la chambre de ſa majeſté, le duc de Choiſeul, ayant le département du Dauphiné, les a préſentés au roi, qui les a reçus aſſis dans ſon fauteuil, & après s'être fait remettre les arrêtés dont ils étoient porteurs, ils ont eu ordre de ſe retirer, & ſa majeſté a tenu ſon conſeil le 27 Mars 1766. Après ce conſeil, elle a fait rentrer les députés, & leur a prononcé ſa réponſe en ces termes : ,, j'ai vu vos remontrances, & j'ai reconnu, principalement dans celles du 24 Mai dernier, les mêmes erreurs que celles que j'ai proſcrites par la réponſe que j'ai faite à mon parlement de Paris. Je vous la remets pour qu'elle vous ſerve de regle. Ce n'eſt qu'en vous y conformant que vous mériterez mes bontés. Au ſurplus, je viens de caſſer en mon conſeil vos arrêtés du 22 Mars & 30 Julliet dernier par un arrêt dont vous allez entendre la lecture. ,,

Cette lecture achevée, le roi a dit : ,, ne vous oc- ,, cupez plus d'affaires qui vous ſont étrangères, ren- ,, dez la juſtice à mes ſujets, & donnez leur l'exem-

,, ple de la foumiſſion. Vous ferez regiſtre de tout ce
,, qui vient de ſe paſſer. ,,

Mois de Mai 1766, page 353.

Le duc de Bourgogne auroit été ſenſible aux bonnes diſpoſitions du roi, ainſi qu'à l'intérêt que monſeigneur le Dauphin auroit mis ultérieurement à ſon ſort; mais quel effet devoient produire leurs déſirs, leurs volontés même, quand ils ne lui étoient point communiqués? s'imaginoient-ils qu'il recevoit les bulletins de la cour, ou qu'il liſoit les journaux? à peine pouvoit-il ſe donner des livres claſſiques. Ce n'eſt qu'à un ordre admirable de la providence qu'il doit d'en avoir été enfin inſtruit, quand leur exécution ſembloit déjà ne pouvoir plus obtenir l'effet déſiré. Cependant, dans cette perplexité, ne devoit-il point tenter l'impoſſible? pouvoit-il ne point déférer aux volontés de ſon père & de ſon grand'père?

Nous avons dit que madame la Dauphine s'eſt chargée de lui ſoutenir le bras gauche; que fit-elle à cet effet?

LII. Raſſaſiée de la vie par tant d'adverſités, la Dauphine ne déſiroit plus qu'une ſeule choſe au monde, mais elle la déſiroit ardemment : c'étoit de pouvoir ſatisfaire ſa tendreſſe maternelle, & remplir les vœux du Dauphin, en mettant la dernière main à l'éducation de ſes enfants ; mais bientôt le dépériſſement de ſa ſanté lui annonça qu'elle ſeroit encore privée de cette conſolation.

En voyant une princeſſe ſi digne d'un meilleur ſort,

accablée

accablée de tant de malheurs , qui ne croiroit qu'on va voir autour d'elle un empreſſement général à lui en adoucir le ſentiment ? tout le contraire arriva : elle n'eut pas même la conſolation d'être malade en paix. Louis XV, il eſt vrai, toute la famille royale , & un petit nombre de gens de bien , lui prodiguèrent, juſqu'à ſon dernier ſoupir , les ſoins & les attentions les plus marquées ; mais , du reſte , elle ne rencontra par tout qu'amertumes & que contradictions. On vit de mépriſables courtiſants, de ces hommes qui s'inſinuent par ſoupleſſe dans le palais des rois , & qui s'y maintiennent par intrigues, s'appliquer à la mortifier & à lui faire ſentir, en toute rencontre, qu'elle avoit perdu ſon époux. Elle avoit quelques amis , & ceux ſeulement qui l'avoient été du Dauphin : ils lui envièrent juſqu'à ce léger ſoulagement , en ſaiſiſſant toutes les occaſions de moleſter ceux qui étoient connus pour avoir part à ſa confiance. ,, Ne ,, vous effrayez point, écrivoit-elle à l'un d'eux, des ,, propos que l'on tient ſur votre compte : il eſt incon- ,, cevable combien M***. en a eſſuyé. Il ſuffit que je ,, donne mon amitié & ma confiance à quelqu'un, pour ,, qu'il ſoit expoſé à des perſécutions de toute eſpèce ,,. La princeſſe ſentit & ſouffrit tout cela, ſans jamais s'en plaindre , ni en parler qu'à Dieu ſeul, excepté dans une occaſion, où elle regarda comme un devoir de rompre le ſilence, & de faire connoître au roi un homme en place peu digne de ſa confiance.

Les amis même de la Dauphine l'affligèrent plus d'une fois par leur opiniâtreté à croire qu'elle entretenoit ſa maladie, en nourriffant volontairement fes chagrins. Tant de malheurs dont fa vie fut traverfée, & la mort du Dauphin fur-tout, avoient laiffé dans fon cœur un fond de trifteffe que rien ne pouvoit diffiper. Cependant, comme, s'il eût dépendu d'elle de fortir de fon accablement, on lui en faifoit un reproche : on en appelloit fans ceffe à fa religion : on lui députa même un curé de Verfailles, qui lui fit une exhortation preffante fur ce fujet. Elle l'écouta avec bonté, & quand il eut fini: ,, M. le curé, lui dit-elle, je fuis fenfible à l'intérêt ,, que vous prenez à ma fituation ; mais ce que vous ,, me dites, je me le dis moi-même à chaque inftant: ,, enfeignez-moi donc auffi le moyen d'en venir à la ,, pratique, & de me dépouiller d'un fentiment qui eft ,, en moi malgré moi ,,. Enfin, comme s'il eût fallu qu'aucuns des inftants de fa vie ne fuffent exempts des épreuves les plus rigoureufes, quoiqu'aux approches de fa diffolution, elle fe fentit plus pénétrée que jamais de la crainte des jugements de Dieu : nous remarquerons dans la fuite qu'elle vit la mort s'avancer à pas lents; qu'elle fe fentit, pour ainfi dire, entre fes bras; qu'elle fe vit expirer.

Cependant tant de difgraces, tant de chagrins & d'afflictions, qui auroient dû, ce femble, abforber fon ame, ne fervirent qu'à épurer & fortifier fa vertu : &, lorfqu'on eût pu demander comment elle avoit le temps & la force de pleurer fes malheurs, on la voyoit encore fatisfaire avec la plus exacte fidélité à fes devoirs de religion, & à tous ceux de fon rang.

Amie de l'ordre, elle en mettoit dans sa maison comme dans sa conduite. Elle avoit toutes ses heures fixes pour les différents exercices qui partageoient sa journée. Elle exigeoit que chacun s'acquittât soigneusement de l'office qu'il avoit à remplir, & elle-même se faisoit un devoir de l'exactitude aux heures qu'elle avoit indiquées pour son service.

Son premier soin, & celui qu'elle regarda toujours comme le plus indispensable & le plus sacré, ce fut de veiller sur l'éducation des princes & princesses ses enfants. Elle l'avoit conjointement avec le Dauphin, tant qu'il vécut; elle le fit seule après sa mort. Elle reprit les répétitions des trois jeunes princes. Le latin comme le françois, l'histoire sacrée comme la profane; les devoirs de leur état comme ceux de la religion; tout étoit du ressort de cette savante & vertueuse princesse : elle vouloit s'assurer par elle-même des progrès qu'ils faisoient dans toutes les parties; & malgré son état de langueur & d'épuisement, elle ne cessa de leur donner ses leçons que la surveille de sa mort.

Elle joignoit à toute la tendresse d'une bonne mère, cette fermeté uniforme qui fait contenir les enfants, & plier au bien leurs inclinations naissantes. En cultivant leur esprit, elle s'attachoit encore plus à former leur cœur. Elle leur recommandoit souvent le respect pour le roi & pour la reine, l'attachement & la confiance pour les dames de France, l'éloignement pour les flatteurs & pour tous les hommes vicieux, la compassion pour les malheureux, l'estime & l'amour des peuples.

Elle leur faifoit fentir qu'étant deftinés à être un jour
en fpectacle à la nation, leur conduite particulière in-
flueroit néceffairement fur les mœurs publiques; & que,
comme Dieu leur tiendroit compte de tout le bien auquel leur exemple auroit donné lieu, fa juftice auffi
leur imputeroit le mal que pourroit occafionner leur in-
conduite. Mais elle aimoit fur-tout à leur rappeller les
fages leçons que leur avoit donné leur père, & les
grands exemples de vertu qu'il leur avoit laiffés. C'eft
pour leur inftruction, autant que pour fa propre confolation, qu'elle écrivit le détail fi touchant de la maladie de ce prince.

Elle portoit jufqu'au fcrupule, l'attention à éloigner
d'eux tous les livres qui auroient pu donner la moindre atteinte à la pureté de leur foi, ou à l'innocence
de leurs mœurs. La grande facilité que le jeune comte
de Provence annonçoit pour les langues, engagea plufieurs perfonnes à lui repréfenter qu'il feroit à propos
de l'appliquer à l'étude de l'anglois : elle s'y oppofa
conftamment, en difant qu'il n'en étoit pas encore temps;
& comme on lui en demandoit la raifon : ,, c'eft ré-
,, pondit-elle, que la connoiffance de cette langue lui
,, ouvriroit trop de livres dangereux à la foi de fes
,, pères : il pourra l'apprendre, comme a fait M. le
,, Dauphin, dans un âge plus avancé. ,,

Cette princeffe n'ignorant pas que la religion donne
la plupart des vertus, & que toujours elle les perfec-
tionne, c'eft fur la religion qu'elle infiftoit davantage.
Elle ne croyoit pas que c'en fût affez pour une mère

chrétienne, de dire à ſes enfants : „ ayez de la religion ;
„ ſoyez juſtes ; ſoyez vertueux „ : ſentences vagues, &
toujours vides de ſens pour des enfants. Elle entroit ſur
cette matière dans les moindres détails ; elle vouloit ſa-
voir s'ils étoient inſtruits des principales vérités de la
Foi, ſelon la portée de leur âge ; s'ils pénétroient le
ſens des prières qu'ils récitoient. Elle leur apprenoit
ce qu'elle ſavoit ſi bien, comment on ſert Dieu en eſprit & en vérité. Elle leur faiſoit comprendre que la
ſublimité de leur rang, au lieu de les diſpenſer des ſaintes pratiques de notre religion, leur impoſoit la double
obligation de les reſpecter eux-mêmes, & de les rendre,
par leur exemple, reſpectables aux yeux des peuples.
Elle vouloit que dès l'âge le plus tendre, ils fuſſent inſtruits ſur les ſacrements, qu'ils en connuſſent la ſource
& l'efficace ; qu'ils appriſſent à en reſpecter la ſainteté,
& à en déſirer l'uſage. Elle les inſtruiſoit elle-même ſur
la manière de ſe confeſſer, & dès qu'elle les crut en
état de le faire avec quelque fruit, elle leur fit déſirer
d'avoir pour confeſſeur celui à qui elle avoit elle-même
donné ſa confiance.

Mais comptant moins, pour le ſuccès d'une éducation ſi précieuſe à ſes yeux, ſur ſes ſoins & ſa vigilance,
que ſur les bénédictions du ciel, elle les ſollicitoit par
les vœux les plus ardents. Elle offroit à Dieu ſes prières, ſes aumônes, ſes communions, & une infinité de
bonnes œuvres, pour lui demander qu'il fît de ſes enfants des princes ſelon ſon cœur ; & ſi nous les voyons
aujourd'hui faire la gloire de la religion & le bonheur

des peuples, c'eſt à la piété de cette religieuſe princeſſe, comme aux exemples de ſon vertueux époux, que nous en ſommes redevables.

Voici comment cette digne mère écrivoit au ſaint évêque d'Amiens, qu'elle prenoit pour conſeil dans l'éducation de ſes enfants. „ Les diſpoſitions avec leſ-
„ quelles mon fils (le Dauphin) a tâché de s'appro-
„ cher de la ſainte communion, m'ont fait verſer des
„ larmes bien douces. Je tâcherai de profiter de vos
„ avis pour lui. Dieu m'a miſe dans le cas de la reine
„ Blanche : j'ai le plus vif déſir de l'imiter. Je ſens
„ combien je ſuis au-deſſous d'elle ; mais j'eſpère que
„ le bon Dieu, malgré mon indignité, me donnera les
„ forces & les talents néceſſaires pour faire de mes en-
„ fants des ſujets dignes de lui. L'aîné paroît pénétré
„ de tout ce qui regarde la religion, & avoir horreur
„ du vice. Je me flatte que ſon père & ſon frère ne
„ l'oublient pas devant Dieu, non plus que moi &
„ mes autres enfants. „

Vie de M. le Dauphin, page 398.

L'on a vu précédemment, par la Clef du cabinet & la vie de madame Louiſe, que monſeigneur le Dauphin a écrit à ſon fils aîné. Il étoit déjà mourant, quand il lui écrivit ; ce fut le 5 Septembre 1765. Perſuadé que l'on ne pouvoit le dépouiller de ſes droits, il lui mandoit : „ crux eſt armatura fortis, reliqua nihil ſunt, &
„ ego ero tecum „. C'eſt-à-dire : bien des croix vous attendent. Comme ſaint Louis, montrez du courage & de la réſolution dans les maux attachés à votre poſition.

Pour vous y rendre supérieur, vous n'aurez qu'à vous souvenir que vous êtes mon fils aîné : ma qualité de D...... va vous accompagner. Comment être avec son fils, après sa mort, que par l'autorité de sa place ?

L'on a également vu plus haut, que c'est le duc de Bourgogne qui étoit le Dauphin. Ignorant qu'il n'étoit point baptifé, ce malheureux enfant tâcha de faire sa première communion. Il reçut la sainte Hostie fur la langue ; mais je ne pourrois dire s'il put l'avaler dans l'évanouiffement où il tomba. Touchée des efforts qu'il fit pour communier, madame la Dauphine dit 1°. „ Les „ difpofitions avec lefquelles mon fils a tâché de s'ap-„ procher de la fainte Communion, m'ont fait verfer „ des larmes bien douces. „

R. Madame la Dauphine parloit avec jufteffe, écrivoit avec précifion, connoiffoit bien la propriété des termes ; cependant elle ne dit point que fon fils a communié, mais feulement qu'il a tâché de s'approcher de la fainte Communion. Elle s'exprime ainfi, parce qu'elle favoit qu'il n'étoit point baptifé ; par conféquent, quelques efforts qu'il fit, qu'il ne pouvoit point communier en cet état de réprobation paffive. Si ce n'étoit point là le véritable fens de fes expreffions, elle n'eut point été chercher midi à quatorze heures ; elle eut dit purement & fimplement : les difpofitions avec lefquelles mon fils a communié, m'ont fait verfer des larmes bien douces.

Elle dit 2°. „ Dieu m'a mife dans le cas de la reine „ Blanche. „

R. Saint Louis fon fils étoit prifonnier en Syrie ; il

falloit, pour la parité du cas, que le fils de madame la Dauphine fut prisonnier dans le pays qu'il habitoit; ne l'étoit-il point? on l'a vu: tout dit, tout prouve qu'il étoit détenu dans la Belgique.

Elle dit 3°. „ L'aîné paroît pénétré de tout ce qui „ regarde la religion, & avoit horreur du vice. „

D. Quel étoit l'aîné de ses fils?

R. Le duc de Bourgogne, né le 13 Septembre 1751.

Elle dit 4°. ., Je me flatte que son père & son frère ne l'oublient pas devant Dieu, non plus que moi & mes autres enfants. „

R. L'on voit clairement, par le texte & par les circonstances, que c'est après la mort de monseigneur le Dauphin que madame la Dauphine écrivoit cette lettre; il est mort le 20 Décembre 1765; le duc d'Aquitaine étoit mort dès le 22 Février 1754.

J'ai dit que madame la Dauphine parloit avec justesse, écrivoit avec précision, connoissoit bien la propriété des termes; l'on voit page 379 de la vie de monseigneur le Dauphin, „ qu'entre les qualités de l'esprit qui s'annonçoient dans la princesse, on remarquoit une merveilleuse sagacité à saisir les caractères „. Page 380, „ que cet esprit de discernement se fit toujours appercevoir dans la conduite de la Dauphine. Jamais elle ne se trompa dans le choix de ceux à qui elle donna sa confiance, ni dans le jugement qu'elle porta sur les personnes qui formoient sa maison „ Page 381 , „ que le discernement & la justesse d'esprit de la princesse se remarquoient également dans sa conversation & dans son ſtyle. Elle ſavoit jeter le plus grand jour ſur l'affaire la plus compliquée. Elle poſſédoit ſur-tout dans un degré ſupérieur, le talent rare de dire clairement beaucoup de choſes en peu de mots „. Je pourrois citer d'autres paſſages encore, qui prouvent également que madame la Dauphine ſentoit & connoiſſoit aſſez la valeur des termes pour s'en ſervir avec juſteſſe dans le cas dont s'agit.

Se demandra t-on pourquoi madame la Dauphine n'a pas écrit immédiatement à ſon fils, comme avoit fait monſeigneur le Dauphin? rien n'exige de l'aſſimiler en tout à la mère de Henri Ier.; malade, elle aura pu ſe répoſer ſur les ſoins du roi.

J'ai dit, que c'eſt le duc de Bourgogne qui étoit le Dauphin; outre les preuves que j'en ai déjà données, on le voit encore ſenſiblement dans l'oraiſon funèbre de ſon père, qui fut prononcée en eſpagnol par un docteur de l'univerſité d'Oſſuna, ancienne ville d'Eſpagne dans l'Andalouſie, qui avoit titre de duché.

L'on y voit 1°. „ La France, dit l'orateur, a perdu un prince que ſa grande ame, & la ſupériorité de ſes talents, dans la fleur de l'âge, lui font doublement regretter... Sa piété & ſon amour pour les peuples, qui faiſoient l'admiration des étrangers, deviennent aujourd'hui le ſujet des regrets & de l'affliction des françois. Hélas! peuvent ils dire, nous avons perdu celui qui eut été dans nos faſtes un Clovis, un Charlemagne, un Louis, un Henri; & ſi je ne reſpectois les décrets des ſouverains pontifes, j'ajouterois un ſaint.... „

Vie de M. le Dauphin, page 373.

R. Les quatre points que l'on donne après le mot *faint*, marquent, ainfi que le texte, que monfeigneur le Dauphin laiffoit quatre garçons : le duc de Bourgogne, le duc de Berry, le comte de Provence, le comte d'Artois : on va les voir tous quatre dans le texte. C'eft l'auteur de la vie de monfeigneur le Dauphin, lui-même, qui le relate ; qui le favoit mieux que lui, l'auteur de famille ? delà le point, que le concierge de la geole de Verfailles, pouffé par la comteffe de Provence, me recommandoit tant de mettre. Il infiftoit encore fortement le 7 Novembre, deux jours avant mon départ de Verfailles.

2°. „ Quel bonheur pour un état d'être gouverné par un prince tel que la France fe le promettoit dans fon Dauphin !... „

Page 374.

R. Voilà le duc de Bourgogne.

3°. „ Eglife de Jefus-Chrift, que n'avez-vous pas droit d'efpérer d'un prince fi religieux ? & vous pafteurs de fon troupeau, prêtres du Très-Haut, que ne deviez-vous pas attendre de fa piété ?... „

Page 374.

R. Voilà le duc de Berry.

4°. „ Mais fi vous vous rappellez les dernières inftructions qu'il a données à fes enfants, pourriez-vous craindre de ne pas retrouver en eux la même protection ?... „

Page 374.

R. Voilà le comte de Provence.

5°. Allez donc, ame précieuse, allez prendre place dans le séjour du repos éternel, a côté des Charlemagne & des Louis : acquittez-vous envers votre nation des larmes que vous lui faites verser ?... „

Page 375.

R. Voilà le comte d'Artois.

Ce qui détermine encore le sens de l'indication, c'est qu'il n'y a dans le texte que le point d'exclamation, & les points d'interrogation que j'ai donnés ; qu'en bonne règle il ne faudroit point de point d'interrogation à l'article du comte d'Artois ; & que le point d'exclamation placé à l'article du duc de Bourgogne, & les points d'interrogation posés respectivement à l'article des trois jeunes princes, y sont posés sur le premier point contre toute règle. L'auteur ne l'ignoroit point, puisque dans la vie de la reine, dans celle de madame Louise, dans celle même de monseigneur le Dauphin, il a bien su les poser sur le dernier point, conformément aux règles de l'art.

La science des personnes de cour, d'épée & de robe, édition de Z. Chatelain & fils, Amsterdam 1752, nous donne 1er. tome page 10, un dialogue *sur la nécessité & le plaisir qu'il y a de tourner ses pensées vers Dieu.* L'on y voit une relation assez singulière, ou l'on dit 1°. „ Un jeune homme nommé *Philothée*, étoit élevé dans un bourg de l'épire, sans connoître ses parents. Sa curiosité croissant à mesure qu'il grandissoit, il apprit enfin, à force de questions, qu'un accident l'avoit jeté sur le rivage avec une nourrice qui ne vivoit plus ; que son père étoit d'un rang illustre, & se nommoit *Uranius* : mais qu'on ne savoit ni de quel lieu il étoit, ni s'il vivoit encore. ,,

R. Voilà assurément la translation du duc de Bourgogne sur le rivage de la Meuse, comme on l'a vu précédemment.

2°. ,, On lui remit en même-temps un bracelet d'or, trouvé dans son berceau, ou avec le nom d'Uranius, il lut ces deux mots : *pensé & cherche.* ,,

R. Ce sont les instructions des colporteurs de l'enfant, qui furent remises au jeune homme par les deux fils du forgeron. Je les ai données en partie, 1er. tome, page 31 & suivantes.

3°. ,, Cette découverte ne faisant qu'enflammer le
,, désir qu'il avoit d'approfondir son origine, il se dé-
,, roba un jour avec *Euphron*, qui voulut être le com-
,, pagnon de ses aventures, & il alla s'embarquer sur
,, un vaisseau corcyréen, qui le mena droit à Corinthe.
,, Après y avoir fait d'inutiles perquisitions, il résolut de
,, parcourir toutes les villes & tous les ports de la Grèce.
,, Une année entière se passa dans cette recherche. Ar-
,, rivé dans la Phocide, il ne manqua pas d'aller con-
,, sulter l'oracle de Delphes, qui lui répondit qu'il trou-
,, veroit ce qu'il cherchoit dans un pays dont les ha-
,, bitants sont frères. ,,

R. L'on conduisit donc le jeune homme à l'abbaye de Floreffe, ordre de Prémontré ; l'oracle lui dit le 23 Juin 1771 : *j'irai vous voir demain dans votre chambre ;* mais l'abbé de Floreffe, second chef de l'ordre, persuadé que le jeune homme n'étoit point son frère, trahit les intérêts de son pupille, & déroba un bracelet d'or que lui envoyoit son grand'père. Son grand'père s'en plaint amérement dans son codicille, quand li dit *qu'il a été mal secondé dans ses bonnes vues pour la religion*, pour *le religieux*, pour son fils qui étoit *en religion*; c'est le sens de ce passage : on l'a vu précédemment. La vie de madame Louise, page 293, nous fournit la preuve de ce que je viens de dire. „ Quelque préparée que fût madame Louise à la nouvelle de la mort du roi, elle n'en éprouva pas moins, en l'apprenent, la plus cruelle impression de douleur. Mais, s'élevant par la religion au-dessus de la nature, ce ne fut point par de vaines larmes, ce fut par de ferventes prières, par des communions multipliées, par tous les genres de bonnes œuvres, pratiquées à cette intention dans son monastère & dans tous ceux de son ordre, qu'elle s'efforça de faire ressentir les effets de sa tendresse à celui qu'elle chérissoit plus qu'un père, depuis qu'il lui avoit permis d'embrasser un état plus précieux à ses yeux que la vie même. Ce fut aussi dans la religion qu'elle trouva sa consolation. „ Dieu, en exigeant de moi ce sacrifice, écrivoit elle au supérieur de la maison, l'a tellement adouci, & je suis si consolée, quand je pense aux graces singulières que le roi a reçues dans ses derniers momens, & dont il paroît avoir si bien profité, que, s'il dépendoit de moi de le rappeller à la vie, j'avoue que je ne voudrois pas le replonger au milieu des dangers qui assiégent le trône, & risquer une seconde fois son ame... Les difpofitions de fon codicille ne m'étonnent point. Ses fentiments humbles ont touché le fcrutateur des cœurs. Mais l'endroit où il marque, qu'il a *été mal fecondé dans fes bonnes vues pour la religion...* Cela fait trembler. Qu'il eft heureux pour lui que le bon Dieu connoiffe vraiment le fonds des cœurs! Qu'il étoit beau ce cœur! qu'il a été peu connu, & qu'il a été traverfé dans fes bons deffeins! „

4°. „ Cette réponfe étant trop vague pour lui don-
„ ner quelque lumière, il effaya encore de traverfer la
„ mer Egée, & de parcourir les côtes de l'afie. Mais
„ il n'y trouva ni fon père Uranius, ni la fraternité
„ dont avoit parlé l'oracle : il ne voyoit au contraire
„ par-tout que des gens divifés par l'intérêt, envieux,
„ malins & toujours prêts à fe nuire. Oh, que ceci eft
„ différent des lieux que je cherche! difoit Philothée.
„ Pour ne rien négliger, il lui prit envie d'aller encore
„ vifiter la Thrace, où l'on trouvoit quelques reftes des
„ loix & des inftructions du fage Orphée. Il monta
„ pour cet effet fur un vaiffeau qui faifoit route vers le
„ Bofphore. Mais à peine entroient-ils dans le détroit,
„ qu'un furieux vent de midi les empêchant de pren-
„ dre terre, pouffa leur navire bien avant dans le pont
„ Euxin, & le fit échouer fur un banc de fable, non
„ loin de la première bouche du Danube. Chacun dans
„ ce défaftre cherchant à fe fauver, nos deux voyageurs
„ furent des plus heureux : car s'étant faifis chacun d'une
„ planche & de quelques provifions, ils fe laiffèrent
„ aller aux flots, qui dans cinq ou fix heures les jetté-

„ rent fur un beau rivage. Après s'être effuyés au foleil,
„ & avoir rendu graces aux dieux, leur premier foin
„ fut de découvrir fi cette terre étoit habitée. Elle en
„ avoit l'apparence par un air de culture dans la cam-
„ pagne , & par quelques fentiers qu'on appercevoit.
„ Mais Euphron foutint que ces indices ne prouvoient
„ encore rien , & que ce pouvoit être un jeu du ha-
„ zard ou de la nature. Allons donc plus avant , dit
„ Philothée ; que vois-je, des triangles & des figures
„ de géométrie tracées fur le fable ! pour le coup vous
„ ne douterez pas que ce ne foient des pas d'homme.
„ J'en conviens , dit Euphron , d'autant plus que je
„ commence à voir à notre gauche des champs labou-
„ rés , & à droite un bois percé d'allées. Regardez
„ auffi ce coteau chargé de vignes, dont les pampres
„ font relevés fur des ormeaux. Voyez dans l'enfonce-
„ ment du vallon ces prairies artiftement arrofées , &
„ au-deffus un verger qui ne le cède point à celui d'Al-
„ cinoüs. Tout marque ici l'abondance & l'induftrie ;
„ mais je ne vois point encore de maifon. Avancez ,
„ dit Philothée , & vous découvrirez à travers ces ar-
„ bres quelques cabanes , au milieu defquelles s'élève
„ un bâtiment antique ; on le prendroit pour un tem-
„ ple. Quel air de grandeur, & en même temps quelle
„ fimplicité ! „

„ Tandis qu'ils parloient ainfi , ils virent une troupe
„ de bergers qui s'avançoient en danfant & en chan-
„ tant un hymne, la tête couronnée de fleurs, & avec
„ cet air d'allégreffe & d'union qui annonce des gens

„ heureux. Apprenez nous , dit Euphron à l'un d'en-
„ tr'eux, comment ce nomme ce riant féjour, où tout
„ réſpire une joie innocente? ô étrangers, qui que vous
„ ſoyez , répondit le plus âgé d'entr'eux , vous voyez
„ ici le pays d'*Adelphie* , où l'on vit tous comme frè-
„ res, & d'où *Lycurgue* même a tiré ſes meilleures
„ loix. C'eſt aujourd'hui la fête du ſeigneur de ces lieux,
„ que nous célébrons avec la gaieté que vous voyez,
„ parce qu'en effet nous devons à ſes ſoins paternels
„ tout le bonheur de notre vie. Où eſt ſa demeure, &
„ comment ſe nomme-t-il? dit Euphron. Vous voyez
„ ſon palais, répondit le berger; ſon nom eſt *Uranius*.
„ Uranius! qu'entends-je! s'écria Philothée. Pourſuivez,
„ mon bon vieillard, dit Euphron, & dites-nous ce que
„ fait Uranius pour vous rendre ſi heureux. Les loix
„ qu'il a établies, répondit le berger, ſont ſimples &
„ en petit nombre, mais toutes équitables & utiles; il
„ n'y a qu'à les ſuivre pour ſurpaſſer en ſageſſe les phi-
„ loſophes. Il nous aime tous comme ſes enfants; il
„ pourvoit à nos beſoins; il nous corrige avec douceur,
„ il modère nos paſſions, il nous fait aimer la raiſon &
„ la vertu; il nous fait vivre en paix, & il ſe plaît à
„ nous voir unis. Tout ce que vous voyez ſont au-
„ tant d'établiſſements faits de ſa main : d'un coup d'œil
„ il voit tout, d'un ſeul mot il tient tout en régle;
„ chacun l'aime & l'honore comme un père; c'eſt le
„ ſujet de l'ode que nous chantons. Mais à quoi tient
„ il que vous ne jugiez du bonheur de ceux qui vivent
„ avec lui, par l'accueil que vous en recevrez vous-
                        „ mêmes,

„ mêmes, quoi qu'étrangers ? je vais vous y conduire.
„ Allons, dit Philothée, doublons le pas : le ciel en
„ soit loué ! enfin (car je n'en doute plus), j'ai trouvé
„ celui que je cherche. O mon père ! mon cher père !
„ quelle joie de vous connoître, & de trouver auprès
„ de vous le repos qui me fuit depuis si long-temps !
„ de trouver en vous tout à la fois l'auteur de ma naiſ-
„ ſance, un ſage, un protecteur, un ami, un bien-
„ faiteur, un guide ! voici donc ma patrie ; je n'en ai
„ plus d'autre : ô heureuſe rencontre ! ô ſéjour enchanté !
„ rien de plus tranquille que ces lieux, & c'eſt mon
„ père qui y règne....

R. J'arrivai à Verſailles le 7 Juillet 1787 ; il y avoit
trente-cinq ans neuf mois vingt-cinq jours que j'en étois
ſorti ; le 9, à midi, en ſortant de la chapelle du château, je rencontrai ma ſœur Eliſabeth ; elle me reconnut à l'inſtant : on commença, dans le jour à me porter les armes à tous les poſtes : mes trois jeunes frères
marquant ainſi, par leur crédit, qu'ils me reconnoiſſoient
pour leur frère. Pour y retrouver un père, il falloit me
donner une femme qui en eut un vivant ; mon frère
Auguſte me donna ſa fille, le 7 Août, un mois après
que je fus rentré à Verſailles. Nous nous mariames par
procureurs ; mon frère Philippe fut le mien, celui de
mon épouſe fut la femme de mon frère Xavier ; mes
trois frères concoururent à me marier avec une dame de
trop haut rang pour que le fils de Jacques Dachet put
l'épouſer de l'aſſentiment de ſes parents. O mes frères !
ô ma chère patrie ! quel mal vous ai-je fait ! & me laiſ-

ser enlever une seconde fois à la France ! la grande
jeuneffe de ma femme & la pénurie dans laquelle on
me laiffoit, ne contribuèrent pas peu à me déterminer
à me faire emprifonner. La nuit même de mes nôces
j'allai coucher au bivouac dans le jardin de la ducheffe
de Berry au petit Trianon ; à minuit toute fa maifon me
tendoit les bras, tous les cœurs voloient autour de moi;
à deux heures & demie on me mena à Verfailles ; à trois
heures on m'introduifit à la geole ; enfin on me plaça
au no. 4. Les armes de mon père, que l'on venoit d'y
peindre fur les murailles, auroient bien dû me faire voir
que cette chambre me fut préparée du moment que l'on
y pofa un emblême qui parloit à mon cœur : elles auroient dû me convaincre, dès-lors, que j'étois un des
quatre garçons que mon père fe voyoit à la naiffance
du plus jeune de mes frères. Au furplus je n'étois arrivé
que d'un mois, quand l'on m'emprifonna au n°. 4; on
m'y laiffa tranquille l'efpace de trois mois ; au bout de
ce terme, c'eft-à-dire, au bout de quatre mois de mon
arrivée à Verfailles, mes frères & fœurs, le concierge
& fa famille, la cour & la geole fe mirent en mouvement pour me faire appercevoir que le temps des
figures expiroit. La réunion des quatre garçons que mon
père fe voyoit le 9 Octobre 1757, étoit marquée en
grands caractères ; cependant je ne vis bien les fages
difpofitions de mes frères, que dans l'exceffive opiniâtreté que l'on mit à me jeter & me garder étroitement
dans la cruelle prifon des frères Alexiens de Bruxelles.
Mais ce n'eft plus un frère Jofeph Courtois, ni un frère

François Dupaix, qui nous dévoilent le mystère d'iniquité; c'est madame Louise, elle-même, sur la plainte du roi, qui nous fait sentir que le second chef de l'ordre étoit un méchant homme. L'argument est *ad hominem*; présenté sous une autre face, il est plus fort encore. Mon père, ma mère, mon grand'père, les enfants de mes nourriciers, & les deux abbés: tous, respectivement, ont déclaré que je n'étois point baptisé. Nicolas Lecler & ses enfants en ayant été instruits par mes colporteurs, cet infernal secret devoit se communiquer à Jacques Dachet & à sa famille; mais d'où est venue la science des deux abbés, sinon de la prédite lettre de mon grand'père? la mort ayant surpris l'abbé Dufresne à Namur, cette lettre, qui étoit vraisemblablement dans la cassette, passa à son successeur. J'en suis encore aussi persuadé que lorsque je la demandai à l'abbé de Fromentau; il me promit, dans le moment, de la chercher; sa promesse, qui me parut sincère, me fit comprendre le reste. Je m'étois nourri, depuis la mort de l'abbé Dufresne, de l'espoir de l'obtenir quelque jour; frère Louis de Fromentau me l'eût donnée plus que tout autre, mais le prince Eugene étoit encore à la guerre.

LIII. Après avoir satisfait à ce qu'elle devoit à sa famille, la Dauphine regardoit comme un de ses principaux devoirs de veiller sur les officiers qui composoient sa maison: elle étendoit ses soins jusqu'aux derniers d'entre eux; elle les connoissoit tous, & tous savoient qu'il falloit, pour mériter ses bontés, joindre à l'exactitude dans le service, la réputation d'une conduite irréprochable. Elle vouloit fur-tout voir régner parmi eux la bonne intelligence & la fubordination. Ayant appris que deux perfonnes, dont l'une étoit dans fa maifon, avoient fait parler d'elles par une fcene domeftique, elle prit la peine d'examiner elle-même l'affaire; & fur ce qu'elle jugea que le tort étoit du côté de la perfonne attachée à fon fervice, elle lui enjoignit de faire fes excufes à l'autre, de rentrer dans fon devoir, & d'éviter à l'avenir de pareils éclats par fa prudence, & même, s'il le falloit, par fa patience, fous peine d'encourir fa difgrace. L'union & la concorde fuccéderent à la divifion, & fubfiftèrent tant que vécut la Dauphine.

Toujours difpofée à croire le bien, perfonne n'étoit plus réfervé qu'elle à prononcer fur un rapport défavantageux. Si la calomnie la furprit quelquefois, ce ne fut que lorfqu'elle avoit été concertée entre plufieurs, & dans ce cas même, elle démafqua plus d'une fois l'artifice. Quand elle reconnoiffoit l'innocence de la perfonne qu'on avoit voulu perdre dans fon efprit, elle ne faifoit point difficulté d'avouer qu'elle avoit été furprife, ou fur le point de l'être. On l'avoit un jour indifpofée contre un de fes garçons de la chambre, qu'on lui avoit rendu fufpect de larcin; elle le mit à portée de fe juftifier, & il le fit de manière à la fatisfaire. Peu de temps après on imagina de le faire paffer pour imbécille : la Dauphine reconnut encore par elle-même la fauffeté de cette nouvelle imputation : elle en fit retomber toute la confufion fur les calomniateurs; &, afin qu'il ne reftât pas le moindre nuage fur la réputation de l'accufé, elle ordonna qu'il feroit le service de la chambre hors de rang, dans une circonstance privilégiée, & la plus propre à faire connoître à toute sa maison qu'elle l'honoroit d'une entière confiance, & qu'elle étoit convaincue qu'il ne manquoit ni d'intelligence ni de fidélité.

Cette princesse prenoit un soin particulier de ses pages; & l'on peut dire qu'elle leur servoit en tout de mère la plus affectionnée. Elle se croyoit obligée de veiller sur leur éducation : elle se faisoit souvent rendre compte de leur conduite : quelquefois elle les interrogeoit, pour s'assurer par elle-même de leurs progrès dans l'étude des langues, ou des autres sciences auxquelles on les appliquoit; &, d'après ses observations, ou sur le témoignage de leur gouverneur, elle leur distribuoit des éloges ou des réprimandes, des récompenses ou des privations. Le marquis de la Farre avoit mérité son estime par la régularité de sa conduite : elle fut bien-aise de le lui témoigner d'une manière distinguée, le jour qu'il lui feroit présenté en quittant son service; & afin que le compliment flatteur qu'elle lui destinoit servît de leçon à tous ses pages, elle voulut qu'ils en fussent témoins. ,, Continuez, monsieur, lui dit-elle en ,, leur présence, à vous conduire par-tout comme vous ,, avez fait jusqu'ici, & comptez sur mon estime & ma ,, protection. Je me souviendrai, dans l'occasion, du ,, bon exemple que vous avez donné à ces messieurs, ,, par votre exactitude à remplir les devoirs de la reli- ,, gion & ceux de votre place. ,,

L'esprit d'ordre qui dirigeoit la Dauphine lui faisoit

trouver du temps pour tout ; & le soin qu'elle apportoit à régler sa maison, ne parut jamais la distraire de ce qu'elle devoit à son rang & à la famille royale. Jusqu'aux derniers jours de sa vie elle donna ses audiences de cérémonie, comme celles de faveur & de charité. Le sincère attachement que le roi & la reine avoient pour elle, fut toujours payé des plus tendres sentimens, & d'une attention empressée à procurer en tout leur satisfaction. Un jour que la duchesse de Brancas lui parloit d'un certain jeu qui plaisoit à la reine : „ pour „ moi, dit la princesse, je n'en connois aucun qui m'en„ nuie davantage ; mais puisqu'il plaît à la reine, je „ tâcherai d'en faire aussi mon jeu favori „. Nous avons déjà remarqué qu'il régnoit entre elle & les dames de France une confiance d'intimité, & que le plus cher de ses soins étoit de plaire au Dauphin.

Le travail des mains entroit dans le plan des exercices de sa journée. Elle y donnoit un temps déterminé, & elle le faisoit par principe de conscience. Une dame lui disoit un jour qu'elle ne comprenoit pas comment elle pouvoit s'amuser d'un travail auquel elle la voyoit occupée. „ Je vous avouerai, madame, lui répondit„ elle, que je ne m'amuse pas toujours de mon tra„ vail ; mais puisque nous participons au péché d'Adam, „ il est bien juste que nous ressentions aussi quelque „ chose des peines que Dieu y a attachées „. Quoique le jeu fût pour elle un travail plutôt qu'un délassement, elle y prenoit part, quand l'occasion & la bienséance le demandoient. La musique faisoit son plus agréable amufement : peut-être parce que l'harmonie charme & tempere les accès de la douleur. Elle aimoit à donner chez elle de petits concerts, dans lefquels elle faifoit toujours fa partie. Elle jouoit avec goût de plufieurs inftruments : elle touchoit fur-tout le clavecin avec une merveilleufe délicateffe.

Page 406.

LIV. La bonté de fon cœur fe manifeftoit comme naturellement ; & l'on favoit que c'étoit lui faire un vrai plaifir que de la mettre à portée de confoler & de foulager ceux qui étoient dans la peine. Quelquefois, felon la qualité des perfonnes ou la diftance des lieux, elle les appelloit auprès d'elle, elle leur écrivoit, ou elle leur faifoit parler de fa part. Ayant appris qu'une dame qu'elle aimoit étoit dans l'affliction, elle lui écrivit en ces termes : „ je connois, madame, votre fitua-„ tion, & j'ofe à peine entreprendre de vous confoler ; „ mais je prie Dieu de le faire : ne vous laiffez point „ abattre ; je fens qu'il eft plus aifé de donner cet avis „ que de le mettre en pratique ; mais penfez que vous me „ donneriez du chagrin, fi vous vous affligiez à l'excès. „

Elle étoit auffi généreufe que fenfible : elle n'eftimoit l'argent que pour le plaifir de le répandre, & de fecourir des malheureux. Quoique fes revenus fuffent bornés, fes libéralités fembloient immenfes : elle trouvoit dans fes privations le moyen de multiplier fes aumônes & d'étendre fes bienfaits, fans être à charge à l'état. Il étoit rare qu'elle refufât ce qu'on lui demandoit, à moins qu'elle ne crût la demande injufte, ou que fa cassette ne fût épuisée ; car la prudence & la discrétion régloient aussi sa bienfaisance : elle ne vouloit donner que ce qui étoit à elle. Elle n'aimoit point à soulager à demi une personne qui étoit dans le besoin. „ Je l'ai „ souvent vu (dit l'auteur des mémoires d'après les„ quels j'ai travaillé) donner le double de ce qu'on lui „ demandoit. *Il n'y auroit point assez*, disoit-elle: „ *quand on entreprend de soulager quelqu'un, il* „ *faut le faire efficacement* „. Elle ne trouvoit pas mauvais que les mêmes personnes sollicitassent plusieurs fois ses libéralités. Un jour qu'on lui parloit d'une dame à qui elle avoit souvent fait du bien, & qui alléguoit encore de nouveaux besoins. „ Il est vrai, ré-„ pondit-elle, qu'elle revient assez souvent ; mais je sais „ que la pauvre dame est dans la misère, sans qu'il y ait „ de sa faute : puisqu'elle ne cesse pas de souffrir, il ne „ faut pas nous lasser de la secourir : il lui en coûte surement „ plus pour me demander, qu'à moi pour lui donner. „ Afin que ses aumônes fussent appliquées avec plus de discernement, elle avoit coutume de les faire passer par les mains des personnes plus à portée qu'elle de connoître ceux qui en avoient un vrai besoin. Quelqu'un lui ayant témoigné la crainte qu'il avoit de l'importuner par la multiplicité de ses demandes en faveur des malheureux, la princesse lui écrivit : „ loin de „ vous reprocher l'importunité, je vous avoue que je „ vous dois bien de la reconnoissance : nous sommes „ plus obligès que d'autres de secourir les misérables : „ comment le pourrions-nous, si l'on ne prenoit soin „ de nous les faire connoître ? „

A la mort du Dauphin, elle se substitua à ses engagemens de charité, en sorte que quand elle mourut elle-même, ce prince sembla mourir une seconde fois pour une infinité de malheureux. Dans les derniers jours de sa vie, elle fit parvenir des secours considérables à une pauvre communauté près de Villers-Cotterets : elle donna dans le même temps cinquante louis à une personne qui lui étoit recommandée par la duchesse de Noailles, & une pareille somme à une dame de qualité qui se trouvoit dans un pressant besoin. Ce fut sur-tout après sa mort que l'on connut l'étendue de ses libéralités & de ses aumônes : grand nombre de ceux qui y avoient eu part, pleuroient leur bienfaitrice en publiant, les uns les pensions annuelles qu'elle leur payoit, les autres les gratifications qu'elle leur avoit faites.

Elle avoit quelquefois recours aux distributeurs des graces ; mais lorsqu'ils ne pouvoient pas seconder son penchant à faire du bien, elle leur tenoit compte de leur bonne volonté, sachant se consoler chrétiennement de ne pas pouvoir tout ce que lui suggéroit son bon cœur. „ Il est bien juste (disoit-elle dans une de ces „ occasions) que je m'apperçoive quelquefois que je „ n'ai qu'un pouvoir borné, & que Dieu seul est iné- „ puisable dans ses dons „. Elle avoit pour principe de ne demander aucune place dont les fonctions intéressent le gouvernement ; & si elle le fit, ce fut très-rarement, & lorsqu'elle connoissoit parfaitement la nature de la place & l'aptitude du sujet pour la remplir. Mais elle auroit cru commettre une injustice, en interposant son

218

crédit pour procurer à un protégé un de ces emplois qui fe doivent au mérite, ou dont l'état a coutume de faire la récompenfe des fervices. La ducheffe de Brancas lui difoit un jour qu'il lui paroiffoit bien furprenant qu'un officier muni d'un brevet de capitaine de vaiffeau, ne pût pas obtenir l'agrément du miniftre de la marine pour faire la campagne : la princeffe fit appeller le miniftre pour apprendre de lui même les raifons de fon refus : il lui fit connoître qu'il ne pouvoit déférer aux follicitations de la ducheffe pour fon protégé, fans donner l'exclufion à un bon officier déjà en poffeffion de ce grade. ,, Vous avez raifon, monfieur, lui répondit-,, elle, de ne jamais facrifier le mérite à la recomman-,, dation ; & je vous fais gré de ce que, par amour de ,, la juftice, vous avez eu le courage de vous défen-,, dre contre toutes follicitations, & de refufer même ,, une perfonne pour laquelle vous favez que j'ai de ,, l'amitié. ,,

Page 411.

LV. Après une vie fi chrétienne & tant de bonnes œuvres de toute efpèce, la Dauphine ne croyoit pas encore en faire affez pour Dieu : elle s'affligeoit quelquefois jufqu'aux larmes de fa froideur à fon fervice; jamais fon cœur n'étoit fatisfait de fes difpofitions. Lorfqu'elle choifit pour confeffeur l'abbé Soldini, une perfonne qui la connoiffoit particuliérement écrivit à cet eccléfiaftique : ,, vous avez pour pénitente une fainte ,, qui a la tête dans le ciel, & qui fe croit les pieds ,, dans l'enfer ,, On peut dire en effet qu'elle opéra son salut avec cette crainte & cette inquiétude salutaires que recommande l'apôtre, & qui annoncent la vivacité de la foi & la ferveur de la piété. ,, Que cha-,, cun, disoit-elle un jour, pense, raisonne, & agisse ,, comme il lui plaira dans l'affaire du salut ; pour moi ,, je croirai toujours que perdre son ame pour l'éternité ,, est un mal si affreux, qu'une affectation de sécurité ,, à cet égard ne peut être que le comble de la per-,, versité, ou l'effet de la démence ,,. Un ecclésiastique qu'elle faisoit distributeur d'une partie de ses aumônes, lui disoit que Dieu lui tiendroit compte de sa charité envers les malheureux : ,, tout cela, monsieur, lui dit-,, elle, est un peu de bien mêlé de beaucoup de mal ,,. Ce qui animoit & soutenoit sa confiance, c'étoit moins ses bonnes œuvres que les épreuves rigoureuses, & les malheurs multipliés dont la Providence l'affligeoit. ,, Mal-,, gré mes infidélités continuelles, disoit-elle à quelques ,, personnes avec lesquelles elle pouvoit parler le lan-,, gage de la piété, je ne perds pas confiance, & je ,, regarde les différents sujets d'affliction que Dieu m'en-,, voie, comme autant de preuves qu'il ne m'a pas en-,, core rejetée. ,,

Les désordres & les scandales dont elle entendoit souvent parler, l'affectoient aussi vivement que si elle en eût été comptable à Dieu. Un jour que quelqu'un l'entretenoit du progrès que faisoient l'irréligion & le libertinage, à la faveur des productions de la philosophie moderne, elle s'écria dans le premier mouvement de son zèle : ,, ô mon Dieu que vous êtes offensé !

„ vous le ferez donc toujours? oui, monfieur, ajouta-
„ t-elle, je puis vous affurer que fi la chofe étoit en
„ mon pouvoir, dès aujourd'hui tous ces ouvrages em-
„ poifonnés, raffemblés de toute la France, feroient
„ mis en un tas & réduits en cendres „. Comme elle
pouvoit croire que la même perfonne verroit auffi le
Dauphin à ce fujet : „ ne parlez de rien à M. le Dau-
„ phin, lui dit-elle, je vous promets que dès aujour-
„ d'hui le roi fera informé de ce que vous me dites „.
A la fin de l'entretien elle ajouta : „ quand je vous dis
„ de ne pas rapporter à M. le Dauphin ce que vous
„ venez de m'apprendre, ce n'eft pas qu'il ne défire
„ beaucoup d'être inftruit fur tout ce qui intéreffe la
„ religion; mais ces fortes de fcandales, lorfqu'il n'eft
„ pas en fon pouvoir d'y apporter le vrai remede,
„ l'affligent jufqu'à le rendre malade „. Après avoir em-
ployé tout fon crédit en faveur de la religion, elle s'efforçoit de la dédommager en quelque forte, par la ferveur de fa piété, des excès & des défordres dont elle
ne pouvoit pas arrêter le cours.

Le Dauphin qui fe propofoit, fuivant fon plan de
gouvernement, de tarir les fources de l'incrédulité, re-
cueilloit les différents ouvrages par lefquels les impies
de nos jours s'efforcent d'étayer leurs fyftêmes; & la
Dauphine le trouvoit quelquefois occupé de la lecture
de ces fortes de livres; mais jamais elle n'en lut aucun,
elle ne vouloit pas même en entendre parler. Un jour
qu'elle entroit dans le cabinet de ce prince, comme il
en tenoit un à la main : „ écoutez, lui dit-il, le mer-

„ veilleux raifonnement d'un de nos graves philofophes.
„ Cela n'eft pas néceffaire , lui répondit la princeffe ,
„ je fais bien qu'on ne peut que déraifonner en rai-
„ fonnant contre Dieu „. Elle s'étoit également inter-
dit la lecture de tous les livres convaincus ou fufpects
d'erreurs : elle en fit faire une recherche dans fa bi-
bliothèque , & ne voulut pas qu'il en reftât un feul.
La foi pure des fideles étoit la fienne : donnant tout
fon refpect à ce qui tenoit véritablement à l'églife &
au faint Siege , elle n'avoit que du mépris pour le refte.
Les voies les plus communes , en matière de dévotion ,
lui paroiffoient auffi les plus fûres : tout ce qui avoit
quelque apparence de nouveauté ou de fingularité lui
déplaifoit. Pendant la maladie du Dauphin , lorfqu'on
faifoit des prières publiques par tout le royaume , &
qu'elle-même multiplioit tous les jours fes bonnes œuvres pour obtenir de Dieu fa guérifon, quelques dames
de piété lui propofèrent de réclamer l'affiftance d'une
religieufe morte en réputation de fainteté , en lui alléguant plufieurs témoignages de l'efficacité de fon inter-
ceffion : „ je crois bien , répondit la princeffe , qu'en
„ foumettant fa confiance au futur jugement de l'églife ,
„ on peut en fon particulier s'adreffer à certains fervi-
„ teurs de Dieu qui n'ont pas encore été reconnus fo-
„ lemnellement pour faints ; mais je penfe qu'il eft beau-
„ coup plus fûr , & plus dans l'ordre d'invoquer la
„ fainte Vierge & les autres faints, dont le crédit au-
„ près de Dieu n'eft pas équivoque , & que l'églife elle-
„ même nous propofe d'honorer. „

Elle favoit régler fes affaires & diftribuer fon temps de manière à fe trouver habituellement maîtreffe des heures qu'elle deftinoit à Dieu. Si quelque circonftance imprévue l'obligeoit d'interrompre un exercice de piété, il n'étoit que différé; & s'il arrivoit qu'un voyage, ou la fucceffion des obftacles l'empêchaffent d'y fatisfaire dans la journée, elle le faifoit aux dépens de fon repos. Dans les jours où elle étoit le plus occupée, elle ne donnoit pas moins d'une demi-heure à la méditation des vérités du falut. La prière étoit comme l'ame de fa vie. Des faveurs reçues de Dieu, des graces à lui demander, des pertes & des revers à lui offrir, tout étoit pour elle occafion de prier. Souvent à la première nouvelle qu'elle recevoit de quelque fâcheux événement, on la voyoit entrer dans fon oratoire, pour y chercher, au pied du crucifix, des confolations plus folides que celles que peuvent donner la diffipation des entretiens & la variété des fituations. Elle éloignoit avec foin tout ce qui auroit pu la diftraire pendant fes heures de prières, & la porte de fon appartement n'étoit ouverte alors que pour le roi, la reine & le Dauphin.

L'affiftance à la meffe étoit de tous les exercices de fa journée le plus confolant pour fa piété, & celui dont la privation lui eût le plus coûté. A l'exemple du Dauphin, elle demanda pendant fa maladie qu'on lui dît la meffe dans fa chambre; & le jour même de fa mort elle l'entendit encore avec fon recueillement & fa ferveur ordinaire. Mais les jours qu'elle regardoit comme les plus heureux de fa vie, étoient ceux où elle avoit l'avantage de participer plus abondamment aux fruits du facrifice par la communion. Sa préparation pour cette grande action répondoit à la vivacité de fa foi & à l'ardeur de fa piété : après avoir fait tout ce qui dépendoit d'elle, il lui fembloit encore qu'elle n'en avoit point affez fait pour préparer à Dieu une demeure qui pût lui être agréable. Elle étoit fur-tout fenfible-ment touchée du prodigieux abaiffement où Jefus-Chrift fe réduit pour fe communiquer à fa créature. „ Que je „ me fens humiliée, difoit-elle un jour, à l'occafion „ des communions qu'elle faifoit pendant fa maladie, „ quand je confidère que mon Dieu ajoute encore à tou-„ tes fes faveurs celle de venir fe donner à moi quand „ je ne puis plus aller le recevoir. Si je ne craignois „ de faire parler, ajouta-t-elle, & d'attirer à mon con-„ feffeur le reproche d'indifcrétion, je me ferois porter „ à l'églife pour y communier. „

Ce profond refpect, cependant, & ces grands fen-timents d'humilité ne la portèrent jamais à s'éloigner de la communion, mais feulement à ne rien négliger pour y participer avec fruit. Elle croyoit n'avoir témoigné qu'à demi fa reconnoiffance à Dieu pour un bienfait, quand elle ne l'en avoit pas remercié dans la ferveur d'une communion. Elle communioit tous les ans le jour de la préfentation de la fainte Vierge en actions de graces de ce qu'à pareil jour le roi fon père avoit eu le bonheur d'abjurer l'erreur, & d'entrer dans le fein de l'églife romaine. La communion étoit fa grande ref-fource pour toutes les circonftances de la vie ; & c'eft

fans doute dans le faint & fréquent ufage qu'elle en faifoit, qu'elle puifa cette patience inaltérable dans fes
malheurs, & cet efprit de mortification qui la portoit
à embraffer avec joie toutes les pratiques de la pénitence chrétienne.

Bien loin d'éluder, par de vains prétextes, la loi
du jeûne & de l'abftinence, elle y ajoutoit encore des
privations volontaires ; & c'eft de la facilité même
qu'elle auroit eue à fatisfaire fes fens, qu'elle faifoit
naître de plus fréquentes occafions de les mortifier. Elle
donna toujours la préférence aux mortifications de l'efprit fur celles du corps. Payer par un bienfait une injure dont la vengeance lui eût été facile ; fe taire, quand
d'un feul mot elle eût pu réduire la calomnie au filence
& à la confufion ; dérober à la cour la connoiffance
d'une action qui eût été applaudie ; recevoir avec bonté
une vifite incommode qu'elle eût pu facilement éloigner ; c'étoient-là de ces mortifications dont les perfonnes qui l'approchoient de plus près étoient tous les jours
témoins ; & fans doute qu'elle en pratiquoit fouvent de
plus intérieures enco e, & qui n'étoient connues que
de Dieu feul. On peut en juger par le trait fuivant :
pendant fa maladie, le jeune Dauphin fon fils devoit
recevoir la confirmation, & elle défiroit beaucoup d'ê-
tre préfente quand on la lui conféreroit. Le roi avoit
pris l'heure la plus commode pour lui procurer cette
fatisfaction. Les médecins ne trouvèrent pas d'inconvé-
nient à ce qu'elle fe rendît à la chapelle au moment
où le prince recevroit le facrement ; mais ils lui déclarèrent

rèrent qu'elle ne pouvoit pas y rester pour entendre la messe qui devoit se célébrer ensuite. La Dauphine, se voyant privée par-là d'une partie de ses désirs, fit volontairement le sacrifice de l'autre. Elle envoya avertir le roi qu'elle ne se trouveroit pas à la cérémonie; & dans le même temps, il lui échappa de dire à une personne de confiance qui étoit auprès d'elle : ,, puisqu'il ,, plaît à Dieu de me refuser la consolation de l'ame, ,, il est juste, qu'entrant dans ses vues, je me prive ,, moi-même de celle du cœur ,, ; & cette privation, si l'on en juge par sa tendresse pour ses enfants, devoit être pour elle un vrai sacrifice.

Page 415.

L'on a déjà pu remarquer que le duc de Berry, le comte de Provence & le comte d'Artois, trois fils de madame la Dauphine, les seuls qui étoient en France, sont désignés par *les jeunes princes;* l'on voit encore en cet endroit que le duc de Berry, le plus âgé des trois, y est désigné par *le jeune Dauphin*, par antithèse, comme je l'ai dit, au vieux Dauphin, son frère aîné, qui étoit à l'étranger avec tous les droits attachés à sa naissance.

LVI. A tant de vertus par lesquelles la Dauphine s'efforçoit de s'élever à la perfection du christianisme, elle joignoit une extrême défiance de ses propres lumières. Malgré la justesse & la pénétration de son esprit, on ne la vit jamais s'attacher à ses idées, ni s'entêter de ses opinions. On eût dit qu'il ne lui en coûtoit rien pour déférer, même contre son inclination, aux avis des perſonnes éclairées & vertueuſes auxquelles elle avoit donné ſa confiance ; & comme ſi elle leur eût voué une ſorte d'obéiſſance, ſa réponſe ordinaire à leurs repréſentations étoit, *j'obéirai*. Son premier médecin, dont elle connoiſſoit la religion, lui ayant dit que l'obſervance des jeûnes & des abſtinences de l'égliſe nuiroit à ſa ſanté, elle lui répondit : „ vous ſavez que je m'en rapporte là-deſſus à „ votre conſcience : je ſuivrai le régime que vous me „ preſcrirez „ ; & quelques mois avant ſa maladie, comme il lui repréſentoit qu'elle donnoit trop peu de temps au ſommeil, „ je ne l'aurois pas cru, lui dit„ elle „ ; & d'après ſon avis elle donna ſur le champ des ordres pour qu'on la laiſſât huit heures au lit. Pendant la maladie du Dauphin, quelques perſonnes, qui s'intéreſſoient particuliérement à ſa ſanté, & qui craignoient qu'elle ne s'épuiſât par ſes veilles & ſes fatigues, l'engagèrent à fixer l'heure à laquelle elle ſe retireroit dans ſon appartement : elle le fit, mais une nuit, où il étoit ſurvenu au Dauphin une criſe des plus violentes, elle oublia ſa réſolution. Au moment de ſa plus grande inquiétude on vint lui dire que l'heure étoit paſſée : elle regarda ſa montre, & à l'inſtant elle ſe retira.

Toutes les vertus de cette princeſſe ne firent que s'épurer & ſe perfectionner juſqu'à ſa mort. Pendant la dernière maladie du Dauphin, elle donna à toutes les perſonnes de ſon ſexe l'exemple le plus frappant de cette tendreſſe également généreuſe & chrétienne, qui doit attacher l'épouse à son époux. Les médecins, les officiers, & tous ceux qui servoient le prince, se relevoient à certaines heures ; la Dauphine étoit toujours de service pour lui. Tous les jours à sept heures du matin, elle se rendoit à sa chambre, & elle n'en sortoit plus de la journée que pour lui, ou pour aller à la chapelle ; car elle ne manqua jamais d'assister à la messe, & elle alloit réguliérement deux fois chaque jour prier devant le saint Sacrement. Sans aucun ménagement pour sa santé, elle n'avoit d'inquiétude que pour celle du Dauphin, elle ne s'occupoit que de lui. Elle travailloit auprès de son lit ; elle faisoit la conversation avec lui, ou elle gardoit le silence, selon qu'il paroissoit le souhaiter. Elle veilloit à ce que les ordonnances de ses médecins fussent fidélement observées. Elle lui présentoit elle-même les potions & les médicaments qu'il devoit prendre, & il aimoit à les recevoir de sa main. Elle étoit sans cesse attentive à lui procurer la situation la moins incommode : son lit ne se faisoit pas sans qu'elle y mît la main ; & plus d'une fois elle se prêta à des offices plus rebutants encore, mais que sa tendresse & sa religion lui rendoient chers. „ Contribuer par moi-même à son soulagement, disoit-elle, „ est le seul plaisir que je puisse goûter quand il est „ malade. „

Page 424.

LVII. Le Dauphin, malgré l'altération de sa santé, n'omettoit aucun de ses exercices de piété : elle lui fit agréer qu'elle les rempliroit avec lui, dans le dessein de lui épargner ce qu'ils auroient de fatigant. La première fois qu'elle lui fit une lecture : ,, vous êtes la seule, lui dit-,, il, qui me lisiez avec ce ton affectueux qui me tou-,, che : il faut que vous continuiez à être déformais ,, ma lectrice ,,. Elle faisoit avec lui ses prières du matin & du soir; elle lui lisoit le sujet de ses médita-tions ; ils récitoient ensemble l'office de l'église ; & dans un siècle trop célèbre par son impiété, on voyoit les enfants des rois, & les premiers héritiers du premier trône de l'europe, donner au monde un spectacle digne des plus beaux jours du christianisme : on voyoit ces vertueux époux, l'un sur son lit, l'autre à côté, le Dauphin tranquille au milieu de ses souffrances, la Dauphine résignée au fort de sa douleur, s'exhorter mutuellement à bénir le Dieu qui préside à tous les événements, & chercher dans nos divins cantiques ces consolations pures que tout l'enjouement des conver-sations humaines ne portèrent jamais dans une ame.

Le Dauphin, dans la crainte que les fatigues & la trop grande assiduité de la princesse auprès de lui, ne préjudiciassent à sa santé, l'envoyoit souvent prendre quelque repos dans son appartement. La Dauphine alors s'éloignoit de son lit, mais seulement pour se retirer dans un coin de la chambre : aimant mieux contrain-dre, pendant plusieurs heures, tous les mouvements na-turels qui auroient pu déceler sa présence, que d'igno-rer ce qui se passoit, & ce que disoient les médecins. Quand le danger parut plus pressant, quelques person-nes l'engagèrent à le faire connoître au prince : elle se

fentit d'abord une extrême répugnance pour ce douloureux miniftère ; mais fa religion l'emporta, & elle avoit
confenti à s'en charger, quand un médecin, fuivant l'ordre formel qu'il en avoit reçu du Dauphin, lui fit part
de fon état. Une plus rude épreuve étoit réfervée à la
vertu & au grand courage de la princeffe : la nuit fuivante il furvint au malade un étouffement fi violent, que
l'on crut qu'il rendoit les derniers foupirs : la frayeur
avoit tellement troublé les efprits & faifi tous les cœurs,
qu'on fembloit avoir oublié ce que la charité demande
en pareille circonftance : perfonne ne penfoit à dire au
mourant un feul mot de confolation. La Dauphine alors,
s'élevant par la religion au-deffus des fentiments vulgai-
res de la nature, retient fes larmes, étouffe fes foupirs,
& femble puifer, dans l'excès même de fa douleur, des
forces & un courage qui manquent à tous les affiftants :
elle fe leve, elle prend en main un crucifix que le
Dauphin avoit fait attacher au pied de fon lit, elle le
lui colle fur les levres, elle le lui tient devant les yeux ;
&, avec ce zèle tendre & empreffé, qui porte la confiance dans une ame, elle ne ceffe de l'exhorter au facrifice de fa vie que quand le calme a fuccédé à cette
terrible crife ; alors la violence qu'elle s'étoit faite lui
caufa une forte de défaillance, qui l'obligea de s'éloigner du lit du malade pour reprendre fes efprits ; &
quand la joie commençoit à renaître dans tous les cœurs,
elle fe mit à pleurer. Le Dauphin fentoit tout le prix
d'une tendreffe fi généreufe & fi chrétienne ; il l'admi-
roit fouvent, il ne fe laffoit pas d'en parler : „ quand

„ digne femme ! difoit-il à cette occafion ; après avoir
„ fait le bonheur de ma vie , elle m'aide encore à
„ bien mourir. „

Quoique les foins affidus qu'elle prodiguoit à fon
époux paruffent ne rien coûter à fa tendreffe , la nature
cependant fouffroit & s'épuifoit infenfiblement. La mort
de ce prince , à la fuite de tant de fatigues & de tous
fes malheurs paffés , fut le dernier coup qui l'accabla.
Quand on lui en porta la nouvelle , elle en fut auffi
confternée que fi elle n'eût pas eu lieu de s'y attendre.
Elle étoit alors chez madame Adélaïde : les princes &
princeffes fes enfants étoient raffemblés autour d'elle:
dans l'excès de fa douleur elle garde un morne filence,
elle jette fur eux des regards de tendreffe & de pitié;
& , pénétrée de leur malheur comme du fien propre,
elle fuccombe & s'évanouit. Quelque temps après on
lui apprend que le Dauphin , par fon teftament, a choifi
la métropole de Sens pour lieu de fa fépulture, elle va
fur le champ prier le roi d'ordonner qu'elle fera enterrée à fes côtés. Louis XV ne fe contenta pas de lui
accorder cette fatisfaction, il s'efforça de la confoler par
mille marques de tendreffe; & , comme fi la mort de
fon époux la lui eût rendu plus chère encore, il fit
augmenter le nombre de fes gardes : il lui donna un
appartement qu'elle parut défirer au-deffous du fien,
& l'on y pratiqua par fes ordres un efcalier de communication. Confulté fur le rang qu'elle tiendroit déformais à la cour , il répondit : „ il n'y a que la
„ couronne qui puiffe décider abfolument du rang : le

„ droit naturel le donne aux mères fur leurs enfants;
„ ainfi madame la Dauphine l'aura fur fon fils jufqu'à
„ ce qu'il foit roi. „

Page 427.

LVIII. La reine & les dames de France contrai-
gnoient leur douleur, & fembloient l'oublier pour ne
s'occuper que de celle de la Dauphine : elles s'efforçoient d'en modérer l'excès, par leur affiduité auprès
d'elle & les foins les plus empreffés. Elles la tiroient,
le plus fouvent qu'il leur étoit poffible, du fombre appartement qu'elle occupoit : elles la prenoient alternativement dans leurs carroffes, pour la diftraire par la
promenade. Madame Adélaïde tenta tous les moyens,
fit ufage de toutes les reffources de l'amitié, pour ouvrir fon cœur à la confolation, & en bannir la trifteffe.
Elle paffoit auprès d'elle les journées entières : elle fe
privoit de la fociété des princeffes fes fœurs, pour lui
tenir compagnie pendant fes repas : elle l'obligea, malgré fes délicateffes à cet égard, à reprendre, après fon
deuil, fes petits concerts, le feul amufement qui eût
pour elle quelque attrait. La reconnoiffance de la Dauphine répondoit aux empreffements de fa généreufe &
fidelle compagne : elle lui faifoit quelquefois des reproches d'amitié, de porter trop loin pour elle fes attentions & fes complaifances : mais elle lui avouoit en même-
temps que tout cela ne pouvoit pas encore lui faire oublier qu'il manquoit un troifième, également cher à toutes deux.

Le premier foin de la Dauphine, après la mort de

fon époux, fut de faire offrir pour lui le faint Sacrifice en plufieurs endroits. Elle voulut lire toutes les pièces qui furent compofées à fa louange, latines & françoi, fes, imprimées & manufcrites; ce qui ne contribua pas peu à entretenir pendant plufieurs mois toute la viva-cité de fa douleur.

On s'appercevoit de jour en jour du dépériffement de fa fanté. Son teftament, qui eft daté du 3 de Fé-vrier 1766, environ fix femaines après la mort du Dauphin, femble annoncer qu'elle avoit dès-lors un preffentiment de fa mort prochaine. On n'épargna rien pour procurer fon rétabliffement : les plus célèbres mé-decins de Paris furent appellés pour conférer avec ceux de la cour. La princeffe fe foumit avec une patience admirable, à plufieurs régimes qu'on lui prefcrivit fuc-ceffivement, & qui furent tous également inefficaces. Une fievre lente, accompagnée d'une toux feche, la confumoit infenfiblement.

Une de fes grandes confolations, dans cet état, c'é-toit de s'entretenir de vive voix ou par écrit, avec les perfonnes que fon époux avoit le plus honorées de fon eftime. Le faint évêque d'Amiens, M. de la Motte, étoit de ce nombre. On ne peut rien voir de plus édi-fiant que les deux lettres fuivantes qu'elle lui écrivoit, l'une en date du 11 Mai 1766, la feconde du 6 Jan-vier 1767.

,, C'eft avec une vraie confolation, monfieur, que ,, j'ai reçu votre lettre. Je ne craindrai point de vous ,, ouvrir mon cœur, & de vous avouer que mon efprit

„ eſt encore trop attriſté pour pouvoir m'arracher du
„ lit où j'ai vu preſque expirer ce que j'avois de plus
„ cher au monde. Mon cœur & mon eſprit m'y rame-
„ nent ſans ceſſe, & je vous avoue encore plus : c'eſt
„ que je ſuis trop foible pour m'en défendre. Ce n'eſt
„ pas cependant que je ne penſe ſouvent au bonheur
„ dont il jouit. Hélas ! ſi je n'avois cette eſpérance, je
„ n'aurois pu ſoutenir mon malheur. Je vous prie inſ-
„ tamment, monſieur, de prier le bon Dieu pour moi,
„ afin que ma douleur ſoit toujours ſelon ſa ſainte vo-
„ lonté, & qu'il me faſſe la grace d'en profiter, pour
„ avoir part un jour à ſes miſéricordes. Continuez, je
„ vous prie, à me donner vos conſeils, je me ſens
„ le plus grand déſir de les ſuivre. J'ai remis à l'abbé
„ Soldini un livre des offices que M. le Dauphin a
„ fait ; je ne doute pas qu'il ne vous l'ait déjà envoyé.
„ Je vous prie, monſieur, d'être bien perſuadé des ſen-
„ timents d'eſtime & de vénération que j'aurai toute
„ ma vie pour vous. MARIE-JOSEPHE. „

„ Si vous ſaviez, monſieur, la conſolation que me
„ donnent vos lettres, vous ne ſeriez pas ſi diſcret à
„ attendre les occaſions : celle qui m'a procuré votre
„ dernière a été bien conſolante pour moi... Quoique
„ ma douleur ſoit toujours bien vive, & que la nature
„ me faſſe ſentir quelquefois avec force la perte que
„ j'ai faite, je ne me refuſe à rien de ce que mon rang
„ exige ; je tâche, autant qu'il m'eſt poſſible, d'être
„ gaie quand je ſuis avec le roi ou meſdames ; mais,
„ outre que cette gaieté n'eſt pas dans mon cœur,

„ l'affoiblissement de mes forces m'en ôte aussi. Je
„ vous assure que, depuis que j'ai commencé à être
„ malade, je continue à prendre tel remede qu'on me
„ prescrit. Tout ce que je demande au bon Dieu,
„ c'est de profiter de la santé ou de la maladie pour
„ le salut de mon ame & l'accomplissement de sa sainte
„ volonté. C'est la grace que je vous prie de lui de-
„ mander pour moi. J'ai grand besoin des prières des
„ saintes ames. Vos avis & vos conseils, monsieur, se-
„ ront toujours reçus avec empressement & reconnois-
„ sance. „

MARIE-JOSEPHE.
Page 431.

LIX. La Dauphine, malgré ses infirmités, ne tint
pas le lit; elle ne changea rien à son genre de vie ordinaire; elle suivit toujours avec le même zèle l'éducation des jeunes princes. Elle admettoit tous les jours
les personnes qui avoient les entrées chez elle; elle
recevoit les ambassadeurs; elle écoutoit ceux qui avoient
quelques affaires à lui communiquer, ou quelques besoins à lui exposer; elle multiplioit ses bonnes œuvres
& ses exercices de piété : tous ses fonds étoient em-
ployés à soulager les malheureux, & son crédit à les
protéger. Voulant, à l'exemple du Dauphin, laisser sa
cassette vide, & ne rien posséder en propre à sa mort,
elle disposa pendant sa vie de tout ce qui lui appartenoit : elle légua à l'abbaye de la Trappe une somme de
dix mille francs, pour qu'il y soit dit tous les jours, à
perpétuité, une messe pour le repos de son ame &

de celle du Dauphin. Le jour qu'elle étoit entrée dans son grand deuil, elle avoit consacré à Dieu sa viduité par la communion. Plus détachée que jamais de la terre, qui n'avoit été véritablement pour elle qu'une vallée de larmes, elle ne soupira plus qu'après le ciel : elle s'occupa uniquement du soin de s'y préparer une demeure. Au milieu des agitations d'une cour dissipée, on la voyoit retracer toutes les vertus des saintes veuves qui honoroient les premiers siècles de l'église : il ne lui échappoit pas la moindre faute délibérée : la seule apparence du mal l'effrayoit : son union avec Dieu étoit habituelle, ses communions étoient fréquentes.

Cependant, tant de vertus, tant de bonnes œuvres, des jours sanctifiés par tant de sacrifices & d'épreuves, ne la rassuroient point encore contre les frayeurs de la mort. Le Dauphin, comme nous l'avons vu, envisageant ce dernier passage en philosophe chrétien, le craignoit si peu, qu'étonné lui-même de sa sécurité, il demandoit si elle ne seroit pas une illusion de l'esprit de mensonge ? pour elle, aussi vertueuse & aussi détachée de la terre que ce prince, elle craignoit excessivement que sa vie ne fût terminée par une mort toute différente de la sienne. Quelqu'un à qui elle faisoit connoître combien elle redoutoit les jugements de Dieu, lui rappelloit la constance & la fermeté du Dauphin. „ Quel » parallele ! s'écria-t-elle, c'étoit un Saint ; & moi je » ne suis qu'une pécheresse ! non, ajouta-t-elle, quand » je pense au compte que je dois bientôt rendre à la » justice de Dieu, il n'y a que l'amour immense qu'il

„ me témoigne, en se donnant à moi dans la commu-
„ nion, qui soutienne ma confiance en ses miséri-
„ cordes. „

Cette crainte de la Dauphine étoit, comme l'on
voit, bien différente de ces sentiments stériles qu'éprouvent les ames mondaines aux approches de la mort:
en la craignant elle s'y préparoit ; & quoiqu'en aucun
temps de sa vie elle n'eût perdu de vue ce terme inévitable, & que depuis la mort du Dauphin, elle en
eût fait le sujet le plus ordinaire de ses réflexions, elle
crut qu'elle devoit alors s'en occuper plus particulière-
ment encore. „ Je touche à ma fin, disoit-elle un jour,
„ il est temps que je fasse ma préparation prochaine
„ à la mort „. Elle la commença le jour de la Puri-
fication de la sainte Vierge, dans la ferveur d'une communion. Depuis ce temps-là elle voulut que son confesseur se rendît auprès d'elle deux fois chaque jour,
pour l'entretenir du bonheur d'une sainte mort, & des
moyens de la mériter. Tous les jours elle en demandoit à Dieu la grace dans le saint Sacrifice.

Quoiqu'elle eût communié plusieurs fois dans sa
chambre pendant sa maladie, elle ne le fit qu'une fois
en viatique : elle voulut, les autres fois, le faire à jeun
par respect pour le Sacrement, & sans l'appareil d'une
administration publique, pour épargner à la famille
royale un spectacle affligeant. Pour entrer dans l'esprit
de l'église, & participer, par l'union de ses souffrances, aux graces attachées à la pénitence publique du
carême, elle consacra cette sainte carrière par une

communion qu'elle fit le jour des cendres. Le même jour, par une dévotion (*) particulière envers faint François Xavier, elle commença les exercices fpirituels prefcrits par les fouverains pontifes pour gagner les indulgences. L'abbé Soldini, prenant de là occafion de lui rappeller la réfignation avec laquelle cet apôtre des Indes avoit accepté la mort, à la vue de la Chine qu'il défiroit ardemment de gagner à Jefus-Chrift, lui dit : „ pour vous, madame, ce que vous regarderiez en ce „ moment comme la plus précieufe conquête, ce fe- „ roit de pouvoir mettre la dernière main à l'éducation „ de vos enfants ; mais fi Dieu demandoit de vous que „ vous ajoutaffiez encore ce dernier facrifice à tous les „ autres ?...... Ah ! répondit-elle auffi-tôt, je ne dé- „ fire rien tant que l'accompliffement de fa fainte vo- „ lonté ; je m'y foumets de tout mon cœur, & je me „ repofe abfolument fur lui feul du foin de mes en- „ fants. „

Son premier médecin, à qui elle avoit expreffément ordonné de l'avertir, dès qu'il appercevroit que le danger de fon état deviendroit plus preffant, le fit huit ou dix jours avant fa mort ; mais comme il ne s'étoit pas expliqué en termes bien pofitifs, il crut qu'il n'avoit pas été entendu de la princeffe : il le dit à fon confeffeur, qui lui en parla plus ouvertement : „ j'ai fort

---

(*) Elle étoit fondée sur un bienfait spécial, attribué par sa famille à la protection de ce Saint, et dont un tableau conserve la mémoire dans la maison de Saxe.

„ bien compris, lui répondit-elle, ce que m'a voulu
„ dire mon médecin ; mais comme je voyois son em-
„ barras, je n'ai rien négligé pour ne pas l'attrister da-
„ vantage. „

Page 435.

LX. Cependant on s'étonnoit qu'une princesse d'une
si grande piété, connoissant le danger de son état, ne
parlât point de recevoir ses derniers Sacrements : quelques personnes même, par un zèle plus empressé que
charitable, commençoient à en murmurer, & accusoient
ouvertement son confesseur d'user de ménagements qui
n'étoient plus de saison, & qui pouvoient scandaliser le
public. L'abbé Soldini fit part à la Dauphine de ces inquiétudes de la cour : „ je sais, lui répondit-elle, que
„ je dois, avant de mourir, un hommage public à la
„ religion ; mais on ne fait pas attention que si je com-
„ munie en viatique, je ne pourrai plus, suivant l'u-
„ sage du diocèse, communier que dix jours après ;
„ & puis-je me promettre de vivre encore dix jours ?
„ ainsi je désirerois, quoiqu'on en dise, faire encore
„ demain une communion à jeun & en particulier,
„ qui me servira de préparation à celle que je ferai
„ ensuite en viatique : j'ai besoin, ajouta-t-elle, d'être
„ fortifiée puissamment pour ce dernier passage „. Elle
communia en effet le lendemain mercredi, comme elle
l'avoit désiré ; & le dimanche suivant elle fut adminis-
trée publiquement. Elle donna elle-même tous les ordres nécessaires pour la cérémonie, & tout le temps
qu'elle dura, tandis que le roi & la famille royale fon-

doient en larmes, on remarqua en elle le même contentement & la même sérénité qu'on avoit admirés dans le Dauphin. Elle avoua qu'elle n'avoit jamais goûté dans une plus douce paix le bonheur de posséder son Dieu. Sa préparation pour le recevoir avoit duré deux heures, son action de graces l'occupa le reste de la journée. Dans l'après-midi elle dit à son confesseur : ,, il ,, me semble que j'aurois assez de courage en ce mo- ,, ment pour faire mes derniers adieux à mes enfants; ,, mais ce jour-ci doit être tout pour Dieu ; je les ver- ,, rai demain ,,. Elle fit venir d'abord les princes: elle se proposoit de leur donner elle-même ses dernières instructions ; mais dès qu'elle les vit, ses entrailles s'é- murent, elle n'en eut pas la force : trois princes, trois enfants, qui avoient perdu leur père & qu'elle alloit laisser sans mère : leur malheur, leurs larmes, leur enfance, il n'en falloit pas tant pour lui faire sentir qu'elle étoit mère, & la pénétrer de la plus profonde douleur: il ne lui fut possible, en ce moment, de leur parler que le langage muet de la tendresse & de la religion : elle leur donna sa bénédiction en versant des larmes. Son confesseur alors, s'acquittant en son nom du devoir que son attendrissement ne lui permettoit pas de remplir, leur dit : ,, messeigneurs, madame la Dau- ,, phine m'ordonne de vous dire qu'elle vous donne sa ,, bénédiction de tout son cœur, & qu'elle prie le Sei- ,, gneur de vous combler de toutes les siennes. Elle ,, vous recommande de marcher devant Dieu dans la ,, droiture de votre cœur ; d'honorer le roi & la reine ;

„ de les consoler en retraçant à leurs yeux les vertus
„ de votre auguste père; de ne vous écarter jamais des
„ sages avis que vous donnent les personnes qui sont
„ chargées de votre éducation, & de vous souvenir
„ de prier Dieu pour elle. „

Ce ne fut que le lendemain qu'elle vit les deux
princesses : elle leur donna également sa bénédiction.
Elle les exhorta elle-même à profiter de la bonne éducation qu'on leur donnoit, & à prier Dieu pour elle
après sa mort. Madame Clotilde, déjà en âge de sentir la grandeur de sa perte, exprima sa douleur par
des cris qui retentirent dans tout l'appartement. La
Dauphine voulut encore voir quelquefois les jeunes
princes : elle s'occupa d'eux jusqu'aux derniers instans
de sa vie : elle les recommanda cent fois aux personnes qui avoient part à leur éducation, à tous ceux qui
les approchoient, & d'une manière toute particulière à
madame Adélaïde, qu'elle conjura, par la tendre amitié qui les avoit unies, de leur servir désormais de père
& de mère, & de les aider de ses bons conseils.

Elle passa la nuit du jeudi au vendredi dans les douleurs les plus aiguës. Elle avoit de moment à autre,
des étouffemens qui la jetoient dans une sorte d'agonie.
Dès que le calme revenoit, elle portoit les yeux sur
son crucifix, elle élevoit son cœur à Dieu, & lui adressoit ses prières. S'étant rappellée que ce fut à pareil
jour que le Sauveur du monde souffrit pour l'amour
des hommes : „ je vous rends graces, ô mon Sau-
„ veur, s'écria-t-elle, de m'avoir ménagé cette con-
„ formité

„ formité avec vous , & je vous conjure d'unir mes
„ souffrances aux vôtres. „

Le matin l'oppression fut moins violente , mais les
accès de toux furent fréquents & cruels. Elle demanda
néanmoins qu'on lui dît la messe , qu'elle entendit avec
sa piété & son recueillement ordinaires. Elle eut , quelque temps après , un entretien avec l'archevêque de
Paris ; & , à l'exemple du Dauphin, elle voulut , quand
il prit congé d'elle , qu'il lui donnât sa bénédiction.

L'après-midi il lui survint une sueur froide , dans un
moment où le roi & les dames de France lui faisoient
leur visite : elle leur en témoigna de l'inquiétude, mais
les médecins la rassurerent. Une heure après , son confesseur s'appercevant qu'elle agonisoit, lui dit : „ ré-
„ jouissez-vous, madame , vous allez, en échange d'une
„ vie passée dans la tristesse & les larmes , commencer
„ un règne éternellement heureux „. A ces paroles,
la pensée du prochain jugement de Dieu causa encore
à la princesse un mouvement de frayeur assez violent ,
mais qui dura peu. La religion ranimant sa confiance ,
elle parut plus tranquille que jamais ; elle offrit à Dieu
ce dernier sacrifice , dans les sentiments de la plus parfaite résignation. Elle dit à son confesseur : „ vous di-
„ rez au roi que je lui renouvelle en mourant mes
„ remerciements de toutes les bontés qu'il a eues pour
„ moi tout le temps que j'ai passé en France „. —
„ Allons , dit elle ensuite , il est temps qu'on récite
„ pour moi les prières des agonisants „. Elle s'y unit
de cœur & de bouche. Quand elles furent récitées ,

elle demanda au cardinal de Luynes , à l'évêque de Verdun & à son confesseur , qu'ils l'entretinssent successivement , & qu'ils récitassent des prières au pied de son lit. Elle suivoit les exhortations & les prières avec la plus grande attention. Elle avoit les yeux fixés sur son crucifix : elle le colloit souvent sur ses lèvres, avec l'expression de la piété la plus affectueuse. C'est dans ces sentiments , & en conservant toute sa connoissance jusqu'au dernier soupir , que cette vertueuse princesse termina , par une mort paisible , une vie passée dans l'amertume & la douleur : ce fut le vendredi 13 de Mars de l'année 1767. Elle étoit âgée de trente-cinq ans trois mois neuf jours.

Page 440.

LXI. Dans son testament , elle faisoit plusieurs legs d'amitié & de reconnoissance , tant à la famille royale qu'aux personnes qui avoient eu part à sa confiance & à celle du Dauphin. Elle recommandoit au roi les officiers de sa maison : elle lui rappelloit la parole qu'il lui avoit donnée de la faire enterrer auprès du Dauphin : elle le prioit de ne rien changer à l'éducation des princes ses fils, & de donner tous ses soins pour ne mettre auprès d'eux, au temps de leur mariage , que des personnes qui aient la crainte de Dieu & l'amour de la religion.

Page 446.

R. C'est le 13 Mars 1767 , que meurt madame la Dauphine *en priant le roi de ne rien changer à l'éducation des princes ses fils ; c'est tout dire : l'a-*

teur de fa vie a rempli fa tâche. *Auffi religieufe que la mère de Samuel*, madame la Dauphine n'aura pas vu, en mourant, qu'elle alloit bouleverfer fa France par fon exceffive piété.

J'avois à faire voir que le roi a écrit au duc de Bourgogne le 14 Juin 1771, & que fa lettre ne lui a pas été remife; il me faudra revenir fur la première partie de la propofition pour démontrer la feconde.

Nous avons déjà dit, tome 4, page 320, qu'à la mort de monfeigneur le Dauphin le 20 Décembre 1765, lorfqu'on apprit à madame la Dauphine, que le Dauphin, par fon teftament, avoit choifi la métropole de Sens pour lieu de fa fépulture, elle alla fur le champ prier le roi d'ordonner qu'elle feroit enterrée à fes côtés. Louis XV ne fe contenta pas de lui accorder cette fatisfaction, il s'efforça de la confoler par mille marques de tendreffe; &, comme fi la mort de fon époux la lui eût rendu plus chère encore, il fit augmenter le nombre de fes gardes : il lui donna un appartement qu'elle parut défirer au-deffous du fien, & l'on y pratiqua par fes ordres un efcalier de communication. Confulté fur le rang qu'elle tiendroit déformais à la cour, il répondit : „ il n'y a que la couronne qui puiffe décider abfolument du rang : le droit naturel le donne „ aux mères fur leurs enfants; ainfi madame la Dauphine „ l'aura fur fon fils jufqu'à ce qu'il foit roi „. Mais on voit, par la propre lettre de madame la Dauphine, que nous avons donnée ci-deffus, feuille 13, lettre N, page 198, qui eft la première de fes trois lettres à

M. de la Motte, que *son fils*, qui devoit succéder à Louis XV, étoit le duc de Bourgogne. Ce qui est admirable, c'est que, dans mon enfance, je n'eus que deux amis à Namur, M. Louis Batis, demeurant rue des jésuites, fils du greffier du conseil de Namur; & M. de la Motte, demeurant *au prince Fréderic*, marché de l'Ange, fils d'un marchand de chapeaux. Marquoient-ils la vive affection de mon père & de ma mère & l'intérêt de mon grand'père?

Le roi avoit déjà comme révoqué le duc de Bourgogne le 27 Mars 1766, en cassant les arrêtés qui l'avoit revêtu de noms étrangers. Il fit plus dans sa sagesse; il le révoqua formellement par lettre du 14 Juin 1771. Il lui mandoit : ,, vous n'avez pu faire profes- ,, sion, ni prendre aucun autre engagement sacré; ainsi ,, revenez ici par le chemin le plus court, je le veux ,, Monseigneur le Dauphin sembloit exiger, par sa lettre du 5 Septembre 1765, que son fils eut à justifier des temps & lieux; le roi, au contraire, passant sur toute justification préalable, lui mande, purement & simplement, de retourner à Versailles par le chemin le plus court.

Je ne puis assurer que la Clef du cabinet insinue que le roi a écrit au duc de Bourgogne le 14 Juin 1771; je ne l'ai vu que jusqu'en l'an 1766; mais l'écu de six francs frappé à Paw l'an 1771, le marque sensiblement. Frappé au même hôtel & au même coin que l'écu de l'an 1765, il a les mêmes caractères, il ne diffère que par le point, ce point est d'un grand sens;

que marque t'il ? point de justification, point de pusil-
lanimités , point de délais ; revenez seulement , & revenez sur le champ !

Ne seroit-il point démontré , ni par la Clef du cabinet , ni par le prédit écu des six francs ; nous n'aurions
qu'à ouvrir le codicille de Louis XV ; nous y verrions
un roi mourant , & plein de lui-même , qui se plaint
amèrement que l'abbé de Floresse l'a mal secondé dans
ses bonnes vues pour la religion ; or qu'entend-il par
la religion , sinon le religieux, celui qui étoit en religion , le duc de Bourgogne : car , suivant la vie de
madame Louise , page 258 , il s'agissoit *d'une heureuse
métamorphose ;* mais la religion est immuable , & la
profession indissoluble ; il s'agissoit donc de lui faire
changer d'habit , de domicile , de le tirer de la captivité , de le rendre à la France.

Voudroit-on plus encore ? la chronologie de M. le président Henault, partie 5, page 138, montre d'abord que
le roi lui a écrit dans le mois de Juin 1771 , & puis elle
insinue que ce fut à pareil jour que ce sont mariés le comte
& la comtesse de Provence, qui se sont mariés le 14 Mai:
que ce fut par conséquent le 14 Juin. On marque encore,
même page, que ce fut le 14 , par le serment que l'on fit
prêter, „ au premier président , & à quatre présidents „.
Nous avons déjà observé que celui qui fut chargé de
remettre cette lettre au duc de Bourgogne, la vendit
soixante louis d'or , & que celui qui l'acheta , la garda
sans lui en parler. Si , comme on le voit par la vie de
madame Louise , page 293 , le roi fut instruit de ce

maniment; les suppressions, qui paroissent en avoir été la suite, marqueroient, ou la désobéissance matérielle du duc de Bourgogne, ou la punition que méritoient les deux grands coupables. Toutefois, seize ans après, la cour de France avoit encore l'air de penser que le duc de Bourgogne avoit reçu la lettre du roi. Ce que me fit le 13 Julliet 1787, dans la chapelle du château de Versailles, la comtesse de Provence, que l'on apelloit *madame seconde*, marquoit que le duc de Bourgogne n'avoit pas plus respecté la lettre de son grand-père, que celle de son père; j'ai parlé ailleurs du fait & des circonstances. Mais je n'ai pas encore dit, que la nation plus éclairée, ou mieux instruite, fit voir, quelques années après que l'on m'eut éliminé, qu'elle ne pensoit point comme la cour. Joseph II, né le 13 Mars 1741, roi des romains le 3 Avril 1764, empereur le 18 Août 1765, me l'avoit déjà montré dans le mois de Juin 1781, par sa visite à M. la marquise d'Herzel, sœur du marquis de Treizegnies, demeurant au couvent des bénédictinnes à Namur, & par sa visite à madame Louise au couvent des carmélites à saint Denis; mais je n'avois rien vu alors d'aussi frappant qu'aujourd'hui. Non, personne ne m'a montré plus sensiblement le secret de la cour, que Napoléon, en prennant M. Joséphine de Beauharnais, & Marie-Louise d'Autriche; c'est-à-dire, en prennant une françoise & une autrichienne. C'est ainsi que le nom de Pierre-Joseph Dachet, qui fut donné au fils de Jacques Dachet, couvrit le fils aîné de Mgr le D. Qu'avions-nous besoin de recueillir de nouvelles preuves de ce trifte événement, quand il étoit avéré par les dépofitions de frère Jofeph Courtois & de frère François Dupaix. Cependant, pour ne rien laiffer à défirer, je donnerai ici l'inftallation du parlement de Paris, le mariage de monfieur & madame, & un relevé des dates & des perfonnes employées dans la fuppreffion de quelques autres parlemens.

1771. Lit de juftice tenu à Verfailles, le 17 Avril. Le roi fait publier trois édits : le premier portant fuppreffion, rembourfement & nouvelle création d'offices dans le parlement de Paris ; cet édit fut enregiftré au châtelet de Paris le 4 Mai. Le fecond édit portoit fuppreffion de la cour des aides de Paris, & le troifième fupprimant le grand confeil, établiffoit les magiftrats qui compofoient ce tribunal, confeillers au parlement. Le même jour, le chancelier de Meaupeou inftalle les nouveaux membres du parlement, & fait prêter ferment au premier préfident, à quatre préfidents & à vingt-cinq autres officiers de ce tribunal.

Le 14 Mai, monfeigneur le comte de Provence, *monfieur*, époufe, dans la chapelle du château de Verfailles, la princeffe Marie-Jofephine-Louife de Savoye ; l'archevêque de Rheims, grand aumônier de France, fait la cérémonie du mariage.

Edit du mois de Juin, enregiftré au parlement, le 17 du même mois, portant création des confervations des hypothèques fur les immeubles réels & fictifs, & abrogation des décrets volontaires. Cet édit contient trente-huit articles, à la suite desquels est annexé un tarif des droits qui se percevront pour la conservation des hypothèques sur les rentes constituées par les particuliers, sur leurs immeubles, ainsi que de ceux qui seront levés sur les actes de ratification. Autre édit enregistré le 19 du même mois, portant que toutes poursuites & procédures faites, & tous arrêts ou jugements rendus depuis le 16 Décembre 1756 jusqu'à ce jour, contre des ecclésiastiques, à l'occasion des dernières divisions, demeureront sans aucune suite & sans effet; en conséquence, que ceux contre lesquels ces procédures avoient été faites, ou les arrêts ou jugements auroient été rendus, rentreront dans leurs fonctions & leur état.

Le 5 Août, le maréchal duc de Lorge, lieutenant-général & commandant en Franche-comté, & M. Bastard, conseiller d'état, se rendent au parlement de Besançon. Ils font enregistrer un édit, portant suppression & remboursement des offices de ce parlement. Le 8, les mêmes commissaires du roi font publier & enregistrer un autre édit, portant création dans ce parlement de quarante-un offices sans finance, avec gages & appointement, à la charge de rendre la justice gratuitement. Ils installent en même-temps les nouveaux magistrats.

Le 13 du même mois, le chevalier de Muy & M. de Caumartin, intendant de Flandre & Artois, font enregistrer, au parlement de Douai, un édit portant suppression de cette compagnie, remboursement des offices & réunion au conseil supérieur d'Arras, en attendant que le roi ait établi un conseil pour les provinces de Flandre & Hainault : le conseil supérieur de Douai fut installé le 14 Octobre suivant.

Ordonnance du roi, du 4 Août, par laquelle les noms de milices & de miliciens, sont abrogés & changés en ceux de régimens provinciaux & de soldats provinciaux.

Le 2 Septembre, le comte de Perigord, commandant en Languedoc, & M. de saint Priest, conseiller d'état, intendant de cette province, se rendent au parlement de Toulouse. Ils font enregistrer un édit portant suppression & remboursement des offices de ce parlement.

Le 4 Septembre, le maréchal duc de Richelieu, accompagné de M. Ermangar, intendant de la basse Guienne, fait enregistrer au parlement de Bordeaux un édit portant suppression & remboursement des offices de ce parlement. Le 7 du même mois, les mêmes commissaires du roi font publier un autre édit portant création d'offices dans le même parlement, & installent les magistrats qui en sont pourvus.

Lettres patentes du roi, données à Compiègne, le 24 Août, sur un bref du pape, & enregistrées au parlement, le 5 Septembre, portant extinction de l'ordre de S. Ruf, & union de ses biens à l'ordre de S. Lazare.

Le duc d'Harcourt, gouverneur de Normandie, accompagné de M. Thiroux de Crosne, intendant de la généralité de Rouen, fait enregistrer, le 27 Septembre, au parlement de Normandie, un édit portant suppréision de cette compagnie, & remboursement des offices.

On pourroit le voir plus amplement dans la chronologie de M. Henault.

L'on objecte 1°. M. la Dauphine a voué le duc de Bourgogne à l'autel pour tous les jours de sa vie.

R. Si la théologie chrétienne ne vous a pas encore appris qu'un Dieu juste n'agrée pas un vœu indiscret; un payen, éclairé par les seules lumières de la raison, va vous l'apprendre : ,, Idomenée, fils de Deucalion, & petit-fils de Minos, étoit allé, comme les autres rois de la Grece, au siège de Troye. Après la ruine de cette ville il fit voile pour revenir en Crete ; mais la tempête fut si violente, que le pilote de son vaisseau & tous les autres qui étoient expérimentés dans la navigation, crurent que leur naufrage étoit inévitable : chacun avoit la mort devant les yeux, chacun voyoit les abymes ouverts pour l'engloutir, chacun déploroit son malheur, n'espérant pas même le triste repos des ombres qui traversent le Styx, après avoir reçu la sépulture. Idomenée levant les yeux & les mains vers le ciel, invoquoit neptune : ô puissant dieu, s'écrioit-il, toi qui tiens l'empire des ondes, daigne écouter un malheureux : si tu me fais revoir l'isle de Crete, malgré la fureur des vents, je t'immolerai la première tête qui se présentera à mes yeux.

Cependant son fils, impatient de revoir son père, se hâtoit d'aller au-devant de lui pour l'embrasser; malheureux, qui ne savoit pas que c'étoit courir à sa perte!

le père échappé à la tempête, arrivoit dans le port défiré; il remercioit neptune d'avoir écouté fes vœux; mais
bientôt il fentit combien il lui devoient être funeftes.
Un preffentiment de fon malheur lui donnoit un cuifant
repentir de fon vœu indifcret; il craignoit d'arriver parmi
les fiens, & il appréhendoit de revoir ce qu'il avoit de
plus cher au monde. Mais la cruelle nemeris, déeffe im-
pitoyable, qui veille pour punir les hommes, & fur-tout
les rois orgueilleux, pouffoit d'une main fatale & invi-
fible Idoménée. Il arrive; à peine ofe-t-il lever les yeux,
il voit fon fils, il récule faifi d'horreur; fes yeux cherchent, mais en vain, quelqu'autre tête qui puiffe lui
fervir de victime. Cependant le fils fe jette à fon cou,
& eft tout étonné que fon père répond fi mal à fa tendreffe; il le voit fondant en larmes.

O! mon père, dit-il, d'où vient cette trifteffe? après
une fi longue abfence, êtes vous fâché de vous revoir
dans votre royaume, & de faire le bonheur de votre fils?
qu'ai-je fait? vous détournez vos yeux de peur de me
voir. Le père accablé de douleur, ne répondit rien.
Enfin, après de profonds foupirs, il dit: ah! neptune,
que t'ai-je promis? à quel prix m'as-tu garanti du naufrage? rends-moi aux vagues & aux rochers qui dé-
voient, en me brifant, finir ma trifte vie; laiffe vivre
mon fils. O dieu cruel! tiens, voilà mon fang, épargne
le fien. En parlant ainfi il tira fon épée pour fe percer;
mais tous ceux qui étoient auprès de lui arrêtèrent fa
main. Le vieillard Sophronime, interprete des volontés
des dieux, l'affura qu'il pouvoit contenter neptune fans

donner la mort à son fils. Votre promesse, disoit-il, a
été imprudente : les dieux ne veulent point être honorés
par la cruauté ; gardez-vous bien d'ajouter à la faute de
votre promesse, celle de l'accomplir contre les loix de
la nature : offrez à neptune cent taureaux plus blancs
que la neige ; faites couler leur sang autour de son autel couronné de fleurs ; faites fumer un doux encens en
l'honneur de ce dieu.

Idomenée écoutoit ce discours la tête baissée & sans
répondre ; la fureur étoit allumée dans ses yeux ; son visage pâle & défiguré changeoit à tout moment de cou-
leur ; on voyoit ses membres tremblants. Cependant son
fils lui disoit : me voici, mon père, votre fils est prêt à
mourir pour appaiser le dieu de la mer : n'attirez pas sur
vous sa colère ; je meurs contents, puisque ma mort vous
aura garanti de la vôtre. Frappez, mon père, ne craignez point de trouver un fils indigne de vous, qui crai-
gne de mourir.

En ce moment Idomenée tout hors de lui, & comme
déchiré par les furies infernales, surprend tous ceux qui
l'observoient de près, il enfonce son épée dans le cœur
de cet enfant ; il la retire toute fumante & toute pleine
de sang, pour la plonger dans ses propres entrailles : il
est encore retenu par ceux qui l'environnent. L'enfant
tombe dans son sang ; ses yeux se couvrent des ombres
de la mort ; il les entr'ouvre à la lumière, mais à peine
l'a t'il trouvée, qu'il ne peut plus la supporter. Tel
qu'un beau lys au milieu des champs, coupé dans sa ra-
cine par le tranchant de la charue, languit & ne se sou-

tient plus ; il n'a point encore perdu cette vive blancheur & cet éclat qui charme les yeux, mais la terre ne le nourrit plus, & sa vie est éteinte ; ainsi le fils d'Idoménée, comme une jeune & tendre fleur, est cruellement moissonné dans son premier âge. Le père, dans l'excès de sa douleur, devient insensible ; il ne sait où il est, ni ce qu'il fait, ni ce qu'il doit faire ; il marche chancelant vers la ville, & demande son fils.

Cependant le peuple, touché de compassion pour l'enfant, & d'horreur pour l'action barbare du père, s'écrie que les dieux justes l'ont livré aux furies : la fureur leur fournit des armes ; ils prennent des bâtons & des pierres ; la discorde souffle dans tous les cœurs un venin mortel. Les crétois, les sages crétois oublient la sagesse qu'ils ont tant aimée ; ils ne reconnoissent plus le petit-fils du sage Minos. Les amis d'Idoménée ne trouvent de salut pour lui, qu'en le ramenant vers ses vaisseaux : ils s'embarquent avec lui, ils fuient à la merci des ondes. Idoménée, revenant à lui-même, les remercie de l'avoir arraché d'une terre qu'il a arrosée du sang de son fils, & qu'il ne sauroit plus habiter. Les vents les conduisent vers l'Hespérie, & ils vont fonder un nouveau royaume dans le pays des Salentins.

Aventures de Télémaque, tome 1er., livre 3, page 93, Londres 1765.

L'on objecte 2o. Louis XV a donné le titre de Dauphin au duc de Berry.

R. 1°. Un exemple tiré de l'Ecriture-sainte, suffiroit pour faire sentir ce que je pourrois répondre à l'objection ; voici l'exemple.

„ Coré, Dathan & Abiron se soulevèrent contre Moyse & Aaron dans le désert, & engagèrent dans leur révolte deux cents cinquante hommes des plus distingués parmi le peuple. Coré étoit de la tribu de Levi, & les deux autres de celle de Ruben. Ils accuserent Aaron d'avoir usurpé le sacerdoce, & reprochoient à Moyse de gouverner le peuple d'Israël avec une tyrannie insupportable. Coré prétendoit à la sacrificature. Dathan & Abiron, qui descendoient de l'aîné des enfants de Jacob, ne pouvoient souffrir qu'un homme de la tribu de Levi, tel que Moyse, fut en possession de toute l'autorité. Tout ce peuple, disoient-ils, est un peuple consacré au Seigneur; & Dieu est au milieu d'eux. Pourquoi donc vous érigez-vous en souverain sur le peuple du Seigneur? Moyse entendant ces discours, se jeta le visage contre terre; puis il dit à Coré & à ceux de sa faction : demain au matin le Seigneur fera connoître qui sont ceux qui lui appartiennent & qui lui sont consacrés, & il fera approcher de lui ceux qu'il aura choisis. Il ajouta : écoutez, enfants de Levi. Etoit-ce trop peu que le Seigneur vous eut séparés du reste du peuple, pour vous employer au service de son tabernacle? falloit-il encore entreprendre d'usurper le sacerdoce, & vous soulever contre le Seigneur? car qui est Aaron, pour être l'objet de vos murmures?

Ensuite Moyse fit appeller Dathan & Abiron. Mais ils répondirent : nous n'irons point. C'est bien assez que vous nous ayiez fait sortir du pays gras & délicieux, pour nous faire périr dans ce désert, sans vouloir en core nous commander en tyran. Non, nous n'irons point. Moyse indigné de ces injustes reproches, dit au Seigneur : ne regardez point leurs sacrifices. Vous savez que je n'ai jamais reçu la moindre chose d'eux, ni fait tort à aucun d'eux. Puis il dit à Coré : présentez-vous demain, vous & les vôtres, devant le Seigneur, avec vos encensoirs & des parfums ; & qu'Aaron fasse de même de son côté.

Le lendemain Coré vint au tabernacle avec ceux de sa faction & une grande multitude de peuple. Le Seigneur dit alors à Moyse & à Aaron : séparez-vous du milieu de ces gens-là, afin que je les fasse périr tout d'un coup. Aussi-tôt Moyse & Aaron se jetèrent le visage contre terre, & dirent : Dieu tout-puissant, Dieu des esprits qui animent toute chair, votre colère éclatera-t-elle contre tous pour le péché d'un seul ? Dieu dit à Moyse : commandez au peuple qu'il s'éloigne des tentes de Dathan & d'Abiron. Moyse s'étant levé, s'en alla vers Dathan & Abiron, suivi des anciens d'Israël ; & il dit au peuple : éloignez-vous des tentes de ces impies, de peur que vous ne soyez enveloppés dans leur supplice. Il ajouta : voici la marque à laquelle vous allez reconnoître que c'est le Seigneur qui m'a envoyé, & que je n'ai rien fait de moi-même. S'ils meurent d'une mort ordinaire aux hommes, ce n'est point le Seigneur qui m'a envoyé. Mais si par un prodige tout nouveau, la terre s'entrouvre & les engloutit tout vivants, vous saurez alors qu'ils ont blasphémé contre Dieu. A peine avoit-il achevé ces mots, que la terre s'ouvrant sous leurs pieds, les engloutit avec leurs tentes & tout ce qui leur appartenoit; & ils defcendirent tout vivants dans l'enfer. En même temps Dieu fit fortir un feu qui dévora les deux cents cinquante hommes qui offroient de l'encens avec Coré. (*)

Tout le peuple fut faifi de frayeur, & s'enfuit; mais le lendemain il fe mutina de nouveau contre Moyfe & Aaron, difant que c'étoit eux qui avoient fait périr tant de gens. Comme le tumulte augmentoit, Moyfe & Aaron fe retirèrent vers le tabernacle. Auffi-tôt la nuée le couvrit, la gloire de Dieu parut, & le Seigneur frappa le peuple d'une plaie qui alloit les faire périr tous en un moment. Mais Aaron ayant pris fon encenfoir avec des parfums, courut au milieu du peuple; & fe tenant entre les morts & les vivants, il pria pour le peuple, & la plaie ceffa. Il y eut quatorze mille fept cents hommes qui périrent en cette occafion.

Dieu voulant enfuite confirmer, par un nouveau miracle, le choix qu'il avoit fait d'Aaron, dit à Moyfe: prenez douze verges (ou baguettes): écrivez fur chacune le nom du chef d'une des douze tribus; & fur

celle

(*) Par ces deux genres de mort si extraordinaire, Dieu a voulu montrer combien il déteste le schisme et toute révolte contre l'autorité légitime; combien il est jaloux du droit qui lui appartient, d'appeller qui il lui plaît au ministère de ses autels; et quels horribles châtiments sa justice prépare à ceux qui usurpent ce ministère sans sa vocation.

celle de la tribu de Levi, le nom d'Aaron. Vous mettrez ces verges dans le tabernacle devant l'arche; & la verge de celui que j'aurai choisi fleurira. Moyse fit ce que Dieu lui avoit ordonné, & le lendemain étant entré dans le tabernacle, il trouva que la verge d'Aaron avoit pouffé des fleurs & des feuilles, & qu'il y avoit des amandes toutes formées. Après que Moyse l'eut fait voir au peuple, Dieu lui dit de la rapporter dans le tabernacle, & elle fut mise dans l'arche, pour servir de figne à ce peuple rébelle, & pour faire ceffer leurs plaintes & leurs murmures. „

Abrégé de l'hiftoire & de la morale de l'ancien teftament, précité, page 120.

„ R. 2°. L'efprit de Dieu, qui conduifoit la plume de Salomon, lui a fait dire : „ per me reges regnant, „ & legum conditores jufta decernant. Per me prin„ cipes imperant, & potentes decernunt juftitiam. C'eft „ par moi que les rois régnent : c'eft par moi que les „ légiflateurs ordonnent ce qui eft jufte, & que les „ princes rendent la juftice. „

Prov. c. 8, ℣. 15 & 16.

„ Et chapitre 24, ℣. 21. „ Time Dominum, fili mi, „ & regem. Mon fils, craignez le Seigneur & le roi. „

Ce qui fuffit bien, fans doute, pour nous déterminer à croire que le roi n'auroit point voulu priver le duc de Bourgogne du titre de Dauphin.

R. 3°. En vain Charles VI, voulut priver le Dauphin, fon fils, de fes droits à la couronne; cette vérité eft développée dans mon 4me. tome.

Vme. Tome. IIme. P.   R

258

R. 4°, M. l'abbé Proyart, l'auteur de famille, lui-même a dit que le duc de Berry a été détrôné avant d'être roi ; il n'a donc jamais été roi, par conséquent ni Dauphin. Louis XV n'aura donc fait que le décorer de la stérile dénomination de Dauphin, sans vouloir lui en décerner le titre, ni en priver le duc de Bourgogne.

Cependant l'on insistera & l'on dira : le roi auroit voulu en priver le duc de Bourgogne.

R. Ne pouvant invertir l'ordre de succession établi par la loi fondamentale de l'état, il n'auroit fait que déroger à la donation de Humbert, prince de Viennois, sans pouvoir préjudicier à aucun droit.

L'on objecte 3°. Le duc de Bourgogne étoit en pays étranger.

R. Malgré lui, comme Louis d'Outremer, dans les dangers de la captivité de Charles-le Simple ; comme le roi Jean, après la bataille de Poitiers ; comme François Ier., après la bataille de Pavie, étoient dans les pays étrangers que la force leur avoit assignés. Louis cessa t'il d'être Dauphin, Jean & François cessèrent-ils d'être rois ? ainsi, pareillement, quoique captif dans la Belgique, le duc de Bourgogne n'a jamais été étranger à la nation, ni cessé d'être tout ce qu'il étoit en vertu des droits de son sang.

J'ai passé légèrement sur quelques passages importants ; ils demandent d'être éclaircis.

J'ai dit, Ier. tome, page 223 : l'on doit accueillir & respecter, comme venant de Dieu même, ce que les papes enseignent *ex cathedra* : c'est le sentiment de l'université de Louvain ; j'aurois dû ajouter : ce qui s'entend, nécessairement, *salvo justo*.

DES LIBERTÉS

de l'église gallicane.

Ce mot de *libertés* suppose l'assujettissement. Des libertés, des privilèges sont des exemptions de la servitude générale. Il falloit dire les *droits*, & non les *libertés* de l'église gallicane. Ces droits sont ceux de toutes les anciennes églises. Les évêques de Rome n'ont jamais eu la moindre jurisdiction sur les sociétés chrétiennes de l'empire d'orient. Mais, dans les ruines de l'empire d'occident, tout fut envahi par eux. L'église de France fut long-temps la seule qui disputa, contre le siège de Rome, les anciens droits que chaque évêque s'étoit donnés, lorsqu'après le premier concile de Nicée l'administration ecclésiastique & purement spirituelle se modela sur le gouvernement civil, & que chaque évêque eut son diocèse, comme chaque chef impérial avoit le sien. Certainement aucun évangile n'a dit qu'un évêque de la ville de Rome pourroit envoyer en France des légats *a latere*, avec pouvoir de juger, réformer, dispenser, & lever de l'argent sur les peuples :

D'ordonner aux prélats françois de venir plaider à Rome :

D'imposer des taxes sur les bénéfices du royaume,

R 2

fous les noms des vacances, dépouilles, fucceffions, déports, incompatibilités, commendes, neuvièmes, décimes, annates:

D'excommunier les officiers du roi, pour les empêcher d'exercer les fonctions de leurs charges:

De rendre les bâtards capables de fuccéder:

De caffer les teftaments de ceux qui font morts fans donner une partie de leur bien à l'églife:

De permettre aux eccléfiaftiques françois d'aliéner leurs biens immeubles:

De déléguer des juges pour connoître de la légitimité des mariages.

Enfin, l'on compte plus de foixante & dix ufurpations contre lefquelles les parlements du royaume ont toujours maintenu la liberté naturelle de la nation, & la dignité de la couronne.

Quelque crédit qu'aient eu les jéfuites fous Louis XV, & quelque frein que ce monarque eût mis aux remontrances des parlements depuis qu'il régna par lui-même, cependant aucun de ces grands corps ne perdit jamais une occafion de réprimer les prétentions de la cour de Rome; & le roi approuva toujours cette vigilance, parce qu'en cela les droits effentiels de la nation étoient les droits du prince.

L'affaire de ce genre la plus importante & la plus délicate, fut celle de la régale. C'eft un droit qu'ont les rois de France, de pourvoir à tous les bénéfices fimples d'un diocèfe pendant la vacance du fiège, &

d'œconomiſer, à leur gré, les revenus de l'évêché. Cette prérogative eſt particulière aujourd'hui aux rois de France, mais chaque état a les ſiennes. Les rois de Portugal jouiſſent du tiers du revenu des évêchés de leur royaume. L'empereur a le droit des premières prières ; il a toujours conféré tous les premiers bénéfices qui vaquent. Les rois de Naples & de Sicile ont de plus grands droits ; ceux de Rome ſont pour la plupart fondés ſur l'uſage, plutôt que ſur des titres primitifs.

Les rois de la race de Mérovée conféroient, de leur ſeule autorité, les évêchés & toutes les prélatures. On voit qu'en 742 Carloman créa archevêque de Mayence ce même Boniface, qui depuis ſacra Pepin par reconnoiſſance. Il reſte encore beaucoup de monuments du pouvoir qu'avoient les rois de diſpoſer de ces places importantes ; plus elles le ſont, plus elles doivent dépendre du chef de l'état. Le concours d'un évêque étranger paroiſſoit dangereux ; & la nomination, réſervée à cet évêque étranger, a ſouvent paſſé pour une uſurpation plus dangereuſe encore. Elle a plus d'une fois excité une guerre civile. Puiſque les rois conféroient les évêchés, il ſembloit juſte qu'ils conſervaſſent le foible privilège de diſpoſer du revenu, & de nommer à quelques bénéfices ſimples, dans le court eſpace qui s'écoule entre la mort d'un évêque, & le ſerment de fidélité enregiſtré de ſon ſucceſſeur. Pluſieurs évêques de villes réunies à la couronne ſous la troiſième race, ne voulurent pas reconnoître ce droit, que des ſeigneurs particuliers, trop foibles, n'avoient pu faire valoir. Les papes se déclarèrent pour les évêques ; & ces prétentions restèrent toujours enveloppées d'un nuage. Le parlement, en 1608, sous Henri IV. déclara que la régale avoit lieu dans tout l royaume : le clergé se plaignit ; & ce prince, qui ménageoit les évêques & Rome, évoqua l'affaire à son conseil, & se garda bien de la décider.

Les cardinaux de Richelieu & Mazarin firent rendre plusieurs arrêts du conseil, par lesquels les évêques, qui se disoient exempts, étoient tenus de montrer leurs titres. Tout resta indécis jusqu'en 1673, & le roi n'osoit pas alors donner un seul bénéfice, dans presque tous les diocèses situés au delà de la Loire, pendant la vacance d'un siège.

Enfin, en 1673, le chancelier Michel le Tellier scella un édit, par lequel tous les évêques du royaume étoient soumis à la régale. Deux évêques, qui étoient malheureusement les deux plus vertueux hommes du royaume, refusèrent opiniâtrément de se soumettre ; c'étoient Pavillon, évêque d'Alet, & Caulet, évêque de Pamiers. Ils se défendirent d'abord par des raisons plausibles : on leur en opposa d'aussi fortes. Quand des hommes éclairés disputent long-temps, il y a grande apparence que la question n'est pas claire ; elle étoit très-obscure ; mais il étoit évident, que ni la religion, ni le bon ordre n'étoient intéressés à empêcher un roi de faire dans deux diocèses ce qu'il faisoit dans tous les autres. Cependant les deux évêques furent inflexibles. Ni l'un, ni l'autre n'avoit fait enregistrer son serment de fidélité ; & le roi fe croyoit en droit de pourvoir aux canonicats de leurs églifes.

Les deux prélats excommunièrent les pourvus en régale. Tous deux étoient fufpectés de janfénifme. Ils avoient eu contre eux le pape Innocent X ; mais, quand ils fe déclarèrent contre les prétentions du roi, ils eurent pour eux Innocent XI, Odefcalchi : ce pape, vertueux & opiniâtre comme eux, prit entiérement leur parti.

Le roi fe contenta d'abord d'exiler les principaux officiers de ces évêques. Il montra plus de modération que deux hommes qui fe piquoient de fainteté. On laiffa mourir paifiblement l'évêque d'Alet, dont on refpectoit la grande vieilleffe. L'évêque de Pamiers reftoit feul, & n'étoit point ébranlé. Il redoubla fes excommunications, & perfifta, de plus, à ne point faire enregiftrer fon ferment de fidélité, perfuadé que dans ce ferment on foumet trop l'églife à la monarchie. Le roi faifit fon temporel. Le pape & les janféniftes le dédommagèrent. Il gagna à être privé de fes revenus ; & il mourut en 1680, convaincu qu'il avoit foutenu la caufe de Dieu contre le roi. Sa mort n'éteignit pas la querelle : des chanoines, nommés par le roi, viennent pour prendre poffeffion ; des religieux, qui fe prétendoient chanoines & grands vicaires, les font fortir de l'églife & les excommunient. Le métropolitain Montpéfat, archevêque de Touloufe, à qui cette affaire reffortit de droit, donne en vain des fentences contre ces prétendus grands vicaires. Ils en appellent à Rome, fe-

R 4

lon l'usage de porter à la cour de Rome les causes eccléfiastiques jugées par les archevêques de France; usage qui contredit les libertés gallicanes : mais tous les gouvernements des hommes font des contradictions. Le parlement donne des arrêts. Un moine nommé *Cerle*, qui étoit l'un de ces grands vicaires, casse & les sentences du métropolitain & les arrêts du parlement. Ce tribunal le condamne par contumace à perdre la tête & à être traîné sur une claie. On l'exécute en effigie. Il insulte, du fond de sa retraite, à l'archevêque & au roi; & le pape le foutient. Ce pontife fait plus : persuadé, comme l'évêque de Pamiers, que le droit de régale est un abus dans l'églife, & que le roi n'a aucun droit dans Pamiers, il caffe les ordonnances de l'archevêque de Toulouse; il excommunie les nouveaux grands vicaires que ce prélat a nommés, & les pourvus en régale, & leurs fauteurs.

Le roi convoque une affemblée du clergé, composée de trente-cinq évêques, & d'autant de députés du second ordre. Les janféniftes prenoient, pour la première fois, le parti d'un pape ; & ce pape, ennemi du roi, les favorifoit fans les aimer. Il se fit toujours un honneur de réfister à ce monarque, dans toutes les occasions ; & depuis même, en 1689, il s'unit avec les alliés contre le roi Jacques, parce que Louis XIV protégeoit ce prince : de forte qu'alors on dit que, pour mettre fin aux troubles de l'europe & de l'églife, il falloit que le roi Jacques se fît huguenot, & le pape catholique.

Cependant l'assemblée du clergé de 1681 & 1682, d'une voix unanime, se déclare pour le roi. Il s'agissoit encore d'une autre petite querelle devenue importante : l'élection d'un prieuré, dans un fauxbourg de Paris, commettoit ensemble le roi & le pape. Le pontife romain avoit cassé une ordonnance de l'archevêque de Paris, & annullé sa nomination à ce prieuré. Le parlement avoit jugé la procédure de Rome abusive. Le pape avoit ordonné, par une bulle, que l'inquisition fît brûler l'arrêt du parlement ; & le parlement avoit ordonné la suppression de la bulle. Ces combats sont, depuis long-temps, les effets ordinaires & inévitables de cet ancien mélange de la liberté naturelle de se gouverner soi-même dans son pays, & de la soumission à une puissance étrangère.

L'assemblée du clergé prit un parti, qui montre que des hommes sages peuvent céder avec dignité à leur souverain, sans l'intervention d'un autre pouvoir. Elle consentit à l'extension du droit de régale à tout le royaume ; mais ce fut autant une concession de la part du clergé, qui se relâchoit de ses prétentions par reconnoissance pour son protecteur, qu'un aveu formel du droit absolu de la couronne.

L'assemblée se justifia auprès du pape, par une lettre dans laquelle on trouve un passage, qui seul devroit servir de règle éternelle dans toutes les disputes : c'est, *qu'il vaut mieux sacrifier quelque chose de ses droits, que de troubler la paix.* Le roi, l'église gallicane, les parlements, furent contents. Les jansénistes écrivirent quelques libelles. Le pape fut inflexible : il cassa par un bref toutes les résolutions de l'assemblée; & manda aux évêques de se rétracter. Il y avoit là de quoi séparer à jamais l'église de France de celle de Rome. On avoit parlé, sous le cardinal de Richelieu & sous Mazarin, de faire un patriarche. Le vœu de tous les magistrats étoit, qu'on ne payât plus à Rome le tribut des annates; que Rome ne nommât plus, pendant six mois de l'année, aux bénéfices de Bretagne; que les évêques de France ne s'appellassent plus évêques *par la permission du Saint-Siège.* Si le roi l'avoit voulu, il n'avoit qu'à dire un mot; il étoit maître de l'assemblée du clergé, & il avoit pour lui la nation. Rome eût tout perdu par l'inflexibilité d'un pontife vertueux, qui, seul de tous les papes de ce siècle, ne savoit pas s'accommoder au temps. Mais il y a d'anciennes bornes, qu'on ne remue pas sans violentes secousses. Il falloit de plus grands intérêts, de plus grandes passions & plus d'effervescence dans les esprits, pour rompre tout d'un coup avec Rome; & il étoit bien difficile de faire cette scission, tandis qu'on vouloit extirper le calvinisme. On crut même faire un coup hardi, lorsqu'on publia les quatre fameuses décisions de la même assemblée du clergé en 1682, dont voici la substance :

1. Dieu n'a donné, à Pierre & à ses successeurs, aucune puissance ni directe, ni indirecte sur les choses temporelles.

2. L'église gallicane approuve le concile de Cons-

sance, qui déclare les conciles généraux supérieurs au pape dans le spirituel.

3. Les règles, les usages, les pratiques, reçues dans le royaume & dans l'église gallicane, doivent demeurer inébranlables.

4. Les décisions du pape, en matière de foi, ne sont sûres, qu'après que l'église les a acceptées.

Tous les tribunaux & toutes les facultés de théologie enregistrèrent ces quatre propositions dans toute leur étendue : & il fut défendu par un édit de rien enseigner jamais de contraire.

Cette fermeté fut regardée à Rome comme un attentat de rebelles ; & par tous les protestants de l'Europe, comme un foible effort d'une église née libre, qui ne rompoit que quatre chaînons de ses fers.

Les quatre maximes furent d'abord soutenues avec enthousiasme dans la nation, ensuite avec moins de vivacité. Sur la fin du règne de Louis XIV, elles commencèrent à devenir problématiques ; & le cardinal de Fleuri les fit depuis désavouer en partie par une assemblée du clergé, sans que ce désaveu causât le moindre bruit, parce que les esprits n'étoient pas alors échauffés, & que, dans le ministère du cardinal de Fleuri, rien n'eut de l'éclat. Elles ont repris enfin une grande vigueur.

Cependant Innocent XI s'aigrit plus que jamais ; il refusa des bulles à tous les abbés commendataires que le roi nomma ; de sorte qu'à la mort de ce pape, en 1689, il y avoit vingt-neuf diocèses en France dépourvus d'évêques. Ces prélats n'en touchoient pas moins leurs revenus : mais ils n'osoient se faire sacrer, ni faire les fonctions épiscopales. L'idée de créer un patriarche se renouvella. La querelle des franchises des ambassadeurs à Rome, qui acheva d'envénimer les plaies, fit penser qu'enfin le temps étoit venu, d'établir en France une église catholique apostolique, qui ne seroit point romaine. Le procureur général de Harlai, & l'avocat général Talon, le firent assez entendre, quand ils appellèrent comme d'abus, en 1687, de la bulle contre les franchises, & qu'ils éclatèrent contre l'opiniâtreté du pape, qui laissait tant d'églises sans pasteurs. Mais jamais le roi ne voulut consentir à cette démarche, qui étoit plus aisée qu'elle ne paroissoit hardie.

La cause d'innocent XI devint cependant la cause du Saint-Siège. Les quatre propositions du clergé de France attaquoient le fantôme de l'infaillibilité (qu'on ne croit pas à Rome, mais qu'on y soutient), & le pouvoir réel attaché à ce fantôme. Alexandre VIII & Innocent XII suivirent les traces du fier Odescalchi, quoique d'une manière moins dure ; ils confirmèrent la condamnation portée contre l'assemblée du clergé : ils refuserent les bulles aux évêques ; enfin ils en firent trop, parce que Louis XIV n'en avoit pas fait assez. Les évêques, lassés de n'être que nommés par le roi & de se voir sans fonctions, demandèrent à la cour de France la permission d'appaiser la cour de Rome.

Le roi, dont la fermeté étoit fatiguée, le permit. Chacun d'eux écrivit séparément, qu'il étoit *doulou-*

reusement affligé des procédés de l'assemblée ; chacun déclare dans sa lettre, qu'il ne reçoit point comme
décidé, ce qu'on y a décidé ; ni comme ordonné, ce
qu'on y a ordonné. Pignatelli (Innocent XII.) plus con-
ciliant qu'Odescalchi, se contenta de cette démarche.
Les quatre propositions n'en furent pas moins enseignées
en France de temps en temps. Mais ces armes se rouil-
lèrent, quand on ne combattit plus ; & la dispute resta
couverte d'un voile, sans être décidée ; comme il arrive
presque toujours, dans un état qui n'a pas sur ces matières des principes invariables & reconnus. Ainsi, tantôt
on s'élève contre Rome, tantôt on lui cède, suivant les
caractères de ceux qui gouvernent, & suivant les intérêts particuliers de ceux par qui les principaux de l'é-
tat sont gouvernés.

Louis XIV, d'ailleurs, n'eut point d'autre démêlé
ecclésiastique avec Rome, & n'essuya aucune opposition
du clergé dans les affaires temporelles.

Sous lui, ce clergé devint respectable ; par une décence ignorée dans la barbarie des deux premières ra-
ces, dans le temps encore plus barbare du gouvernement féodal ; absolument inconnue pendant les guerres
civiles & dans les agitations du règne de Louis XIII,
& sur-tout pendant la fronde, à quelques exceptions
près, qu'il faut toujours faire dans les vices comme
dans les vertus qui dominent.

Ce fut alors seulement, que l'on commença à déciller
les yeux du peuple sur les superstitions qu'il mêle
toujours à sa religion. Il fut permis, malgré le parle

ment d'Aix & malgré les carmes, de savoir que Lazare & Magdelene n'étoient point venus en Provence. Les bénédictins ne purent faire croire, que Denys l'aréopagite eût gouverné l'église de Paris. Les saints supposés, les faux miracles, les fausses reliques, commencèrent à être décriés. La saine religion, qui éclairoit les philosophes, pénétroit par-tout, mais lentement & avec difficulté.

L'évêque de Châlons, Gaston Louis de Noailles, frère du cardinal, eut une piété assez éclairée, pour enlever, en 1702, & faire jeter une relique, conservée précieusement, depuis plusieurs siècles, dans l'église de Nôtre-Dame, & adorée sous le nom du *nombril* de Jésus-Christ. Tout Châlons murmura contre l'évêque. Présidents, conseillers, gens du roi, trésoriers de France, marchands, notables, chanoines, curés, protestèrent unanimement par un acte juridique contre l'entreprise de l'évêque, réclamant le *saint nombril*, & alléguant la robe de Jésus-Christ conservée à Argenteuil, son mouchoir à Turin & à Laon, un des cloux de la croix à saint Deni, son prépuce à Rome, & tant d'autres reliques que l'on conserve & que l'on méprise, & qui font tant de tort à une religion qu'on révère. Mais la sage fermeté de l'évêque l'emporta à la fin sur la crédulité du peuple.

Quelques autres superstitions, attachées à des usages respectables, ont subsisté. Les protestants en ont triomphé. Mais ils font obligés de convenir, qu'il n'y a point d'église catholique où ces abus soient moins communs & plus méprisés qu'en France.

Siècle de Louis XIV, tome 3, page 235, Neuchatel, 1783.

L'on dit, tome 4, page 8 : on y convient de la maladie du roi ; le discours sur l'histoire universelle, à l'année 1392, en donne la cause & les effets, en ces termes : Charles VI, roi de France, tomba dans une aliénation d'esprit tout-à-fait déplorable. Il avoit résolu de faire la guerre au duc de Bretagne. Un jour qu'il étoit parti du Mans, & qu'il passoit dans un bois, un spectre affreux en sortit, se jeta à la bride de son cheval, lui criant : *arrête roi, où vas-tu ? tu es trahi*, & disparut. Peu de temps après, un page qui s'étoit endormi à cheval, ayant laissé tomber sa lance sur un casque qu'un autre portoit devant lui, le bruit aigu de cette lance réveilla dans l'esprit du roi l'image de ce spectre. Il crut que c'étoit l'accomplissement de la menace qu'il lui avoit faite, son imagination se trouble, il frappe & tue tout ce qu'il rencontre, & on est obligé de le ramener au Mans lié sur un chariot. Depuis ce temps-là ce prince fut sujet à ces accès de fureur, & il eut le reste de ses jours de bons & de mauvais intervalles. Le péril qu'il courut l'année suivante, dans une mascarade qui se fit aux nôces d'une des filles de la reine, ne contribua pas peu à augmenter son mal ; & la chapelle d'Orléans, qui est aux célestins, est un monument du repentir du duc d'Orléans son frère, d'avoir été cause du malheur qui arriva en cette occasion.

Partie 2, page 94, Lyon, 1780.

L'on dit, tome 4, page 8 : en France le roi ne peut ôter à son fils, ou son plus prochain, ladite couronne, s'il ne lui ôte la vie ; & page 9, un prince du sang ne parvient point à la couronne comme héritier, mais comme étant du sang auquel elle appartient ; ni le roi, ni la cour des pairs, ni toute la nation assemblée, ne peuvent lui ôter un droit qui lui est transmis intimement avec la vie &c. ; les françois du siècle de Louis XIV pensoient de même. Des trois ordres de l'état, le moins nombreux, qui est l'église, est celui qui a toujours exigé du souverain la conduite la plus délicate & la plus ménagée. Conserver à la fois l'union avec le siège de Rome, & soutenir les libertés de l'église gallicane, qui sont les droits de l'ancienne église ; savoir faire obéir les évêques comme sujets, sans toucher aux droits de l'épiscopat ; les soumettre en beaucoup de choses à la jurisdiction séculière, & les laisser juges en d'autres ; les faire contribuer aux besoins de l'état, & ne pas choquer leurs privilèges : tout cela demande un mélange de dextérité & de fermeté, que Louis XIV eut presque toujours.

Le clergé de France fut remis peu-à-peu dans un ordre & dans une décence, dont les guerres civiles & la licence des temps l'avoient écarté. Le roi ne souffrit plus enfin, ni que les séculiers possédassent des bénéfices, sous le nom de confidentiaires, ni que ceux qui n'étoient pas prêtres eussent des évêchés, comme le cardinal Mazarin, qui avoit possédé l'évêché de Metz, n'étant pas même sous-diacre ; & le duc de Verneuil, qui en avoit aussi joui, étant séculier. Ce

Ce que payoit au roi le clergé de France & des villes conquises, alloit, année commune, à environ deux millions cinq cent mille livres ; & depuis, la valeur des espèces ayant augmenté numériquement, ils ont secouru l'état d'environ quatre millions par année, sous le nom de décimes, de subvention extraordinaire, de don gratuit. Ce mot & ce privilège de *don gratuit* se sont conservés, comme une trace de l'ancien usage où étoient tous les seigneurs des fiefs, d'accorder des dons gratuits aux rois dans les besoins de l'état. Les évêques & les abbés, étant seigneurs des fiefs par un ancien abus, ne devoient que des soldats, dans le temps de l'anarchie féodale. Les rois alors n'avoient que leurs domaines, comme les autres seigneurs. Lorsque tout changea depuis, le clergé ne changea pas ; il conserva l'usage d'aider l'état par des dons gratuits.

A cette ancienne coutume, qu'un corps qui s'assemble souvent conserve, & qu'un corps qui ne s'assemble point perd nécessairement, se joint l'immunité toujours réclamée par l'église, & cette maxime, que *son bien est le bien des pauvres* : non qu'elle prétende ne devoir rien à l'état, dont elle tient tout ; car le royaume, quand il a des besoins, est le premier pauvre : mais elle allègue pour elle le droit de ne donner que des secours volontaires ; & Louis XIV exigea toujours ces secours de manière à n'être pas refusé.

On s'étonne, dans l'europe & en France, que le clergé paye si peu : on se figure qu'il jouit du tiers du royaume. S'il possédoit ce tiers, il est indubitable qu'il

Vme. Tome. IIme. P.   S

d-vroit payer le tiers des charges, ce qui fe monteroit, année commune, à près de cinquante millions, indépendamment des droits fur les confommations, qu'il paie comme les autres fujets ; mais on fe fait des idées vagues & des préjugés fur-tout.

Il eft inconteftable que l'églife de France eft, de toutes les églifes catholiques, celle qui a le moins accumulé de richeffes. Non-feulement il n'y a point d'évêque qui fe foit emparé, comme celui de Rome, d'une grande fouveraineté ; mais il n'y a point d'abbé qui jouiffe des droits régaliens, comme l'abbé du Mont-Caffin, & les abbés d'Allemagne. En général, les évêchés de France ne font pas d'un revenu trop immenfe. Ceux de Strasbourg & de Cambrai font les plus forts ; mais c'eft qu'ils appartenoient originairement à l'Allemagne, & que l'églife d'Allemagne étoit beaucoup plus riche que l'empire.

Giannone, dans fon *hiftoire de Naples*, affure que les eccléfiaftiques ont les deux tiers du revenu du pays. Cet abus énorme n'afflige point la France. On dit que l'églife poffède le tiers du royaume, comme on dit, au hafard, qu'il y a un million d'habitants dans Paris. Si on fe donnoit feulement la peine de fupputer le revenu des évêchés, on verroit, par le prix des baux faits il y a environ cinquante ans, que tous les évêchés n'étoient évalués alors que fur le pied d'un revenu annuel de quatre millions ; & les abbayes commendataires alloient à quatre millions cinq cent mille livres. Il eft vrai que l'énoncé de ce prix des baux fut un tiers

au-deſſous de la valeur; &, ſi on ajoute encore l'au-
gmentation des revenus en terre, la ſomme totale des
rentes de tous les bénéfices conſiſtoriaux ſera portée à
environ ſeize millions; & il ne faut pas oublier que,
de cet argent, il en va tous les ans à Rome une ſomme conſidérable, qui ne revient jamais, & qui eſt en
pure perte. C'eſt une grande libéralité du roi envers le
Saint-Siège : elle dépouille l'état dans l'eſpace d'un ſiècle de plus de quatre cent mille marcs d'argent; ce qui
dans la ſuite des temps appauvriroit le royaume, ſi le
commerce ne réparoit pas abondamment cette perte.

A ces bénéfices qui paient des annates à Rome, il
faut joindre les cures, les couvents, les collégiales, les
communautés & tous les autres bénéfices enſemble.
Mais s'ils ſont évalués à cinquante millions par année
dans toute l'étendue actuelle du royaume, on ne s'é-
loigne pas beaucoup de la vérité.

Ceux qui ont examiné cette matière avec des yeux
auſſi ſévères qu'attentifs, n'ont pu porter les revenus de
toute l'égliſe gallicane, ſéculière & régulière, au-delà
de quatre-vingts millions. Ce n'eſt pas une ſomme exor-
bitante pour l'entretien de quatre-vingt-dix mille perſonnes religieuſes, & environ cent ſoixante mille eccléſiaſtiques, que l'on comptoit en 1700. Et, ſur ces
quatre-vingt-dix mille moines, il y en a plus d'un tiers
qui vivent de quêtes & de meſſes. Beaucoup de moines
conventuels ne coûtent pas deux cents livres par an à
leur monaſtère. Il y a des moines, abbés réguliers, qui
jouiſſoit de deux cent mille livres de rentes. C'eſt cette

énorme difproportion qui frappe & qui excite les murmures. On plaint un curé de campagne, dont les travaux pénibles ne lui procurent que fa portion congrue
de trois cents livres de droit en rigueur, & de quatre
cinq cents livres par libéralité, tandis qu'un religieux
oififf, devenu abbé & non moins oifif, poffede une fortune immenfe, & qu'il reçoit des titres faftueux de
ceux qui lui font foumis. Ces abus vont beaucoup plus
loin en Flandres, en Efpagne, & fur-tout dans les états
catholiques d'Allemagne, où l'on voit des moines princes.

Les abus fervent de loix dans prefque toute la terre;
&, fi les plus fages des hommes s'affembloient pour
faire des loix, où eft l'état dont la forme fubfiftât entière?

Le clergé de France obferve toujours un ufage oné-
reux pour lui, quand il paie au roi un don gratuit de
plufieurs millions pour quelques années. Il emprunte;
&, après en avoir payé les intérêts, il rembourfe le
capital aux créanciers : ainfi il paie deux fois. Il eût été
plus avantageux pour l'état & pour le clergé en général, & plus conforme à la raifon, que ce corps eût fub-
venu aux befoins de la patrie par des contributions pro-
portionnées à la valeur de chaque bénéfice. Mais les
hommes font toujours attachés à leurs anciens ufages.
C'eft par le même efprit que le clergé, en s'affemblant
tous les cinq ans, n'a jamais eu, ni une falle d'affemblée, ni un meuble qui lui appartînt. Il eft clair qu'il
eût pu, en dépenfant moins, aider le roi davantage, &
fe bâtir dans Paris un palais, qui eût été un nouvel ornement de cette capitale.

Les maximes du clergé de France n'étoient pas encore entièrement épurées, dans la minorité de Louis XIV, du mélange que la ligue y avoit apporté. On avoit vu, dans la jeunesse de Louis XIII, & dans les derniers états tenus en 1614, la plus nombreuse partie de la nation, qu'on appelle le tiers-état, & qui est le fond de l'état, demander en vain, avec le parlement, qu'on posât pour loi fondamentale, ,, qu'aucune puissance spi- ,, rituelle ne peut priver les rois de leurs droits sacrés, ,, qu'ils ne tiennent que de Dieu seul ; & que c'est un ,, crime de lèze-majesté au premier chef, d'enseigner ,, qu'on peut déposer & tuer les rois ,,. C'est la sub- stance, en propres paroles, de la demande de la nation. Elle fut faite dans un temps, où le sang de Henri-le- Grand fumoit encore. Cependant un évêque de France, né en France, le cardinal du Perron, s'opposa violem- ment à cette proposition, sous prétexte que ce n'étoit pas au tiers-état à proposer des loix sur ce qui peut con- cerner l'église. Que ne faisoit-il donc, avec le clergé, ce que le tiers-état vouloit faire ? mais il en étoit si loin, qu'il s'emporta jusqu'à dire, ,, que la puissance du pape ,, étoit pleine, plénissime, directe au spirituel, indirecte ,, au temporel ; & qu'il avoit charge du clergé de dire ,, qu'on excommunieroit ceux qui avanceroient que le ,, pape ne peut déposer les rois ,,. On gagna la no- blesse, on fit taire le tiers-état. Le parlement renouvella ses anciens arrêts, pour déclarer la couronne indépen- dante, & la personne des rois sacrée. La chambre ec- clésiastique, en avouant que la personne étoit sacrée,

perſiſta à ſoutenir que la couronne étoit dépendante. C'é-
toit le même eſprit qui avoit autrefois dépoſé Louis-
le-Débonnaire. Cet eſprit prévalut au point, que la
cour, ſubjuguée, fut obligée de faire mettre en priſon
l'imprimeur qui avoit publié l'arrêt du parlement, ſous
le titre de *Loi fondamentale*. C'étoit, diſoit-on, pour
le bien de la paix ; mais c'étoit punir ceux qui fourniſ-
ſoient des armes défenſives à la couronne. De telles ſcè-
nes ne ſe paſſoient point à Vienne ; c'eſt qu'alors la
France craignoit Rome, & que Rome craignoit la maiſon d'Autriche.

La cauſe qui ſuccomba, étoit tellement la cauſe de
tous les rois, que Jacques I, roi d'Angleterre, écrivit
contre le cardinal du Perron ; & c'eſt le meilleur ouvrage de ce monarque. C'étoit auſſi la cauſe des peuples, dont le repos exige que leurs ſouverains ne dé-
pendent pas d'une puiſſance étrangère. Peu à peu la raiſon a prévalu ; & Louis XIV n'eut pas de peine à faire
écouter cette raiſon, ſoutenue du poids de ſa puiſſance.

Antonio Pérés avoit recommandé trois choſes à
Henri IV, *Roma*, *Conſejo*, *Pielago*. Louis XIV eut
les deux dernières avec tant de ſupériorité, qu'il n'eut
pas beſoin de la première. Il fut attentif à conſerver
l'uſage de l'appel comme d'abus, au parlement, des
ordonnances eccléſiaſtiques, dans tous les cas où ces
ordonnances intéreſſent la juriſdiction royale. Le clergé
s'en plaignit ſouvent, & s'en loua quelquefois ; car, ſi,
d'un côté, ces appels ſoutiennent les droits de l'état contre l'autorité épiſcopale, elles aſſurent, de l'autre, cette

autorité même, en maintenant les privilèges de l'église gallicane contre les prétentions de la cour de Rome : de sorte que les évêques ont regardé les parlements comme leurs adversaires & comme leurs défenseurs ; & le gouvernement eut soin que, malgré les querelles de religion, les bornes aisées à franchir ne fussent passées de part ni d'autre. Il en est de la puissance des corps & des compagnies, comme des intérêts des villes commerçantes ; c'est au législateur à les balancer.

Siècle de Louis XIV, tome 3, page 228.

J'ai dit, tome 4, page 52 : nous n'avons pu déterminer M. votre nièce à partager l'honneur de mon alliance ; l'on va voir ce que le comte d'Aubigni, disoit à sa sœur en pareille circonstance.

Un an après le mariage de mademoiselle de Nantes avec monsieur le duc, mourut à Fontainebleau le prince de Condé à l'âge de soixante-six ans, d'une maladie qui empira par l'effort qu'il fit d'aller voir madame la duchesse qui avoit la petite vérole. On peut juger par cet empressement qui lui coûta la vie, s'il avoit eu de la répugnance au mariage de son petit-fils avec cette fille du roi & de madame de Montespan, comme l'ont écrit tous ces gazetiers de mensonges, dont la Hollande étoit alors infectée. On trouve encore dans une histoire du prince de Condé, sortie de ces mêmes bureaux d'ignorance & d'imposture, que le roi se plaisoit en toute occasion à mortifier ce prince, & qu'au mariage de la princesse de Conti, fille de madame de la Valière, le secrétaire d'état lui refusa le titre de *haut & puissant*

feigneur, comme fi ce titre étoit celui qu'on donne
aux princes du fang. L'écrivain, qui a compofé l'hiftoire de Louis XIV dans Avignon, en partie fur ces
malheureux mémoires, pouvoit il affez ignorer le monde
& les ufages de notre cour, pour rapporter des fauffe-
tés pareilles ?

Cependant, après le mariage de madame la duchefle,
après l'éclipfe totale de la mère, madame de Maintenon
victorieufe, prit un tel afcendum, & infpira à Louis XIV
tant de tendreffe & de fcrupules, que le roi, par le
confeil du père la Chaife, l'époufa fecretement au mois
de Janvier 1686, dans une petite chapelle qui étoit au
bout de l'appartement occupé depuis par le duc de
Bourgogne. Il n'y eut aucun contrat, aucune ftipulation.
L'archevêque de Paris, Harlai de Chanvalon, leur donna
la bénédiction ; le confeffeur y affifta ; Montchevreuil,
& Bontems premier valet-de-chambre, y furent comme
témoins. Il n'eft plus permis de fupprimer ce fait, rapporté dans tous les auteurs, qui, d'ailleurs fe font trom-
pés fur les noms, fur le lieu & fur les dates. Louis XIV
étoit alors dans fa quarante-huitième année, & la perfonne qu'il époufoit, dans fa cinquante-deuxième. Ce
prince, comblé de gloire, vouloit mêler aux fatigues
du gouvernement les douceurs innocentes d'une vie privée : ce mariage ne l'engageoit à rien d'indigne de fon
rang : il fut toujours problématique à la cour, fi madame de Maintenon étoit mariée. On refpectoit en elle
le choix du roi, fans la traiter en reine.

La deftinée de cette dame paroît parmi nous fort

étrange, quoique l'histoire fournisse beaucoup d'exemples de fortunes plus grandes & plus marquées, qui ont eu des commencemens plus petits. La marquise de Saint-Sebastien, que le roi de Sardaigne, Victo -Amé ée, épousa, n'étoit pas au-dessus de madame de Maintenon; l'impératrice de Russie, Catherine, étoit fort au-dessous; & la première femme de Jacques II, roi d'Angleterre, lui étoit bien inférieure, selon les préjugés de l'europe, inconnus dans le reste du monde.

Elle étoit d'une ancienne maison, petite-fille de Théodore-Agrippa d'Aubigné, gentil-homme ordinaire de la chambre de Henri IV. Son père, Constant d'Aubigné, ayant voulu faire un établissement à la Caroline, & s'étant adressé aux anglois, fut mis en prison au château trompette, & en fut délivré par la fille du gouverneur nommé de *Cardillac*, gentil-homme Bordelois. Constant d'Aubigné épousa sa bienfaitrice en 1627, & la mena à la Caroline. De retour en France avec elle au bout de quelques années, tous deux furent enfermés à Niort en Poitou par ordre de la cour. Ce fut dans cette prison de Niort, que naquit, en 1635, Françoise d'Aubigné, destinée à éprouver toutes les rigueurs & toutes les faveurs de la fortune. Menée à l'âge de trois ans en Amérique, laissée par la négligence d'un domestique sur le rivage, près d'y être dévorée d'un serpent, ramenée orpheline à l'âge de douze ans, élevée avec la plus grande dureté chez madame de Neuillant, mère de la duchesse de Navailles sa parente, elle fut trop heureuse d'épouser en 1651 Paul Scarron, qui logeoit auprès d'elle dans la rue d'Enfer. Scarron étoit d'une ancienne famille du parlement, illuftrée par de grandes alliances; mais le burlefque dont il faifoit profeſſion, l'aviliſſoit en le faifant aimer. Ce fut pourtant une fortune pour mademoifelle d'Aubigné, d'époufer cet homme difgracié de la nature, impotent, & qui n'avoit qu'un bien très-médiocre. Elle fit avant ce mariage abjuration de la religion calvinifte, qui étoit la fienne comme celle de fes ancêtres. Sa beauté & fon efprit la firent bientôt diftinguer. Elle fut recherchée avec empreſſement de la meilleure compagnie de Paris; & ce temps de fa jeuneſſe fut fans doute le plus heureux de fa vie. Après la mort de fon mari, arrivée en 1660, elle fit long-temps folliciter auprès du roi une petite penſion de quinze cents livres, dont Scarron avoit joui. Enfin, au bout de quelques années, le roi lui en donna une de deux mille, en lui difant : ,, madame, je vous ,, ai fait attendre long-temps ; mais vous avez tant d'a- ,, mis, que j'ai voulu avoir feul ce mérite auprès de ,, vous. ,,

Ce fait m'a été conté par le cardinal de Fleuri, qui fe plaifoit à le rapporter fouvent, parce qu'il difoit que Louis XIV lui avoit fait le même compliment, en lui donnant l'évêché de Fréjus.

Cependant il eft prouvé, par les lettres mêmes de madame de Maintenon, qu'elle dut à madame de Montefpan ce léger fecours qui la tira de la mifère. On fe reſſouvint d'elle quelques années après, lorfqu'il fallut élever en fecret le duc du Maine que le roi avoit eu, en 1670, de la marquise de Montespan. Ce ne fût certainement qu'en 1672, qu'elle fut choisie pour présider à cette éducation secrete : elle dit dans une de ses lettres : *si les enfants sont au roi, je le veux bien : car je ne me chargerois pas sans scrupule de ceux de madame de Montespan ; ainsi il faut que le roi me l'ordonne ; voilà mon dernier mot.* Madame de Montespan n'avoit deux enfants qu'en 1672, le duc du Maine & le comte de Vexin. Les dates des lettres de madame de Maintenon, de 1670, dans lesquelles elle parle de ces deux enfants, dont l'un n'étoit pas encore né, sont donc évidemment fausses. Presque toutes les dates de ces lettres imprimées sont erronnées. Cette infidélité pourroit donner de violents soupçons sur l'authenticité de ces lettres, si d'ailleurs on n'y reconnoissoit pas un caractère de naturel & de vérité, qu'il est presque impossible de contrefaire.

Il n'est pas fort important de savoir en quelle année cette dame fut chargée du soin des enfants naturels de Louis XIV, mais l'attention à ces petites vérités fait voir avec quel scrupule on a écrit les faits principaux de cette histoire.

Le duc du Maine étoit né avec un pied difforme. Le premier médecin d'Aquin, qui étoit dans la confidence, jugea qu'il falloit envoyer l'enfant aux eaux de Barège. On chercha une personne de confiance qui pût se charger de ce dépôt. Le roi se souvint de madame Scarron. Monsieur de Louvois alla secretement à Paris lui proposer ce voyage. Elle eut soin depuis ce temps-là de l'éducation du duc du Maine, nommée à cet emploi par le roi, & non point par madame de Montespan, comme on l'a dit. Elle écrivoit au roi directement; ses lettres plurent beaucoup. Voilà l'origine de sa fortune; son mérite fit tout le reste.

Le roi, qui ne pouvoit d'abord s'accoutumer à elle, passa de l'aversion à la confiance, & de la confiance à l'amour. Les lettres que nous avons d'elle font un monument bien plus précieux qu'on ne pense; elles découvrent ce mélange de religion & de galanterie, de dignité & de foiblesse, qui se trouve si souvent dans le cœur humain, & qui étoit dans celui de Louis XIV. Celui de madame de Maintenon paroît à la fois plein d'une ambition & d'une dévotion qui ne se combattent jamais. Son confesseur Gobelin approuve également l'une & l'autre; il est directeur & courtisan; sa pénitente, devenue ingrate envers madame de Montespan, se dissimule toujours son tort. Le confesseur nourrit cette illusion; elle fait venir de bonne foi la religion au secours de ses charmes usés, pour supplanter sa bienfaitrice devenue sa rivale.

Ce commerce étrange de tendresse & de scrupule de la part du roi, d'ambition & de dévotion de la part de la nouvelle maîtresse, paroît durer depuis 1681 jusqu'à 1686, qui fut l'époque de leur mariage.

Son élévation ne fut pour elle qu'une retraite. Renfermée dans son appartement qui étoit de plein-pied à celui du roi, elle se bornoit à une société de deux ou trois dames retirées comme elle; encore les voyoitelle rarement. Le roi venoit tous les jours chez elle après son dîner, avant & après le souper, & y demeuroit jusqu'à minuit. Il y travailloit avec ses ministres, pendant que madame de Maintenon s'occupoit à la lecture, ou à quelque ouvrage des mains ; ne s'empressant jamais de parler d'affaires d'état, paroissant souvent les ignorer, rejetant bien loin tout ce qui avoit la plus légère apparence d'intrigue & de cabale, beaucoup plus occupée de complaire à celui qui gouvernoit, que de gouverner, & ménageant son crédit en ne l'employant qu'avec une circonspection extrême. Elle ne profita point de sa place, pour faire tomber toutes les dignités & tous les grands emplois dans sa famille. Son frère, le comte d'Aubigné, ancien lieutenant général, ne fut pas même maréchal de France. Un cordon bleu, & quelques parts secretes dans les fermes générales, furent sa seule fortune ; aussi disoit-il au maréchal de Vivonne, frère de madame de Montespan, *qu'il avoit eu son bâton de maréchal en argent comptant.*

Le marquis de Villette son neveu, ou son cousin, ne fut que chef d'escadre. Madame de Cailus, fille de ce marquis de Villette, n'eut en mariage qu'une pension modique donnée par Louis XIV. Madame de Maintenon, en mariant sa niece d'Aubigné au fils du premier maréchal de Noailles, ne lui donna que deux cent mille francs : le roi fit le reste. Elle n'avoit elle-même que la terre de Maintenon qu'elle avoit achetée des bienfaits du roi. Elle voulut que le public lui pardonnât fon élévation en faveur de fon défintéreffe-ment. La feconde femme du marquis de Villette, de-puis madame Bolingbrocke, ne pût jamais rien obtenir d'elle. Je lui ai fouvent entendu dire qu'elle avoit re-proché à fa coufine le peu qu'elle faifoit pour fa fa-mille, & qu'elle lui avoit dit en colère : „ vous vou-„ lez jouir de votre modération, & que votre famille „ en foit la victime „. Madame de Maintenon ou-„ blioit tout, quand elle craignoit de choquer les fen-timens de Louis XIV. Elle n'ofa pas même foutenir le cardinal de Noailles contre le père le Tellier. Elle avoit beaucoup d'amitié pour Racine; mais cette ami-tié ne fut pas affez courageufe pour le protéger contre un léger reffentiment du roi. Un jour, touché de l'é-loquence avec laquelle il lui avoit parlé de la mifère du peuple en 1698, mifère toujours exagérée, mais qui fut portée réellement depuis jufqu'à une extrémité déplorable, elle engagea fon ami à faire un mémoire qui montrât le mal & le remède. Le roi le lut, & en ayant témoigné du chagrin, elle eut la foibleffe d'en nommer l'auteur, & celle de ne le pas défendre. Ra-cine, plus foible encore, fut pénétré d'une douleur qui le mit depuis au tombeau.

Du même fond de caractère dont elle étoit incapable de rendre fervice, elle l'étoit auffi de nuire. L'abbé de Choifi rapporte que le miniftre Louvois s'étoit jeté aux pieds de Louis XIV, pour l'empêcher d'époufer la veuve Scarron. Si l'abbé de Choifi favoit ce fait, madame de Maintenon en étoit inftruite; & non feulement elle pardonna à ce ministre, mais elle appaisa le roi dans les mouvements de colère que l'humeur brusque du marquis de Louvois inspiroit quelquefois à son maître.

Louis XIV, en épousant madame de Maintenon, ne se donna donc qu'une compagne agréable & soumise. La seule distinction publique qui faisoit sentir son élévation secrete, c'étoit qu'à la messe elle occupoit une de ces deux petites tribunes ou lanternes dorées, qui ne sembloient faites que pour le roi & la reine. D'ailleurs nul extérieur de grandeur. La dévotion qu'elle avoit inspirée au roi, & qui avoit servi à son mariage, devint peu-à-peu un sentiment vrai & profond que l'âge & l'ennui fortifièrent. Elle s'étoit déjà donné à la cour & auprès du roi la considération d'une fondatrice, en rassemblant à Noisi plusieurs filles de qualité; & le roi avoit affecté déjà les revenus de l'abbaye de S. Denis à cette communauté naissante. Saint-Cyr fut bâti au bout du parc de Versailles en 1686. Elle donna alors à cet établissement toute sa forme, en fit les reglémens avec Godet Desmarêts évêque de Chartres, & fut elle-même supérieure de ce couvent. Elle y alloit souvent passer quelques heures; & quand je dis que l'ennui la déterminoit à ces occupations, je ne parle que d'après elle. Qu'on lise ce qu'elle écrivoit à madame de la Maison-Fort, dont il est parlé dans le chapitre du Quiétisme.

» Que ne puis-je vous donner mon expérience! que » ne puis-je vous faire voir l'ennui qui dévore les grands, » & la peine qu'ils ont à remplir leurs journées! ne

„ voyez-vous pas que je meurs de tristesse dans une
„ fortune qu'on auroit eu peine à imaginer ; j'ai été
„ jeune & jolie ; j'ai goûté les plaisirs ; j'ai été aimée
„ par-tout. Dans un âge plus avancé , j'ai passé des
„ années dans le commerce de l'esprit; je suis venue à
„ la faveur, & je vous proteste , ma chère fille , que
„ tous les états laissent un vuide affreux. „

Si quelque chose pouvoit détromper de l'ambition ,
ce seroit assurément cette lettre. Madame de Maintenon, qui pourtant n'avoit d'autre chagrin que l'unifor-
mité de sa vie auprès d'un grand roi, disant un jour au
comte d'Aubigné son frère : „ je n'y peux plus tenir;
„ je voudrois être morte „. On sait quelle réponse il
lui fit : *vous avez donc parole d'épouser Dieu le
Père ?*

À la mort du roi, elle se retira entièrement à Saint-
Cyr. Ce qui peut surprendre , c'est que le roi ne lui
avoit presque rien assuré. Il la recommanda seulement
au duc d'Orléans. Elle ne voulut qu'une pension de
quatre-vingt mille livres, qui lui fut exactement payée
jusqu'à sa mort, arrivée en 1719 le 15 d'Avril. On a
trop affecté d'oublier dans son épitaphe le nom de Scarron : ce nom n'est point avilissant, & l'omission ne sert
qu'à faire penser qu'il peut l'être.

La cour fut moins vive & plus sérieuse, depuis que
le roi commença à mener avec madame de Maintenon
une vie plus retirée ; & la maladie considérable qu'il
eut en 1686 , contribua encore à lui ôter le goût de
ces fêtes galantes qui avoient jusques-là signalé presque

toutes

toutes ses années. Il fut attaqué d'une fistule dans le dernier des intestins. L'art de la chirurgie, qui fit sous ce règne plus de progrès que dans tout le reste de l'europe, n'étoit pas encore familiarisé avec cette maladie. Le cardinal de Richelieu en étoit mort, faute d'avoir été bien traité. Le danger du roi émut toute la France. Les églises furent remplies d'un peuple innombrable, qui demandoit la guérison de son roi les larmes aux yeux. Ce mouvement d'un attendrissement général fut presque semblable à ce que nous avons vu, lorsque son successeur fut en danger de mort à Metz en 1744 Ces deux époques apprendront à jamais aux rois ce qu'ils doivent à une nation qui sait aimer ainsi.

Dès que Louis XIV ressentit les premières atteintes de ce mal, son premier chirurgien Félix alla dans les hôpitaux chercher des malades qui fussent dans le même péril ; il consulta les meilleurs chirurgiens ; il inventa avec eux des instruments qui abrégeoient l'opération, & qui la rendoient moins douloureuse. Le roi la souffrit sans se plaindre ; il fit travailler ses ministres auprès de son lit le jour même ; & afin que la nouvelle de son danger ne fît aucun changement dans les cours de l'europe, il donna audience le lendemain aux ambassadeurs. A ce courage d'esprit se joignoit la magnanimité avec laquelle il récompensa Félix ; il lui donna une terre qui valoit alors plus de cinquante mille écus.

   Siècle de Louis XIV, tome 3, page 87.

 J'ai dit, tome 5, page 38, que l'histoire de Bavière rapporte, que Vigilius, évêque de Saltzbourg, fut con-

290

damné comme hérétique , par le pape Zacharie , parce
qu'il penfoit qu'il y a des antipodes. J'ai pris le fait
dans la fcience des perfonnes de cour, d'épée & de
robe, tome 1ᵉʳ., partie 1ʳᵉ., page 222; j'aurois du
citer, en outre, l'hiftorien qui rapporte un fait fi étonnant. L'auteur de *la fcience* dit d'abord que les *antipodes*, font ceux qui nous font diametralement oppo-
fés, qui ont les pieds contre nos pieds , qui ont la nuit
& l'hyver, quand les autres ont le jour & l'été; qu'il
n'eft pas facile de concevoir qu'il y ait des antipodes:
que cette idée qui renverfe à notre égard les hommes
de l'autre monde , a renverfé plus d'une fois la tête
de plufieurs anciens docteurs qui ne comprenoient pas
que cela fe put faire ainfi. Venant au fait , il dit enfuite que c'eft une affaire qui fe paffa en Allemagne
dans le VIIIᵐᵉ. fiècle , & pourfuit en ces termes : „ vers
l'an 745 Vigilius, évêque de Saltzbourg , avoit compris, je ne fais comment, qu'il y a des antipodes : il
s'en étoit même expliqué dans le monde ; mais cette
nouveauté parut fi étrange & fi dangereufe, que Boniface, évêque de Mayence , fe déclara ouvertement contre Vigilius qui fut accufé d'héréfie fur ce point devant le pape Zacharie. L'hiftoire de Baviere rapporte
que le roi de Boheme connut de ce différend en première inftance, que les parties fe pourvurent enfuite à
Rome par appel , & qu'enfin Vigilius fut condamné
comme hérétique , parce qu'il croyoit des antipodes.
Aventin, lib. III. hift. Bavar. „

J'ai déjà donné une partie du chap. 38 du fiècle de

Louis XIV, dans l'affaire de M. de *Boffuet*, contre M. de *Fénelon*; fi j'en donnois la fuite, l'on concevroit, peut-être, comment le pape a pu condamner comme une héréfie, une vérité reconnue, qui paffoit alors pour une nouveauté étrange & dangereufe, & qui, dans le fond, devoit paffer, tout au plus, pour une erreur de fait. Il nous faudra rendre une page que j'ai déjà donnée. *Boffuet*, qui s'étoit long-temps regardé comme le père & le maître de *Fénelon*, devenu plus jaloux de la réputation & du crédit de fon difciple, & voulant toujours conferver cet afcendant qu'il avoit pris fur tous fes confrères, exigea que le nouvel archevêque de Cambrai condamnât madame Guion avec lui, & foufcrivît à fes inftructions paftorales. *Fénelon* ne voulut lui facrifier ni fes fentiments, ni fon amie. On propofa des tempéraments; on donna des promeffes : on fe plaignit de part & d'autre qu'on avoit manqué de parole. L'archevêque de Cambrai, en partant pour fon diocèfe, fit imprimer à Paris fon livre des *Maximes des Saints*; ouvrage dans lequel il crut rectifier tout ce qu'on reprochoit à fon amie, & développer les idées orthodoxes des pieux contemplatifs, qui s'élèvent au-deffus des fens, & qui tendent à un état de perfection où les ames ordinaires n'afpirent guères. L'évêque de Meaux & fes amis fe foulevèrent contre le livre. On le dénonça au roi, comme s'il eût été auffi dangereux qu'il étoit peu intelligible. Le roi en parla à *Boffuet*, dont il refpectoit la réputation & les lumières. Celui-ci, fe jetant aux genoux de fon prince, lui demanda pardon de ne l'avoir pas averti plutôt de la fatale héréfie de M. de Cambrai.

Cet enthoufiafme ne parut pas fincère aux nombreux amis de *Fénelon*. Les courtifans penfèrent que c'étoit un tour de courtifan. Il étoit bien difficile qu'au fond un homme comme *Boffuet* regardât comme une *héréfie* fatale la chimère pieufe d'aimer Dieu pour lui-même. Il fe peut qu'il fût de bonne foi dans fa haîne pour cette dévotion myftique, & encore plus dans fa haîne fecrete pour *Fénelon*, & que, confondant l'une avec l'autre, il portât de bonne-foi cette accufation contre fon confrère & fon ancien ami, fe figurant peut-être que des délations qui déshonoreroient un homme de guerre, honorent un eccléfiaftique, & que le zèle de la religion fanctifie les mauvais procédés.

Le roi, & madame de Maintenon, confultent auffi-tôt le père de la Chaife ; le confeffeur répond que le livre de l'archevêque eft fort bon, que tous les jéfuites en font édifiés, & qu'il n'y a que les janféniftes qui le défapprouvent. L'évêque de Meaux n'étoit pas janfénifte ; mais il s'étoit nourri de leurs bons écrits. Les jéfuites ne l'aimoient pas, & n'en étoient pas aimés.

La cour & la ville furent divifées ; & toute l'attention, tournée de ce côté, laiffa refpirer les janféniftes. *Boffuet* écrivit contre *Fénelon*. Tous deux envoyèrent leurs ouvrages au pape Innocent XII, & s'en remirent à fa décifion. Les circonftances ne paroiffoient pas favorables à *Fénelon* : on avoit depuis peu condamné violemment à Rome l'efpagnol Molinos, le quiétifme, dont on accufoit l'archevêque de Cambrai. C'étoit le cardinal d'Étrées, ambaffadeur de France à Rome, qui avoit pourfuivi Molinos. Ce cardinal d'Étrées, que nous avons vu dans fa vieilleffe plus occupé des agrémens de la fociété que de théologie, avoit perfécuté Molinos, pour plaire aux ennemis de ce malheureux prêtre. Il avoit même engagé le roi à folliciter à Rome la condamnation, qu'il obtint aifément ; de forte que Louis XIV fe trouvoit, fans le favoir, l'ennemi le plus redoutable de l'amour pur des myftiques.

Rien n'eft plus aifé, dans ces matières délicates, que de trouver, dans un livre qu'on juge, des paffages reffemblants à ceux d'un livre déjà profcrit. L'archevêque de Cambrai avoit pour lui les jéfuites, le duc de Beauvilliers, le duc de Chevreufe, & le cardinal de Bouillon depuis peu ambaffadeur de France à Rome. M. de Meaux avoit fon grand nom & l'adhéfion des principaux prélats de France. Il porta au roi les fignatures de plufieurs évêques & d'un grand nombre de docteurs, qui tous s'élevoient contre le livre *des Maximes des Saints.*

Telle étoit l'autorité de *Boffuet*, que le père de la Chaife n'ofa foutenir l'archevêque de Cambrai auprès du roi fon pénitent, & que madame de Maintenon abandonna abfolument fon ami. Le roi écrivit au pape Innocent XII, qu'on lui avoit déféré le livre de l'archevêque de Cambrai comme un ouvrage pernicieux, qu'il l'avoit fait remettre aux mains du nonce, & qu'il preffoit fa fainteté de juger.

On prétendoit, & on difoit même publiquement à Rome (& c'eft un bruit qui a encore des partifants) que l'archevêque n'étoit ainfi perfécuté que parce qu'il s'étoit oppofé à la déclaration du mariage fecret du roi & de madame de Maintenon. Les inventeurs d'anecdotes prétendoient, que cette dame avoit engagé le père de la Chaife à preffer le roi de la reconnoître pour reine; que le jéfuite avoit adroitement remis cette commiffion hazardeufe à l'abbé de *Fénelon*, & que ce précepteur des enfants de France, avoit préféré l'honneur de la France & de fes difciples à fa fortune; qu'il s'étoit jeté aux pieds de Louis XIV pour prévenir un éclat, dont la bizarrerie lui feroit plus de tort dans la poftérité, qu'il n'en recueilleroit de douceur pendant fa vie.

Il eft très-vrai que, *Fénelon* ayant continué l'éducation du duc de Bourgogne depuis fa nomination à l'archevêché de Cambrai, le roi, dans cet intervalle, avoit entendu parler confufément de fes liaifons avec madame Guion & avec madame de la Maifon-Fort : il crut d'ailleurs qu'il infpiroit au duc de Bourgogne des maximes un peu auftères, & des principes de gouvernement & de morale qui pouvoient peut-être devenir un jour une cenfure indirecte de cet air de grandeur, de cette avidité de gloire, de ces guerres légèrement entreprifes, de ce goût pour les fêtes & pour les plaifirs, qui avoient caractérifé fon règne.

Il voulut avoir une converfation avec le nouvel archevêque fur fes principes de politique. *Fénelon*, plein de fes idées, laiffa entrevoir au roi une partie des maxi-

mes, qu'il développa enfuite dans les endroits du Télémaque où il traite du gouvernement ; maximes plus
approchantes de la république de Platon, que de la
manière dont il faut gouverner les hommes. Le roi,
après la converſation, dit, qu'il avoit entretenu le plus
bel eſprit & le plus chimérique de ſon royaume. Le
duc de Bourgogne fut inſtruit de ces paroles du roi.
Il les redit quelque temps après à M. de Malezieux,
qui lui enſeignoit la géométrie. C'eſt ce que je tiens de
M. de Malezieux, & ce que le cardinal de Fleuri m'a
confirmé.

Depuis cette converſation le roi crut aiſément, que
Fénelon étoit auſſi romaneſque en fait de religion qu'en
politique.

Il eſt très-certain que le roi étoit perſonnellement piqué contre l'archevêque de Cambrai. Godet Deſmarêts,
évêque de Chartres, qui gouvernoit madame de Maintenon & Saint-Cyr, avec le deſpotiſme d'un directeur,
envenima le cœur du roi. Ce monarque fit ſon affaire
principale de toute cette diſpute ridicule dans laquelle
il n'entendoit rien. Il étoit, ſans doute, très-aiſé de la
laiſſer tomber, puiſqu'en ſi peu de temps elle eſt tom-
bée d'elle-même ; mais elle faiſoit tant de bruit à la cour
qu'il craignit une cabale encore plus qu'une héréſie.
Voilà la véritable origine de la perſécution excitée contre *Fénelon*.

Le roi ordonna au cardinal de Bouillon, alors ſon
ambaſſadeur à Rome, par ſes lettres du mois d'Auguſte
(que nous nommons ſi mal-à propos *Août*) 1697, de

pourfuivre la condamnation d'un homme qu'on vouloit abfolument faire paffer pour un hérétique. Il écrivit de fa propre main au pape Innocent XII, pour le preffer de décider.

La congrégation du Saint-Office nomma, pour inf-truire le procès, un dominicain, un jéfuite, un béné-dictin, deux cordeliers, un feuillant & un auguftin. C'eft ce qu'on appelle à Rome les confulteurs. Les car-dinaux & les prélats laiffent d'ordinaire, à ces moines, l'étude de la théologie, pour fe livrer à la politique, à l'intrigue, ou aux douceurs de l'oifiveté.

Les confulteurs examinèrent pendant trente-fept con-férences trente-fept propofitions, les jugèrent erronnées à la pluralité des voix; & le pape, à la tête d'une con-grégation de cardinaux, les condamna par un bref, qui fut publié & affiché dans Rome, le 13 Mars 1699.

L'évêque de Meaux triompha; mais l'archevêque de Cambrai tira un plus beau triomphe de fa défaite. Il fe foumit fans reftriction & fans réferve. Il monta lui même en chaire à Cambrai, pour condamner fon propre li-vre. Il empêcha fes amis de le défendre. Cet exemple unique de la docilité d'un favant qui pouvoit fe faire un grand parti par la perfécution même, cette candeur, ou ce grand art, lui gagnèrent tous les cœurs, & firent prefque haïr celui qui avoit remporté la victoire. Il vécut toujours depuis dans fon diocèfe en digne ar-chevêque, & en homme de lettres. La douceur de fes mœurs, répandue dans fa converfation comme dans fes écrits, lui fit des amis tendres de tous ceux qui le virent. La perſécution & ſon Télémaque lui attirèrent la vénération de l'europe. Les anglois ſur tout, qui firent la guerre dans ſon diocèſe, s'empreſſoient à lui témoigner leur reſpect. Le duc de Marlboroug prenoit ſoin qu'on épargnât ſes terres. Il fut toujours cher au duc de Bourgogne qu'il avoit élevé; & il auroit eu part au gouvernement, ſi ce prince eût vécu.

Dans ſa retraite philoſophique & honorable, on voyoit combien il étoit difficile de ſe détacher d'une cour telle que celle de Louis XIV: car il y en a d'autres que pluſieurs hommes célèbres ont quittées ſans les regretter. Il en parloit toujours avec un goût & un intérêt, qui perçoit au travers de ſa réſignation. Pluſieurs écrits de philoſophie, de théologie, de belles-lettres furent le fruit de cette retraite. Le duc d'Orléans, depuis régent du royaume, le conſulta ſur des points épineux, qui intéreſſent tous les hommes, & auxquels peu d'hommes penſent. Il demandoit, ſi l'on peut démontrer l'exiſtence d'un Dieu, ſi ce Dieu veut un culte, quel eſt le culte qu'il approuve, ſi l'on peut l'offenſer en choiſiſſant mal? il faiſoit beaucoup de queſtions de cette nature, en philoſophe qui cherchoit à s'inſtruire; & l'archevêque répondoit en philoſophe & en théologien.

Après avoir été vaincu ſur des diſputes de l'école, il eût été peut-être plus convenable qu'il ne ſe mêlât point des querelles du janſéniſme; cependant il y entra. Le cardinal de Noailles avoit pris contre lui autrefois le parti le plus fort: l'archevêque de Cambrai en uſa de même. Il eſpéra qu'il reviendroit à la cour, & qu'il y feroit confulté ; tant l'efprit humain a de peine à fe détacher des affaires, quand une fois elles ont fervi d'aliment à fon inquiétude. Ses defirs cependant étoient modérés comme fes écrits ; & même, fur la fin de fa vie, il méprifa enfin toutes les difputes ; femblable en cela feul à l'évêque d'Avranche, Huet, l'un des plus favants hommes de l'europe, qui, fur la fin de fes jours, reconnut la vanité de la plupart des fciences, & celle de l'efprit humain. L'archevêque de Cambrai (qui le croiroit ?) parodia ainfi un air de *Lulli* :

> Jeune, j'étois trop fage,
> Et voulois trop favoir ;
> Je ne veux en partage
>   Que badinage,
> Et touche au dernier âge,
>   Sans rien prévoir.

Il fit ces vers en préfence de fon neveu le marquis de Fénelon, depuis ambaffadeur à la Haye. C'eft de lui que je le tiens. Je garantis la certitude de ce fait. Il feroit peu important par lui-même, s'il ne prouvoit à quel point nous voyons fouvent avec des regards différents, dans la trifte tranquillité de la vieilleffe, ce qui nous a páru fi grand & fi intéreffant dans l'âge où l'efprit, plus actif, eft le jouet de fes défirs & de fes illufions.

Ces difputes, long-temps l'objet de l'attention de la France, ainfi que beaucoup d'autres, nées de l'oifiveté, fe font évanouies. On s'étonne aujourd'hui qu'elles aient produit tant d'animofités. L'efprit philofophique, qui gagne de jour en jour, femble affurer la tranquillité publique, & les fanatiques mêmes qui s'élèvent contre les philofophes, leur doivent la paix dont ils jouiffent, & qu'ils cherchent à perdre.

L'affaire du quiétifme, fi malheureufement importante fous Louis XIV, aujourd'hui fi méprifée & fi oubliée, perdit à la cour le cardinal de Bouillon. Il étoit neveu de ce célèbre Turenne à qui le roi avoit dû fon falut dans la guerre civile, &, depuis, l'agrandiffement de fon royaume.

Uni par l'amitié avec l'archevêque de Cambrai, & chargé des ordres du roi contre lui il chercha à concilier ces deux devoirs. Il eft conftant, par fes lettres, qu'il ne trahit jamais fon miniftère en étant fidèle à fon ami. Il preffoit le jugement du pape, felon les ordres de la cour ; mais, en même-temps, il tâchoit d'amener les deux partis à une conciliation.

Un prêtre italien, nommé *Giori*, qui étoit auprès de lui l'efpion de la faction contraire, s'introduifit dans fa confiance, & le calomnia dans fes lettres ; &, pouffant la perfidie jufqu'au bout, il eut la baffeffe de lui demander un fecours de mille écus ; &, après l'avoir obtenu, il ne le revit jamais.

Ce furent les lettres de ce miférable qui perdirent le cardinal de Bouillon à la cour. Le roi l'accabla de reproche, comme s'il avoit trahi l'état. Il paroît pourtant, par toutes fes dépêches, qu'il s'étoit conduit avec autant de fageffe que de dignité.

Il obéiffoit aux ordres du roi, en demandant la condamnation de quelques maximes pieufement ridicules des myftiques, qui font les alchymiftes de la religion. Mais il étoit fidèle à l'amitié, en éludant les coups que l'on vouloit porter à la perfonne de *Fénelon*. Suppofé qu'il importât à l'églife qu'on n'aimât pas Dieu pour lui-même, il n'importoit pas que l'archevêque de Cambrai fût flétri. Mais le roi, malheureufement, voulut que *Fénelon* fût condamné, foit aigreur contre lui, ce qui fembloit au-deffous d'un grand roi, foit afferviffement au parti contraire ; ce qui femble encore plus au-deffous de la dignité du trône. Quoi qu'il en foit, il écrivit au cardinal de Bouillon, le 16 Mars 1699, une lettre de reproches très-mortifiante. Il déclare, dans cette lettre, qu'il veut la condamnation de l'archevêque de Cambrai ; elle eft d'un homme piqué. Le Télémaque faifoit alors un grand bruit dans toute l'europe ; & *les Maximes des Saints*, que le roi n'avoit point lues, étoient punies des maximes répandues dans le Télémaque qu'il avoit lues.

On rappella auffi-tôt le cardinal de Bouillon. Il partit ; mais ayant appris à quelques milles de Rome que le cardinal doyen étoit mort, il fut obligé de revenir fur fes pas pour prendre poffeffion de cette dignité qui lui appartenoit de droit, étant, quoique jeune encore, le plus ancien des cardinaux.

La place de doyen du facré collège donne à Rome de très-grandes prérogatives ; &, felon la manière de penfer de ce temps-là, c'étoit une chofe agréable pour la France qu'elle fût occupée par un françois.

Ce n'étoit point d'ailleurs manquer au roi que de se mettre en possession de son bien , & de partir ensuite. Cependant cette démarche aigrit le roi sans retour. Le cardinal, en arrivant en France, fut exilé, & cet exil dura dix années entières.

Enfin, lassé d'une si longue disgrace , il prit le parti de sortir de France pour jamais , en 1710, dans le temps que Louis XIV sembloit accablé par les alliés , & que le royaume étoit menacé de tous côtés.

Le prince Eugène , & le prince d'Auvergne , ses parents, le reçûrent sur les frontières de Flandres où ils étoient victorieux. Il renvoya au roi la croix de l'ordre du Saint-Esprit, & la démission de sa charge de grand aumônier de France , en lui écrivant ces propres paroles : „ je reprends la liberté que me donnoient ma „ naissance de prince étranger , fils d'un souverain ne „ dépendant que de Dieu , & ma dignité de cardinal „ de la sainte église romaine & de doyen du sacré col- „ lège..... Je tâcherai de travailler le reste de mes jours „ à servir Dieu & l'église dans la première place après „ la suprême, &c. „

Sa prétention de prince indépendant lui paroissoit fondée non seulement sur l'axiome de plusieurs jurisconsultes , qui assurent que , *qui renonce à tout , n'est plus tenu à rien* , & que tout homme est libre de choisir son séjour, mais, sur ce qu'en effet ce cardinal étoit né à Sedan dans le temps que son père étoit encore souverain à Sedan ; il regardoit sa qualité de prince indépendant comme un caractère ineffaçable. Et , quant au titre de cardinal doyen, qu'il appelle la première place après la suprême, il se justifioit par l'exemple de tous ses prédécesseurs qui ont passé incontestablement avant les rois à toutes les cérémonies de Rome.

La cour de France & le parlement de Paris avoient des maximes entièrement différentes. Le procureur général d'Aguesseau, depuis chancelier, l'accusa devant les chambres assemblées, qui rendirent contre lui un décret de prise de corps, & consisquèrent tous ses biens. Il vécut à Rome, honoré, quoique pauvre, & mourut victime du quiétisme qu'il méprisoit, & de l'amitié qu'il avoit noblement conciliée avec son devoir.

Il ne faut pas omettre que, lorsqu'il se retira des Pays-Bas à Rome, on sembla craindre à la cour qu'il ne devînt pape. J'ai entre les mains la lettre du roi au cardinal de la Trimouille, du 26 Mai 1710, dans laquelle il manifeste cette crainte. ,, On peut tout présumer, dit-il, d'un sujet prévenu de l'opinion qu'il ne dépend que de lui seul. Il suffira que la place dont le cardinal de Bouillon est présentement ébloui lui paroisse inférieure à sa naissance & à ses talents: il se croira toute voie permise pour parvenir à la première place de l'église, lorsqu'il en aura contemplé la splendeur de plus près. ,,

Ainsi, en décrétant le cardinal de Bouillon, & en donnant ordre qu'on le *mît dans les prisons de la conciergerie, si on pouvoit se saisir de lui*, on craignit qu'il ne montât sur un trône qui est regardé comme le premier de la terre par tous ceux de la religion catholique, & qu'alors, en s'unissant avec les ennemis de Louis XIV, il ne se vengeât encore plus que le prince Eugene; les armes de l'églife ne pouvant rien par elles-mêmes, mais pouvant alors beaucoup par celles d'Autriche.

Siècle de Louis XIV, tome 3, page 326.

J'ai dit, tome 5, page 83 : il faudroit une plume plus formée & plus mœlleufe que la mienne, pour parler de ces événements avec l'énergie qu'il appartient; j'aurois tout dit fur l'étrange renonciation du prince Charles, fi j'avois dit purement & fimplément, que l'on ne peut dépouiller un prince françois de fon droit à la couronne, à moins qu'il ne foit devenu étranger à la nation, & qu'il n'ait renoncé, par quelque acte, à être françois. Cependant il n'eft point de loi reconnue, qui oblige les defcendants à fe priver du droit à la couronne auquel auroient renoncé les pères. Ces renonciations d'ailleurs ne font efficaces, que lorfque l'intérêt commun continue de s'accorder avec elles. Au furplus on a éprouvé plus d'une fois combien de tels actes lient peu les hommes fondés en droit.

J'ai dit, tome 5, feconde partie, page 64 : la du Barry fut comme tirée de la fange pour fonder la profondeur du mal; elle en propagea le fecret à fa manière. Si le roi s'eft laiffé arracher un fecret qui lui pefoit furement fur le cœur; fi le titre de Dauphin qu'il femble donner au duc de Berry, eft moins une ufurpation qu'une manifeftation des droits du duc de Bourgogne; l'on aimeroit à croire que tout l'embarras du roi

304

étoit de trouver le moyen propre à le faire rentrer en France. La journée du 10 Août, l'arrestation de mesdames à Bar sur Arnain, (le nom de mon second camarade à l'abbaye de Floreffe) leur départ pour Rome, leur retraite à Naples, à vingt lieues de Fondi, & cinquante de Barry ; bien d'autres choses encore, semblent marquer que tous ces arrangements ont été tracés sur la rentrée à Rome du chef suprême de l'église. Après un séjour des papes à Avignon de 71 années, Grégoire XI, excité par les révélations, & par les instantes prières de sainte Brigitte de Suede & de sainte Catherine de Sienne, reporta le Saint-Siège à Rome le 17 Janvier 1377, où ce pontife n'arriva qu'après avoir essuyé de grandes tempêtes sur la mer, présages de l'agitation future de l'église. En effet, Grégoire étant mort au bout de quatorze mois, les romains craignant que les cardinaux n'élussent pour pape quelqu'un de ceux de leur ordre, qui étoient restés à Avignon, & que le Saint-Siège n'y fut encore transporté, se rendirent les maîtres du conclave, & menacèrent ceux qui y étoient enfermés, de les faire périr par le fer & par le feu, s'ils n'élisoient un pape romain ou italien. Les cardinaux effrayés par les clameurs de ce peuple en fureur, convinrent entre eux que celui qu'ils nommeroient, ne seroit pas reputé pape légitime, & qu'ils feroient une autre nomination quand ils seroient en liberté. Sous cette convention, ils nommèrent Barthelemi Prignan, Napolitain, archevêque de Bary, qui prit le nom d'Urbain VI. Ce prélat, ayant été couronné & reconnu

connu dans Rome, & étant bien perfuadé en fon particulier qu'il étoit pape légitime, la chofe feroit demeurée là, fi fon orgueilleufe févérité, & fes manières
dures & piquantes, n'euffent foulevé tous les cardinaux
contre lui. Alors fe fouvenant de leur convention, ils
prirent occafion des grandes chaleurs pour fortir l'un
après l'autre de la ville de Rome ; & quand ils furent
à Fondi, fous la protection du comte de cette ville,
& de Jeanne, reine de Naples ; ils élurent pour pape
Robert, frère de Pierre, comte de Geneve, qui prit
le nom de Clément VII. Delà, il s'enfuivit un fchifme
dans l'églife, qui dura quarante ans. Car Clément, n'ayant
pu venir à bout de détrôner Urbain, fe retira à Avignon, & il y eut en même-temps deux papes, l'un à
Rome, l'autre à Avignon, qui eurent chacun des fuc-
ceffeurs jufqu'au temps du concile de Pife, ou plutôt
jufqu'au concile de Conftance, l'an 1414, qui termina
tout à-fait ce fchifme. La France, après plufieurs affem-
blées, adhéra à Clément VII, & entraîna avec elle la
Caftille & l'Ecoffe. Le comte de Savoye & la reine de
Naples fuivirent le même parti. Pierre, roi d'Arragon,
demeura neutre, tout le refte de la chrétienneté obéit
à Urbain. Chacun des contendants eut pour lui de grands
perfonnages, des faints, & des raifons fi fortes, qu'on
ne put jamais terminer ce différend que par la dépofi-
tion de l'un & de l'autre.

  Difcours précité, partie 2, page 90.

 J'ai dit, tome 5, feconde partie, page 166, qu'il
y eut une croifade entreprife par plufieurs feigneurs fran-

çois, qui fut fans fuccès ; au lieu de chercher le but
de l'auteur, j'eus du faifir le but de l'ouvrage. A la vérité, l'auteur fembloit me dire, comme mon père : *bien
des croix vous attendent* ; mais l'ouvrage nous conduifoit à une révolution qui femble avoir fervi de modèle
à la nôtre. Je le prendrai dans le difcours fur l'hiftoire
univerfelle.

Alexis Ange priva Ifaac, fon frère, des yeux & de
la liberté, & s'empara de l'empire de Grece.

      Difcours précité, partie 2, page 48.

Dans ce même temps, 1204 & 1205, il arriva une
révolution dans l'empire de Grece. Alexis, fils d'Ifaac,
après le malheur de fon père, s'étoit refugié auprès de
l'empereur Philippe, qui avoit-époufé fa fœur. Ce jeune
prince, ayant eu avis qu'il y avoit à Venife une armée
de croifés prête à paffer en la Terre-fainte, les alla
trouver, & les fupplia d'employer leurs armes à le rétablir fur le trône, & à chaffer le tyran Alexis qui s'en
étoit emparé. Les croifés y confentirent, à condition
qu'Alexis leur payeroit les frais de cette expédition, &
qu'il foumettroit l'églife grecque à l'obéiffance du pape.
Le tyran ne put foutenir l'effort des croifés. Il fut
obligé de fe fauver avec Théodore Lafcaris, fon beau-
frère. Ifaac fut délivré, & Alexis mis fur le trône. L'armée hivernoit aux environs de Conftantinople, & attendoit l'effet des promeffes de ce prince, lorfqu'un troifième Alexis, furnommé *Murzuffe*, grand maître de
fa garde-robe, profitant des mauvaifes difpofitions du
peuple, fur qui on avoit été obligé de faire des lé-

vées, fe faifit de fa perfonne, l'étrangla de fes propres mains ; & pendant qu'Ifaac agonifoit, il fe fit déclarer empereur. Enfuite il fortit contre les croifés ; mais il fut repouffé, & Conftantinople affiégée & prife au bout de foixante jours. Les vainqueurs donnèrent pouvoir à douze des principaux d'entre eux d'élire un empereur, a condition que s'il étoit françois, le patriarche feroit venitien ; & que fi l'empereur étoit vénitien, le patriarche feroit françois. Par un commun fuffrage, l'empire fut déféré à Baudoin, comte de Flandres, le patriarchat à Thomas Morifini, vénitien. Les croifés n'eurent pas de peine à conquérir tout ce que les grecs poffédoient en europe. Ils en firent plufieurs fouverainetés qu'ils partagèrent entre eux. La Theffalie échut à Boniface, marquis de Montferrat, avec titre de royaume ; moyennant quoi, il céda l'ifle de Candie aux vénitiens. D'autre part, les grecs confervèrent ce qu'ils avoient en Afie. Théodore Lafcaris prit les ornements impériaux à Nicée en Bithynie. — De la maifon des Comnene, Alexis eut la ville de Trebifonde fur le pont Euxin ; & de-là s'eft formé l'empire de Trebifonde, qui eft toujours demeuré féparé de celui de Conftantinople, jufqu'à ce que l'un & l'autre aient été envahis par les turcs.

Page 5o.

J'ai dit, tome 5, feconde partie, page 2o9, que mes trois frères concoururent à mon mariage avec une dame de trop haut rang, pour que le fils de Jacques Dachet put l'époufer de l'affentiment de fes parents ; cette raifon eft invincible pour le temps où mon mariage eut

lieu, temps heureux où l'on respectoit les personnes &
leur état. Il n'en étoit point alors, comme de celui que
nous vîmes quelques années après, où l'on vit *tous les
états entre eux se confondre*; où *du même pas mar-
choient noblesse & roture*; où *Sacrements & pa-
rentè étoient des chimères*; où *liberté plénière re-
gnoit entre frères & sœurs*; où *un oignon à Jesus
dâmoit le pion*; où *des moines & des nones abju-
roient leurs vœux*; où l'on avoit *des dieux à sa fan-
taisie*; ou le roi des françois, rougissant des abus, craignoit de laisser appercevoir qu'il étoit leur maître; où
du peuple le plus poli, l'on fit comme autant de *Na-
buchodonosor changé en bête.*

J'ai parlé, dans mon neuvième mémoire, du con-
cours de ma famille à mon mariage avec madame Marie-
Thérèse Charlotte de *Riber*; je l'ai nommé quelquefois
Caroline, pour faire sentir qu'elle m'étoit destinée;
qu'elle seroit *l'os de mes os*, *la chair de ma chair*.
Dieu, lui même, l'a faite pour moi; elle est née dans un
même jour que mon père est mort. De *Riber*, l'on auroit
Berri, en mettant la seconde syllabe avant la première.

Pour justifier le concours de mes frères, il seroit à
propos de revenir sur mon mariage; mes trois belles
sœurs, comme ma sœur, étoient présentes; mes neveux étoient trop jeunes pour intervenir d'office; mes
tantes étoient absentes. Je vis mon frère Auguste, ce
jour-là sur les huit heures du matin; il étoit à Versailles.
Cependant il n'étoit point présent à mon mariage; pourquoi? je l'ai déjà dit, tome 4, page 251 : la danse me

frappa, mon cœur en fut comme ébranlé; j'aurois défiré vous voir auprès de moi & recevoir votre main
immédiatement. Qu'ils font triftes ces mariages par procureurs! mais cet arrangement étoit comme néceffité
pour m'inftaller en autorité, c'eft-à-dire, pour manifefter que mon frère Augufte me remettroit volontairement
l'exercice de mes droits. Dès le 15 Février j'avois déjà
fait ce que je devois à cet égard; je ne fus pas moins
touché en voyant que la droiture de fon cœur l'em-
portoit fur l'amour de dominer. J'étois à Paris de peu
de temps, que l'on me marquoit que vous feriez mon
chef-d'œuvre, fans doute, dans le plus doux exercice
de mes droits; je demeurois chez le fieur Gafpart Bou-
chon, marchand orfèvre, rue Boucher St. Honoré,
n°. 10. La première paire de boucles que je fis étoit
un nœud d'amour; mon bourgeois la vendit quatre
louis.

J'ai dit, 1°. : j'étois à la porte de Verfailles le 7 Jul-
llet, à quatre heures après midi. Il y avoit trente-cinq
ans neuf mois & vingt-quatre jours que j'en étois forti.

R. Il y avoit trente-cinq ans neuf mois vingt-cinq
jours; je n'ai point compté le jour de ma rentrée, à
caufe de la froideur que je vis dans prefque tous les
cœurs. Arrivois-je trop tôt? étoit-ce peu de m'avoir
laiffé à l'étranger trente-cinq ans & plus? d'ailleurs mon
grand père m'avoit revoqué, & mon père étoit mort,
fans m'interdire de rentrer. Mon père eft mort „le ven-
„ dredi 20 Décembre 1765, à huit heures du matin.
„ Il étoit âgé de trente-fix ans trois mois feize jours „.

Vie de mon père, page 367. Ma mère eſt morte „ le
„ vendredi 13 Mars 1767. Elle étoit âgée de trente-
„ cinq ans trois mois neuf jours „. Vie de mon père,
page 446. C'eſt-à-dire, qu'ils ſont morts victimes de
leur amour pour le duc de Bourgogne, leur fils aîné,
né le 13 Septembre 1751 ; il eſt déſigné principalement par neuf & ſeize jours. Tout eſt frappant dans
ce nécrologe ; c'eſt l'effet d'une providence divine. Je
n'en dirai que deux mots. *Neuf* marque qu'il a été enlevé à la France au terme de neuf mois; *ſeize*, qu'il
ſuccédoit à Louis XV. Cette preuve, pour être tirée de
l'hiſtoire, eſt d'autorité humaine ; mais, mon père &
ma mère étant morts de leur belle mort, elle eſt en
même-temps d'autorité divine. Eſt-il de preuve établie
plus ſolidement? juſtifie-t-elle le concours de mes frères à mon mariage avec Caroline? eſt-il de choix plus
avantageux ?

J'ai dit, 2°. : le 9, dans la matinée, je vis ma ſœur
Eliſabeth ; elle ſortoit de la chapelle du château. D'a-
bord qu'elle m'apperçut, elle baiſſa les yeux, & ſembla
vouloir rentrer. Elle avança enfin vers une voiture qui
l'attendoit; elle s'empreſſa de monter ſur l'eſtrapontin.
Elle ſe retourna bientôt, promenant ſes regards, comme ſi elle eut cherché quelqu'un dans la foule. Elle
rencontre mes yeux ; elle attache les ſiens ſur moi.
Ses couleurs roſes diſparoiſſent, ſa vive blancheur s'é-
clipſe, ſon teint pâlit ; elle chancelle, ſe ſoutient à
peine, ſemble ſe trouver mal; quel ſentiment l'affecte?
que deviendroit-elle, ſi je lui diſois? je ſuis votre frère

aîné, que l'on a jeté en pays étranger, & dont on a fait un honteux trafic. La voix de la nature lui avoit dit tout cela : je n'avois fait que me montrer, mes traits avoient parlé à l'oreille de fon cœur. Dès ce moment je fus comme le loup bleu, connu de ma famille, des gardes-du-corps, des gardes françoifes, des gardes fuiffes. On commença, dans le jour à me porter les armes à tous les poftes, comme à un officier major, fans battre aux champs; l'on favoit donc que j'étois encore en vie. Cependant perfonne ne m'invitoit à rentrer chez moi; je l'ai eu long-temps fur le cœur. Dans l'après midi j'allai au petit Trianon à l'indication d'une noit. La duchesse de Berry, qui étoit comme l'interprête de ce que l'on auroit dû faire, m'ouvrit elle même la porte de fon jardin.

Le 11 à midi la duchesse de Berry m'envoya dire : ,, fi je voulois voir la cour, que je n'avois qu'à aller ,, au château à deux heures & demie ,,. Mon bourgeois, le fieur Feuillette, qui avoit entendu le meffage du valet de la princeffe, me difoit de ne point manquer une fi belle occafion. Touché de la politeffe de cette illuftre étrangère, je m'empreffai d'y répondre : je montai au château à l'heure marquée. Mais deux frotteurs, deux miférables frotteurs qui obftruoient un coridor, ne voulurent jamais me laiffer paffer, quoique je leur dit que j'allois *chez la reine*. Fâché, je me retirai. Je retournois chez mon bourgeois à grands pas, longeant les appartemens de monfieur & du comte d'Arrois, qu'arriva une jeune dame, comme tout exprès, pour dé-

V 4

farmer ma mauvaife humeur. Elle vint droit à moi, avec un gracieux fourire, & me dit affectueufement : ,, de ,, grace, monfieur, pas fi vite, la reine vous appelle. ,, Les graces & la rare beauté de cette jolie perfonne auroient adouci l'homme le plus irrité ; je retournai : mais quel fut mon étonnement ! je n'avois point fait fix pas que je vis une bonne mère qui me faifoit figne de la tête & de la main. J'approchai : c'étoit madame de Riber. Elle me donna des marques d'une tendre confiance, me préfenta fa fille, nommée *Caroline*. Quoique jeune encore, fa taille commençoit à fe former ; il étoit aifé d'appercevoir qu'elle auroit une jolie tournure. Plus belle déjà que ma Mimie, & avec toute la fraicheur d'une rofe qui éclot, elle étoit de mon goût ; ce qui fit que je n'allai point chez *la reine* dans le moment. Sa mère, qui pénétroit fans doute mon fentiment, ne fut pas long-temps fans me l'offrir. J'en fus fi aife que je l'acceptai fur le champ, me difant : voilà fûrement mon écu de fix francs ! je me couvris à l'inftant, pour marquer que je confentois à l'époufer ; de quatre à cinq cents perfonnes dont nous étions environné ; j'étois le feul avec le chapeau fur la tête. C'étoit me rendre grand fervice que de me l'offrir ; pauvre, comme j'étois, je n'aurois ofé la demander. Cependant il me vint en penfée, que c'eft au père à difpofer de fa fille, à la fiancer, à la donner en mariage à qui il veut ; mais je confidérai que l'on ne m'eut point appellé en France pour l'époufer ; fans être bien fûr, & de l'adhéfion du père, & du confentement de la fille.

Soit que la duchesse de Berry connut mieux les besoins de la vie, soit qu'elle fût la seule qui imaginât que
ma situation n'étoit pas aisée, au moins fut-elle la seule
qui voulut en adoucir l'amertume. Elle m'offrit, avec
une bonté touchante, de pourvoir à tout ce qui pourroit me manquer : je manquois de tout. Mais la proposition seule me faisoit rougir ; j'avois honte de tout
ce qui m'environnoit ; j'aurois préféré souffrir toutes les
horreurs de la faim que de convenir que j'étois dans un
pressant besoin ; j'aimai mieux continuer de faire argent
de mes effets, que de vivre dans la dépendance de ses
bontés. Autre chose encore m'affectoit. Je pensois que
mes frères ne pouvoient ignorer que ma situation n'étoit rien moins qu'aisée ; j'entendois que ce fut à eux à
me prévenir, à eux seuls à fournir à mes besoins. Il
faudra pourtant en convenir, je ne manquois de rien
en un certain sens ; j'étois heureux. Quoique réduit au
besoin du nécessaire à la vie, jamais, non jamais je ne
fus aussi content qu'à Versailles. Jusques-là ce n'étoit
rien. J'avois quelquefois eu faim, j'avois souvent eu
soif, j'avois souffert de plus d'une autre manière encore, en suivant les chances de mon appel en France ;
mais des victoires, en remplissant mon cœur des douceurs d'une réunion précieuse, suppléoient à tout ce
qu'il me manquoit d'ailleurs.

Le 7 Août, jour de naissance de la princesse Amélie, je me promenois à portée du château, sur les huit
heures du matin. D'abord que j'arrivai devant la façade
du château, du côté de la place d'armes, le duc de

Berry sortit de ses appartements, m'ôta son chapeau avant que je ne pus porter la main au mien, me salua affectueusement, & s'avança vers moi avec une joie qui éclatoit dans tous ses traits. Voyant qu'il avoit bien entendu & qu'il approuvoit ce que je lui avois signifié le 25 Julliet, j'allais trois quatre pas au devant de lui. Je l'attendis à l'endroit où je m'étois avancé. Je le voyois approcher avec plaisir, bien-aise d'avoir une entrevue avec lui, pour savoir de sa propre bouche s'il feroit ce que je désirois. Mais la fatalité de nos destinées en disposa autrement, en nous ravissant le moment précieux d'un entretien qui devoit me réunir à ma famille & déterminer de concert les avantages d'un grand intérêt. Trois Mrs. en habit bourgeois, qui venoient vers nous, sembloient accélérer le pas sur à mesure qu'ils voyoient le prince s'approcher de moi. Ils l'abordèrent qu'il n'en étoit plus qu'à quelques pas. Il parut triste à leur abord, & plus triste encore en rétrogradant avec eux. Ils s'arrêtèrent à l'endroit où l'infâme Damiens attenta à la vie de Louis XV. A en juger par son teint, qui devint plombé, le duc de Berry étoit vivement affecté. Je frisonnois en voyant ses belles couleurs se flétrir. Mon cœur s'attendrit encore chaque fois que son image se présente à mon esprit. C'est la dernière fois que j'eus le bonheur de le voir.

Dès le 11 Julliet madame de Riber m'avoit marqué son désir de me voir épouser sa fille; bien des circonstances disent que Mr. de Riber partageoit, à cet égard, les dispositions de son auguste épouse. N'ayant

pas le cœur d'être eux-mêmes les miniftres immédiats d'une cérémonie qui devoit difpofer de l'objet de leurs plus tendres foins, l'on choifit, pour me l'unir, mon frère Philippe & la femme de mon frère Xavier. Les miniftres immédiats de notre union devoient danfer à deux, fe donner mutuellement la main devant l'autorité légitime, le duc de Bourgogne ; c'eft à cette poignée de mains qu'étoit attachée notre union conjugale. Au moyen de quoi aucune paffion ne pouvoit faire manquer l'événement défiré. Mon frère & ma belle fœur pouvoient même ignorer qu'ils alloient nous unir. Leur ignorance ne pouvoit préjudicier à aucun intérêt : ils n'avoient qu'à danfer, qu'à fe donner la main, du confentement & devant qui il appartient, pour nous unir au vœu de Mr. & de madame de Riber. Pour folemnifer la cérémonie, l'on devoit donner une fête champêtre dans les environs du château du petit Trianon, femblable à celle qu'on m'avoit donnée dans la forêt de Compiegne, comme je l'ai dit précédemment. Les arrangements étant pris, je lâchai mon confentement, mais j'ajoutai : ,, que Dieu daignera manifefter par l'é-
,, vénement ,,. C'eft-à-dire, que mon époufe donneroit toute fa perfection à notre union. Je voulois me marier comme fe marient généralement tous les hommes, pour confommer mon mariage & demeurer avec ma femme. S'il faut le dire, je penfois que mon mariage avec Amélie feroit bien auffi avantageux à la nation.

Tout étant duement difpofé, mon frère Philippe, madame de Riber, madame D. P., madame D. & ma sœur Elisabeth se rendirent dans l'endroit où je devois perdre ma liberté. C'étoit un clos quarré, fait de madriers & de planches, à l'instar du clair voir où le duc de Bourgogne & le Dauphin s'entretinrent sur le pont de Montereau.

Le monde affluoit : l'on y voyoit la maison de la duchesse de Berry, & beaucoup de messieurs & dames de Versailles. La fête fut aussi brillante que champêtre. La danse, le chant, les ris, les jeux, en firent le principal ornement. Ce qui me frappa le plus, fut la danse de mon frère avec madame D. P. Mon cœur, qui n'avoit jamais palpité, fut comme ébranlé en les voyant se donner la main : me voilà donc pris, moi, qui chérissois ma liberté !

Je passai bientôt de l'étonnement à la tristesse, quand je vis que ces lugubres épousailles n'avoient point la vertu de me donner sur le champ celle que l'on sembloit me destiner. Ah ! elle étoit trop jeune, selon l'usage du pays, pour achever notre mariage ce jour-là, 7 Août 1787. Je n'avois pourtant point déjà si mal jeûné à l'Abbaye où j'avois fait dix-huit carêmes. Aurois-je fait le dix-neuvième, si l'on eût été de l'avis de Mr. l'avocat général Seguier ? la vie de Mgr. le Dauphin nous le donne en ces termes, page 86 : „ un de nos „ premiers magistrats (Mr. Seguier, requisitoire du „ 7 Septembre 1775,) entroit bien dans les vues du Dauphin, lorsqu'invitant le clergé & la magistrature à une sainte ligue contre les écrivains audacieux, il disoit au milieu des chambres assemblées, avec cette éloquence qui lui eſt propre : „ le moment eſt arrivé où „ le clergé & la magiſtrature doivent ſe réunir, & par un heureux accord, écarter les atteintes que des mains impies voudroient porter au trône & à l'autel. Les magiſtrats, en veillant à la tranquillité publique & en rendant la juſtice aux citoyens, feront en même-temps reſpecter nos Saintes écritures, nos dogmes Sacrés, nos divins Myſtères ; & les ſucceſſeurs des apô-tres, qui ſont dépoſitaires & juges de la foi, en an-nonçant la parole de Dieu & en inſtruiſant les fidèles, feront reſpecter l'autorité des loix, entretiendront les peuples dans la ſoumiſſion qu'ils doivent à leurs ſou-verains, & leur apprendront à garder les oracles de la juſtice, comme une portion de la juſtice divine elle-même, qui veut que l'on obéiſſe aux puiſſances que le ciel a établies ſur la terre.

Cette précieuſe harmonie bannira bientôt du milieu d'un peuple religieux & ſoumis, cette foule d'écrivains licencieux, de brochures ſcandaleuſes, de libelles impies, qui attaquent également, & la majeſté Divine, & la majeſté royale. Les écrivains du ſiècle, que rien n'a pu contenir juſqu'à ce jour, redouteront cette réunion tant déſirée du ſacerdoce & de l'empire ; ils craindront éga-lement & les cenſures eccléſiaſtiques & les regards vengeurs des miniſtres de la loi. On ne les verra plus tourner en dériſion les allégories ſacrées employées dans nos ſaintes écritures, ils ne ſe feront plus un jeu de ré-pandre à pleines mains ce ridicule que la gaieté françoiſe ſaiſit avec avidité, qu'ils prodiguent au défaut de rai-ſon, & qui finiront par détruire l'antique croyance de

nos pères, dont la fimplicité étoit bien préférable à la
légéreté de nos principes & de nos mœurs. ,,

Quoique j'en aie dit, rien autre ne fait préfumer que
mon frère Augufte défiroit que je m'unifle à la princeffe
Amélie par les liens du mariage, puifqu'il m'avoit rappellé en France pour époufer fa fille. On le voit par
mon écu de fix francs, 1er. tome, page 127.

Il m'avoit rappellé en France : on le voit par
l'hiftoire d'Irma, 1er. tome, page 100, où l'on dit:
,, vous n'avez pas fûrement oublié, madame, que votre
aïeul avoit laiffé d'une de fes femmes qui n'avoit pas
le rang de reine, un fils d'une figure charmante, & du
plus heureux naturel. La crainte que fa mère ne prit
trop d'empire, avoit fait éloigner de ce prince ce fils,
qui, par fes graces, auroit eu tant de droit à la tendreffe de fon père. On le laiffa languir dans l'obfcurité;
on ne permit pas même à fa mère d'en prendre foin;
& rélégué loin de la cour, il n'y fut rappellé que par
Shiloüs, qui le combla de biens, & l'aima fincérement.
Cependant, cet aimable jeune homme, que les préjugés, qui ne vouloient pas que les fils de nos rois qui
n'ayant pas le rang de prince, laiffaffent d'enfants, con-
damnoient au célibat, étoit né fenfible; on ne pouvoit
le voir fans l'aimer, & rien ne lui paroiffoit plus douloureux que cette contrainte : il n'en accufoit pas votre augufte frère, mais contrarié dans fes goûts, il fe
retira de la cour où il venoit fort rarement. Il vivoit
dans un château fur le bord du Gange, où, fans foins
comme fans jouiffance réelle, il cherchoit à remplacer
les biens que la nature offre dans des liens légitimes,

par les fauffes délices de la volupté. Cette conduite, bien excufable dans un homme de fon âge, contraftoit avec la gravité de l'état qu'on l'avoit forcé d'embraffer (car on le deftinoit à être chef fuprême des brames), fut exagérée par les courtifants à votre augufte père, dont les mœurs févères lui rendoient odieux tout ce qui étoit défordre.

L'on fentira, comme je le fentois moi-même, que la ducheffe de Berry étoit l'agent de mes frères, dans les marques d'intérêt qu'elle m'a données ; mais j'eus préféré à tout l'or du Pérou, l'affurance de demeurer dans la ville qui m'a vu naître.

Il me refte à répéter, pour finir ce paragraphe, que j'ai époufé Caroline le jour de la naiffance de la princeffe Amélie, qui étoit dans fa cinquième année. L'on femble avoir choifi ce jour-là, comme tout exprès, pour me rappeller que la princeffe Adélaide de Savoye n'avoit qu'onze ans quand elle a époufé le duc de Bourgogne, & que l'infante d'Efpagne, qui fut appellée pour époufer Louis XV, n'avoit que cinq ans à fon arrivée en France. Caroline étoit dans fa dixième année quand elle s'eft donnée à moi ; la chronologie de M. le préfident Henault nous fournit plus d'un exemple de mariage contracté avant l'âge de puberté. Je citerai celui-ci, 1re. partie, page 388. Le Dauphin, fils de Charles VII, qui perfiftoit dans fa révolte, avoit accordé fon mariage avec la fille du duc de Savoye, qui n'avoit que neuf ans, & fe ménageoit par-là un appui contre le reffentiment du roi & contre la haine générale que

320

ſes exactions avoient excitée dans le Dauphiné. Les nouveaux troubles de Guyenne forcèrent le roi à approuver ce mariage ; il fit plus , il donna Yolende ſa fille en mariage au prince de Piedmont.

J'aurois à donner ici quelques lettres.

A Mademoiſelle ,

Mademoiſelle Bovi , rue du pont d'Avroy, à Liege, pour remettre à monſieur d'Aché.

Monſieur ,

Après avoir reçu la préſente lettre ci-jointe , je vous l'envoie de ſuite pour votre gouverne. Comme je n'aime point de me rendre à Foſſe ſans vous en prévenir, ayez la bonté de me donner une marge pour que je ne ſois point dans le cas de vous nuire quand je me rendrai à Foſſe au bureau. Je vous ſalue & ſuis ,

Monſieur ,

Votre dévoué François Mangon.

P. S. Vous adreſſerez la lettre que vous m'envoierez au Sr. Dauphin , homme d'affaires à Fleurus.

A Monſieur Mangon , cultivateur au Spinay, commune de Baulet.

Tamines le 19 Février 1811.

A Monſieur Mangon , cultivateur au Spinay, commune de Baulet , département de Jemmape.

Dominé , receveur des domaines au bureau de Foſſe, département de Sambre-&-Meuſe.

Monſieur ,

Je ſuis venu aujourd'hui en vertu d'un arrêté de M. le préfet du département de Sambre-&-Meuſe du

24 Janvier

24 Janvier dernier, prendre poffeffion au nom du gouvernement des biens fitués à Tamines, qui formoient le 3°. lot de la ferme d'Oignies, adjugé au S. P°. Daché le 19 Ventôfe an 6, déchu de fon adjudication pour n'avoir pas acquitté la fomme dont il eft redevable à la caiffe du domaine pour décompte de ladite acquifition.

Je fuis informé que vous detenez lefdits biens à titre d'un bail qui vous a été fait par ledit Sr. Daché; je vous invite à vous préfenter dans la huitaine à mon bureau à Foffe avec votre bail & les quittances des fermages que vous avez payés. J'efpère que vous ne me néceffiterez pas à employer contre vous aucune pourfuite.

J'ai l'honneur de vous faluer,

Dominé.

J'aurois quelque chofe à dire fur des procédés fi étranges. J'avois pour vivoter une rente de dix couronnes & le revenu d'une petite ferme & de quatre bonniers de prairies, ce qui me donnoit 25 francs la femaine. Cependant j'étois heureux au milieu des françois. L'on voit par mon 4me. tome, page 32, n°. 185, que j'avois payé la moitié de la mife à prix de mes prairies le 10 Fructidor an 8. J'étois en règle; cependant, l'on voit page 39, n°. 194, le commis du receveur en fecond m'écrire le 9 Pluviofe an 10, que le certificat du receveur principal ne pouvoit fervir à rien, parce qu'il n'avoit point de qualité *ad hoc*, tandis que fon propre receveur à lui verfoit dans la caife du receveur principal, comme une rivière porte fes eaux à la mer; car enfin, que je paye à Pierre, que je paye à Paul, la moitié de la mise à prix entre t'elle moins dans les coffres de la république? l'on voit encore, page 55, n°. 205, que, dans cette crise, je fournis *une rescription de onze cent quarante livres tournois pour solde du principal & à compte des intérêts.* Cette rescription m'avoit coûté 560 livres; c'est-à-dire, au moins douze fois plus que ne m'avoit coûté la moitié de la mise à prix payée l'an 6. Enfin quel intérêt y auroit-il eu à payer du 19 Ventose an 6, au 10 Fructidor an 8, quand il n'y avoit point de numéraire? il n'y en avoit point; on le voit par la lettre du receveur de Namur, page 117, n°. 239, qui porte expressément que l'intérêt ne court que depuis le 30 Frimaire an 11. J'ai bien payé treize fois la moitié de la mise à prix de mes prairies, & il n'y avoit point d'intérêt à exiger. Cependant le préfet du département de Sambre-&-Meuse, le citoyen Perès, m'enleve mes prairies le 19 Février, pour n'avoir point payé un intérêt qui n'étoit point exigible! qui l'auroit autorisé à confisquer mon bien sans cause & sans raison? n'est-ce point vouloir me faire le pendant du cardinal de Bouillon, quand l'état des choses est si différent? n'est-ce point m'ôter la vie, que de me faire mourir à petit feu, en m'arrachant ce qui m'est nécessaire pour vivre? l'ignore-t-on? il y a long-temps que j'ai vendu ma ferme pour acheter les ustenciles dont j'avois besoin pour faire voir que j'avois droit au sacrement de Baptême; que me reste-t il! ce n'est point la première fois que le citoyen Perès se comporte si galamment avec moi ; mon chapitre de Mouftier en appelle encore a l'équité. Du refte il eft vifible que la république m'eft comptable & de la valeur & de l'intérêt de ma refcription depuis le 1er. Meffidor an 10, & que le citoyen Perès ne pouvoit me dépouiller de mes prairies.

A Monfieur d'Aché, aîné,

à Voroux-Goreux.

Velroux le 11 Julliet 1811.

L'adjoint au maire de Velroux,

A Monfieur d'Aché, aîné, à Voroux-Goreux.

Monfieur,

J'ai l'honneur de vous informer que par arrêté de M. de Bougies de Rouveroy, auditeur du confeil d'état, fous préfet du département de l'Ourte, en date du 9 préfent mois, vous êtes nommé com. répartiteur de cette commune pour la confection des matrices de rol fommaires de 1812.

J'ai l'honneur de vous informer également que les fonctions de répartiteurs ne peuvent d'après l'article 10 de la loi du 3 Frimaire an 7 être refufées que pour l'une des caufes ci-après.

Les caufes de refus légitimes font, 1°. Les infirmités graves & reconnues, vérifiées en la forme ordinaire, en cas de conteftation. 2°. L'âge de foixante ans commencés, ou plus. 3°. L'entreprife d'un voyage ou d'affaires qui obligeroient à une longue abfence du domicile ordinaire. 4°. Les fonctions adminiftratives ou judiciaires, autres que celles d'affeffeurs de juge de paix. 5°. Les fonctions de commiffaire du gouvernement près

324

les tribunaux. 6°. Enfin le service militaire de terre &
de mer, ou un autre service public.

J'ai l'honneur de vous saluer,

J. L. Lonhienne.

A Monsieur,
Monsieur Daché, imp.?

A Voroux-Goreux.

Namur le 4 Août 1811.

Monsieur,

Je viens de recevoir votre lettre du 31 Julliet que
l'on m'a adressé de Bruxelles, & par laquelle vous me
demandez le siècle de Louis XIV, par M^r. Francheville,
édition de 1765, je ne puis vous procurer cet ouvrage,
j'avois déjà cherché par-tout pour vous le procurer,
mais en vain. M^r. Dachet, ferblanctier à Namur vient
de mourir de langueur. Si vous m'écrivez ayez la com-
plaisance de m'adresser votre lettre ici, j'y suis encore
pour un mois.

J'ai l'honneur de vous saluer,

Ad. Stapleaux.

Je l'ai déjà dit, le sieur J. J. Dachet, ferblanctier
à Namur, avoit deux sœurs ; l'une, nommée *Françoise*, avoit épousé le sieur J. F. Stapleaux, imprimeur
à Namur. Le sieur Adolphe Stapleaux, dont je viens
de donner la lettre, est leur fils : le sieur J. J. Dachet
étoit son oncle.

A Mademoiſelle,

Mademoiſelle Bovi, pour remettre à monſieur Dachet, à Voroux-Goreux, rue d'Avroy.

A Liege.

Namur le 19 Août 1811.

Mon cher oncle.

C'eſt avec la plus grande douleur que je vous écris
celle-ci pour vous annoncer la mort de mon père, qui
a beaucoup ſouffert d'une longue & pénible maladie.
Nous avons perdu tout ce que nous avions de plus
cher au monde. Nous avons fait tout ce que nous pou-
vions pour l'échapper. Dieu nous a donné & Dieu nous
a ôté. Nous ſommes à faire des arrangements de famille pour donner la part à Joſeph. J'eſpère, mon
cher oncle, que vous vous ſouviendrez toujours de nous,
& que vous aurez la même amitié pour nous. Bien des
choſes honnêtes de la part de maman & de Théodore,
& moi qui s'y joint, qui a l'honneur d'être,

Votre nièce,

Charlotte Dachet, pour ma mère.

Son père, c'eſt ledit ſieur J. J. Dachet ; je lui ai
demandé quand il eſt mort ; elle ne m'a point fait réponſe.

A Monſieur de Fromantau, révérend abbé de Floreffe,
près de Namur.

De Voroux-Goreux le 24 Août 1811.

C'eſt demain votre fête, monſieur l'abbé, je vous la
ſouhaite de tout mon cœur. Si vous m'aviez baptiſé,
quand je le demandois, nos vœux réciproques ſe tranſ-

526

mettroient réciproquement dans le moment. L'on m'écoutoit, dans ce temps-là, comme l'on écoute un malheureux captif : comme l'on écoutoit la reine Anne du temps du Mazarin. Craigniez-vous que cent mille voix ne crient : *liberté & broussel ?* ce n'étoit point sans fondement ; mes amis, qui m'entourroient alors, l'auroient fait ; je ne serois pas ici. Plein de votre peur panique, vous n'aurez point considéré que je vous le demandois avec bien autant de sécurité, qu'un soldat aux gardes disoit à Louis XV, dans la nuit du 12 au 13 Septembre 1751 : sire, nous avons un duc de Bourgogne ; cela est sûr comme vous êtes roi. Quelquefois pourtant vous avez bien osé me donner des marques d'intérêt ; je vous en remercie sincérement, monsieur l'abbé, & j'ai l'honneur de vous saluer.

L. J. X. — D. d'Aché.

A Mademoiselle de Riber chez la comtesse de Lille.

A Kiovie en Russie.

De Voroux-Goreux le 17 Septembre 1811.

Etoit-ce peu, madame, pour vous décider à me rejoindre, de vous faire voir que vous vous êtes donnée à moi au vœu de *monsieur* & de madame de Riber vos père & mère ? falloit-il encore aller à la première source de mes malheurs ! hé ! n'y a-t-il point soixante ans que j'y suis, que je crie malheur à celui qui a comme voulu étouffer en moi les cris de la nature, en me faisant transférer en ce pays-ci ; malheur à ma famille, malheur à ceux & celles qui ne m'écoutent point. Cependant, quoique l'on ait fait & que l'on n'ait point fait, je fuis demeuré intrinféquement le même que j'étois l'an 1751, à ma première fortie du royaume. J'ai pris deux engagements depuis lors, l'un avec la femme, l'autre avec Dieu. Comme mon grand'père avoit fait dès l'an 1761, l'églife m'a enfin donné, cette année, les noms de Louis-Jofeph-Xavier, noms chèrs à mon cœur; ce fut le 12 Julliet. Je m'étois engagé à vous, madame, le 7 Août 1787 : à la créature avant de m'engager au Créateur : quel ordre ! cependant c'eft toujours un grand bonheur d'avoir enfin reçu le facrement de Baptême. Que me refteroit-il à défirer que de repaffer la Meufe ! ah ! fi l'on m'ôtoit quelques pierres qui font en mon chemin, au lieu d'aller demeurer à Seraing, comme je me le propofe, je retournerois inceffamment à Paris. Seraing eft fur la Meufe, deux lieues de France au-deffus de Liege : même rive que Frappecu. Voudriez-vous, madame, être du voyage ? rien n'empêcheroit, abfolument parlant, fi vous êtes demeurée dans les mêmes difpofitions pour moi & la nation, que vous étiez l'an 4, en arrivant chez la princeffe Bifattal votre chère tante. Mais que faire, comment vous tirer du labyrinthe, fi vous avez eu le malheur d'époufer mon neveu, ainfi qu'on me l'a écrit quelques années après votre fortie du royaume? facrifiant à ma chère patrie mon premier penchant, les fecretes inclinations de mon cœur, il me faudroit alors, pour le bien de la paix, époufer une angloife ou une autrichienne. L'angloife nous donneroit la paix plus fûrement, plus efficacement, plus folidement, plus univerfellement; mais la

X 4

repréfentante feroit-elle fâchée d'être ma belle fœur? cependant l'angloife, avec la paix, nous rendroit nos colonies, nos vaiffeaux, nos foldats, nos matelots, ouvriroit nos ports, rétabliroit notre commerce, vivifieroit une infinité de malheureux, fans état, fans fortune, fans reffource; les pauvres gens! que ne puis je effuyer leurs larmes! & le foldat! le foldat qui a fait tant de campagnes à l'étranger, reviendroit avec joie dans fes foyers, & confoleroit nos chères françoifes de leur veuvage depuis l'an 7. J'ai été élevé à Namur au milieu des écoffois & des anglois; c'étoit de fi bonnes gens que je les ai toujours aimés. Etranger à toutes les querelles des circonftances, pouvois-je ceffer d'aimer les premiers amis que je me fuis faits? ils avoient mon amitié; je leur devois encore mon eftime. C'eft une nation fupérieure à bien d'autres, par la jufteffe & la folidité de fa raifon. Cependant point de danger pour mon pays; mon cœur eft au milieu des françois. Voilà, ce me femble, le véritable intérêt de la nation; quel eft fon vœu?

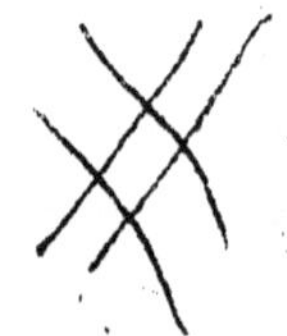

Ne pouvant aller à Paris dans l'état des chofes, j'aurois voulu aller demeurer à Seraing, & y entrer dans un même jour que je fuis forti de Verfailles la feconde fois, le 9 Novembre; quel moyen! je n'y ai point de maifon. Si l'on ne prépare point la voie à mon retour dans mon pays, que ferai-je par ici que de m'amufer à faire une édition plus correcte & plus belle que la première! pour cela il me faudroit vendre celle-ci. Quand je la vendrois douze francs l'exemplaire, il fera de huit volumes; en ayant fait peu, j'y perdrai toujours

beaucoup ; & si je ne la vends point, je suis ruiné.
L'embarras est grand ; mais j'aurai démontré que j'avois
droit au sacrement de Baptême. *Quid prodest homini si
universum mundum lucretur, animæ vero suæ detri-
mentum patiatur !* Faites bien mes amitiés à mes frères &
sœurs & à mes neveux & tantes. Je vous salue affectueusement, madame, & vous embrasse de tout mon cœur.

Louis-Joseph-Xavier — D. d'Aché.

Je viens de dire dans ma lettre à M. de Riber, que
je me propose d'aller demeurer à Seraing ; resterois-je
ici, quand l'on me force d'en sortir ! parlons des moyens
que l'on employe.

J'ai loué une maison ici, à Voroux-Goreux, le 
15 Mars 1808, du sieur Dieudonné Monon, cultiva-
teur, au prix de cent florins l'année, à la condition
de charier mon chaufage & de me fournir une pinte de
lait journellement. J'ai loué la maison avec tout ce qui
en dépend, rien excepté. J'y suis entré le 24 Mars de
l'année prédite ; il y a environ quatre ans. J'ai eu mon
lait depuis le lendemain de mon entrée ici, jusqu'au
2 Avril 1811, sans interruption, mes servantes l'at-
testeront. La condition a été remplie entièrement les
trois premières années ; quoique je l'en aie requis
plus d'une fois, il n'en a rien fait cette année ci, sur
des difficultés que son frère & lui ont fait naître. incontinent après que je lui eus fourni une somme d'argent dont je parlerai plus bas. Mais à défaut par
lui d'avoir rempli la condition, j'aurai à déduire comme
de droit du prix de la location de la présente année.

Comment en fixer le montant ? par le prix de son nouveau bail à loyer ; ce que le nouveau locataire rendra
moins que moi, doit faire le prix de mon lait & du
charroi de mon chaufage. Il a voulu louer la maison à
un paysan de Gorcux 40 florins, & lui accorder, ce que
je n'ai point, le pâturage d'une vache ; l'on me dit dans
le moment, qu'il l'a loué à un paysan d'Awan seize
écus, lesquels au taux où ils sont réduits aujourd'hui,
font trente-sept florins, argent courant de Liege. Il
aura donc à me payer soixante-trois florins pour mon
lait & le charroi de mon chaufage de cette année 1811.

J'ai dit qu'ils ont commencé leur maniment, *incontinent* après avoir reçu mon argent ; trois jours après
ils escaladoient déjà les murailles de ma cour, outra-
geoient, frappoient, persécutoient ma servante ; j'en ai
parlé ailleurs.

Je m'étois toujours fait une sorte de devoir de les
obliger comme voisins ; mais dans le temps même que
je les obligeois, n'étois-je point déjà en visière à un
méchant homme ? n'anticipons point sur ses affections
pour moi ; dans la tragédie, comme dans la comédie,
il n'est point facile de démêler les véritables sentiments
de l'acteur ; que les faits parlent. Le sieur Dieudonné
Monon a escaladé les murailles de ma cour avec une
échelle le 27 Avril 1811, sur les huit heures du matin ; il les a pareillement escaladé le 1er. Mai suivant,
à la même heure & de la même manière, comme il a
encore fait le 19 Août, à une heure de relevée. Il est
descendu les trois fois dans ma cour avec son échelle ;

mais la dernière fois il a forcé une porte de ma remise du côté de la cour, a ouvert l'autre porte qui eft du côté de la rue, & a ainfi donné accès à quatre hommes de fa famille, frères & neveux, qui font entrés dans ma remife armés de fourches. Il y auroit eu lieu à un mandement de foule il y a vingt ans. Ils en étoient là quand j'entrai dans la remife. Celui qui les a introduits, appellons-le le chef de la bande, avoit déjà jeté de ma remife quinze bottes de paille quand ils entrèrent. Déliées par fon action, & foulées bientôt au pied, elles furent perdues pour moi. Il y avoit une voiture de fourrage devant la porte du côté de la rue; je leur défendis expreffément de décharger dans la remife; le fieur J. L. Goffin & ma fervante m'ont entendu. N'nobftant ces hommes mirent la main à l'œuvre à l'ordre de leur chef. A l'inftant je fis la pirouette fur le talon pour aller faifir le premier bâton que je rencontrerois; n'en trouvant point, je revenois fur mes pas pour les chaffer comme je le pourrois. Le chef de la bande me jeta la porte au nez; indigné de ce que l'on vouloit m'ôter jufqu'à la faculté d'entrer dans ma remife; j'enlevai la porte de fes gonds, & je l'emportai. Tandis que je l'emportois, ils obftruèrent l'entrée de la porte avec des bottes de fourrage; & bientôt ils eurent encombré tellement la remife, qu'il ne fut plus poffible d'y entrer par aucune des deux portes; eux-mêmes furent obligés d'en fortir par la fenêtre. Ayant befoin de la remife, j'aurois voulu la faire évacuer; j'en écrivis fur le champ au maire de la commune, lui mandant, en propres ter-

mes : „ vous ordonnerez de ma part au sieur Dieudonné Monon d'évacuer ma remise dans les vingt-quatre
heures ; s'il n'obtempère point, vous porterez mes doléances à Liege, à l'officier de sureté. Jadis aucun citoyen n'étoit mis en prison, sans que ses juges naturels
en connussent dans les vingt-quatre heures, & rien n'é-
toit plus juste : ainsi vingt-quatre heures lui suffisent pour
défaire ce qu'il a fait en deux heures „. Le maire me
dit de m'adresser au juge de paix ; *au juge de paix*,
quand c'est le plus mauvais sujet peut être que la république
nous ait donné. On ne fait rien pour réprimer ses excès ;
l'auroit-on poussé, l'auroit-on chargé de me tourmenter,
pour me faire sortir d'ici ? j'estime que toute la cause de
sa hardiesse gît dans sa propre malice ; il est dit expressément dans un billet dont je vais parler, qu'il me payera
en mon domicile à Voroux-Goreux ; il aura cru se
libérer en me faisant partir avant l'échéance ; voilà, suivant moi, la principale cause de son brigandage depuis
le 21 Mars dernier.

A la vérité on n'a rien fait pour réprimer ses excès ;
il faut convenir qu'il n'est point facile d'atteindre ici
les méchants. Du premier au dernier ils sont presque
tous parents ; quand l'on se plaint de la malversation de
l'un d'entre eux, ils répondent hardiment : *quand il*
auroit tué & massacré, nous n'en conviendrions
point : c'est de nos parents. Par-là des brigands cour-
roient impunément les rues, & feroient encore les plus
entreprenants, les plus téméraires. Je serois fâché de
dénoncer, ni de faire conduire quelqu'un aux fourches

patibulaires ; mais j'eus mis à la difcrétion des foldats de la colonne mobile : fa maifon & deux autres maifons voifines & parentes de ce fameux chef de gens qui ne vallent rien. Concevra-t-on comment après l'indécence déjà de la journée du 19 Août, ces trois maifons me montrent encore tant d'animofité, que je ne puis faire un pas fans les entendre diriger contre moi des injures piquantes, toujours difficiles à digérer. Avec cela l'on vole encore mes poulets, mes poules, les fruits de mon jardin ; c'eft mortifiant ! cependant il ne s'eft préfenté aucune occafion ou je ne les aie obligé, tous tant qu'ils font, & payé cherement ce qu'ils m'ont vendu.

Voyant que l'on ne faifoit rien pour évacuer ma remife, que l'on ne faifoit rien pour ma fureté même, je ferois forti de ce village fur le champ, fi j'avois eu une maifon ou me nicher. Je dois ici l'hommage de ma fenfibilité à un homme de bien, M. l'avocat Deponthiere, qui, pour me tirer de l'embarras ou il me voyoit, eut la généofité de m'offrir la moitié de fa campagne, fur la rive gauche de la Meufe, dans un fite des plus agréables. J'en eus profité, fi je n'eus craint les défàgréments qu'il pouvoit éprouver de mes gens.

Cependant, parti d'ici, il m'eut été, ce femble, plus difficile de recouvrer une fomme de quinze cent & trente livres que j'ai fournie au fieur Dieudonné Monon avant de le connoître ; il fe dévoila incontinent après ! ne feroit-il pas bien jufte de lui en faire payer l'intérêt légal, & de lui faire payer une vingtaine de florins pour ma remife qu'il occupe malgré moi ? il a apporté du trouble à ma jouiffance, par des voies de fait qui durent encore, n'ayant fur ma remife d'autre droit que celui de propriété; & l'argent que je lui ai fourni fur fon billet, eft une forte de prêt, quoique, pour s'éviter certains fraix, il lui ait donné la forme d'une lettre de change à onze mois de date. Si l'on ne prête point gratuitement fans l'énoncer, l'intérêt légal m'eft dû. Du refte l'on verra plus bas, par le congé ou renon qu'il m'a envoyé le 14 de ce mois, qu'il m'a loué fa maifon avec fes appendices & dépendances, que rien n'eft excepté; par conféquent qu'il m'a loué la remife. Il s'enhardit, dans fa malignité, de ce que je n'ai qu'un bail de vive voix; mais l'on voit les obligations qu'il a contractées envers moi, par ma poffeffion de trois ans confécutifs & par la différence de prix du bail du nouveau locataire; le refte fe démontre par le congé qu'il m'a envoyé.

Ajouterai-je, comme nouveau motif de fes procédés envers moi, qu'il m'a fufcité les difficultés qui m'éprouvent aujourd'hui, pour fe venger peut être de la fermeté que j'ai mife à défendre l'innocence, qu'il vouloit furprendre dans la fureur de fa paffion ? cependant je n'ai fait que rédiger les doléances & les tranfmettre au maire de la commune. Il en eft de ce maniment, comme de l'accaparement du bled pour la ville de Liege. Rebutés par la méchanceté des routes, qui n'ont pas été rétablies depuis l'entrée des françois dans la Belgique, les fermiers vendent volontiers leur bled à ces hommes avides, que l'on appelle *les marchands de grain*, situés de distance en distance sur les voies qui conduisent à la ville; ceux ci n'emmenent au marché qu'en petite portion, & sur à mesure que presse le besoin d'une grande ville affamée. Dans cette extrémité, le prix de cette denrée de première nécessité, est toujours celui qui fixe l'avidité de l'accapareur; & le prix du marché de la ville, faisant le prix des campagnes, le pauvre paysan ne peut se donner du pain dans son excessive cherté. L'on déjoueroit, ce me semble, l'avidité de cette classe d'hommes, en obligeant les fermiers de mener eux-mêmes leur bled au marché de Liege, & en y établissant une halle au bled, fermée hermétiquement, à l'instar de celle de Namur, qui est un magasin, de bonne garde sous la vigilance de la police. Elle ne coûteroit guères qu'une vingtaine de mille francs, ce seroit bien plus urgent qu'une nouvelle salle de spectacle, & il y auroit lieu de la placer commodément au centre de la ville. Je juge des routes du pays par celle qui est sous mes yeux; elle est affreuse depuis Liege jusqu'ici.

A Monsieur,

Monsieur Daché, propriétaire.

A Voroux.

Seraing le 23 Octobre 1811.

Monsieur,

Je crois devoir vous informer pour votre gouverne que M. le capitaine André, dont le régiment vient de passer par Liege se dirigeant sur l'Allemagne, a séjourné à Seraing pour ses affaires, & qu'il n'a pas, comme propriétaire de la maison que j'occupe, trouvé à propos d'agréer le bail à loyer vous fait par madame sa mère; que de plus il en a disposé envers autres, en réservant pour son épouse, la place en bas, en quelle je faisois mon étude, cette dame est allée donner un pas de conduite à son mari, & se prépare à son retour de venir occuper cette place réservée : M^r. le curé, chez lequel il a dîné, & qui étoit requis de parler pour faire agréer le bail, paroît ne pas vouloir s'en mêler, crainte d'indisposer ses ouailles, & la chose est mal tournée.

Je suis, monsieur, fâché de l'événement, totalement imprévu, puisque M^r. le capitaine André n'étoit pas attendu, & je m'empresse de vous en informer, crainte qu'on ne vous laisse ignorer l'état des choses.

J'ai l'honneur de vous saluer, & d'être avec respect,

Monsieur ,

Votre très-humble obéiss. serviteur,

J. F. Chevalier.

A Monsieur ,

Monsieur Daché , rentier.

A Voroux-Goreux.

Seraing ce 14 Novembre 1811.

Monsieur ,

Je vous préviens que la femme du capitaine André est de retour à Seraing, & qu'elle va habiter la maison que vous croyez habiter au Mars prochain. J'ai

cru

ⱳru devoir vous en prévenir, pour vos arrangements à prendre.

Agréez nos très-humbles refpects.

H. T. Dumon, vicaire.

A Monfieur Chevalier, notaire.

A Seraing fur Meufe.

De Voroux-Goreux le 17 Novembre 1811.

Dans le conflit des prétencions fingulières de la mère & du fils, pourrions-nous nous arranger, monfieur, en laiffant à la dame André la chambre de votre étude qu'elle demande? dans le cas, prenez à cet égard les arrangements que demande le bien de la paix, & inftruifez-m'en, je vous prie, dans un court délai.

J'ai l'honneur, monfieur, de vous faluer,

L. J. X. — d'Aché.

Voroux, au fieur J. P. Dacher.

Cejourd'hui quatorze Décembre dix-huit cent onze à la requête du fieur Dieudonné Monon, cultivateur, demeurant à Voroux, j'ai Gilles Paques, huiffier, fouffigné, duement patenté, admis au tribunal de paix du canton de Hologne-aux pierres, 1ᵉʳ. arrondiffement du département de l'Ourte réfident à Montegnée, fignifié & déclaré au fieur J. P. Dachet, fans profeffion, demeurant audit Voroux, que mon requérant lui donne congé ou renon de la maifon, étable, jardin, appendices & dépendances qu'il occupe verbalement dudit requérant, & cela pour le quinze Mars prochain, partant il ne pourra prétexter caufe d'ignorance, & aura à en ceffer toute habitation, culture & maniance pour l'é-

Vᵐᵉ. Tome. IIᵐᵉ. P.   Y

poque fufdite fous les peines comminées par la loi, congé fondé fur la propriété réelle & affective dudit requérant, — & j'ai pour qu'il n'en ignore audit J. P. Dachet, en fon domicile, parlant à lui-même laiffé la préfente copie fous la coutance de quatre francs.

Gilles Paques, huiffier patenté.

Les appendices & dépendances de la maifon que j'ai loués, & dont j'ai joui paifiblement les trois premières années, font le jardin, le puits, le fournil, l'étable & la remife.

L'adreffe porte au fieur J. P. Dachet; fi la lettre J. marque le nom de Jofeph, & la lettre P. le nom de Pierre, l'adreffe marque que j'étois diftingué de Pierre-Jofeph Dachet, quand l'on m'a revêtu de fon nom & prénoms. Toutefois cette pièce eft le congé du côté gauche; je vais paffer au côté droit, à la naiffance de la chauffée de France.

A Monfieur,
Monfieur d'Acher.

A Voroux-Goreux.

Liege ce 17 Décembre 1811.

Monfieur,

Mr. Simonis ayant fait une petite abfence vient de répondre à la lettre que je lui avois écrite pour connoître fon intention à l'égard de la maifon & jardin ci-devant occupé par les religieufes de Bavière, dont vous m'avez parlé, il me mande qu'elle pourra être mife à louage, qu'il y a même une autre perfonne qui s'eft préfenté, fi vous défirez la louer vous pourrez me faire connoître votre intention positive & vous rendre chez moi dans la 8me., nous pourrons conclure & passer le bail d'après la procuration dont je suis munis, j'ai entre-temps l'honneur d'être bien sincérement,

Votre très-humble obéissant

serviteur, l'avocat

de Ponthiere.

A Monsieur,

Monsieur Dachet, propriétaire.

A Voroux.

Seraing le 20 Décembre 1811.

Monsieur,

D'après le bruit public vous avez eut l'avantage de recevoir ces jours derniers une bien aimable dame de notre voisinage; la chronique de Seraing parle avec emphase de cette apparution; & nous sommes jaloux que les afforains l'emportent sur nous : cette dame avoit annoncé qu'elle feroit rapport de son voyage à son pasteur, mais le temps manque, il est trop court pour donner toute la splendeur qu'exige une visite réciproque, déjà on fait les jardins; on cure le puit pour que l'eau soit claire, & le gazon suppléera aux chaises. Veuillez, monsieur, nous adresser quelques détails, nous versons dans un dédale de dires, d'annonces & de circonstances qui se contrarient; nonobstant tout tous vos amis espèrent, ainsi que nous, de vous posséder ici : dans cette persuasion, j'ai l'honneur de vous saluer en tout respect, le notaire Chevalier.

Y 2

A Monsieur de Fromantau, révérend abbé de Floreffe,
près de Namur.

De Voroux-Goreux le 22 Décembre 1811.

Il ne me reste presque plus rien ; me voilà, comme mylord Olislagers, réduit à l'hôpital ; je dois entrer à l'hôpital de Baviere au mois de Mars prochain ; il faudra donc bien vous rappeller, monsieur l'abbé, qu'aux termes de vos lettres du 25 Mars & 17 Mai 1792, vous m'avez accordé un dédommagement de cent florins par jour d'emprisonnement. L'abbaye de Floreffe m'a emprisonné & m'a tenu en prison dix-huit cent quatre vingt-quatre jours & demi ; elle m'est redevable, de ce chef, d'une somme de cent quatre-vingt-huit mille quatre cent cinquante florins, argent du pays où elle m'a tenu en prison. Cependant, vu vos propres malheurs, nous nous arrangerons d'une manière satisfaisante. Pour solde de compte, vous m'assignerez sur bonne hypothèque, du consentement de vos confrères, un revenu annuel de cent louis, payable à la fois, à compter de ce jour, & réversible à l'abbaye à ma mort, si je meurs sans femme & sans enfant. Je ne pourrois vous proposer un arrangement plus raisonnable, plus amical, plus conforme à votre intérêt. Vous l'accepterez sur le champ & m'en instruirez dans un cour délai. Vous m'adresserez votre réponse chez M. Herlenvaux apothicaire, rue S. Sevrin, à Liege.

J'ai l'honneur, monsieur l'abbé, de vous saluer.

L. J. X. — D. d'Aché.

A Monſieur Chevalier, notaire,

A Seraing ſur Meuſe.

De Voroux-Goreux le 23 Décembre 1811.

Votre lettre du 20, monſieur, m'eſt rendue; madame André en eſt l'objet. Vraiment cette dame eſt venue me voir le 13; elle a fait plus, elle m'a écrit le 15. Elle me dit, entre autres choſes, qu'elle eſt rentrée en poſſeſſion de la maiſon que vous occupiez; du moment que vous lui rendiez les clefs, c'étoit réſilier tacitement à l'action que les nouveaux régléments vous donnent ſur la maiſon. Ils portent, titre 8, chapitre 2, *le preneur à le droit de ſous louer, & même de céder ſon bail à un autre, ſi cette faculté ne lui a pas été interdite;* c'eſt-à-dire, que ſi vous m'aviez ſubrogé au bail, j'eus pu occuper la maiſon malgré les propriétaires. A Dieu ne plaiſe; ce ſeroit contre nature : c'eſt cruel. J'eus fait l'action d'un malhonnête homme; je me l'eus reproché toute la vie. Je dis peu : j'eus fait une ſorte de rapt, qui ſe punit de mort par les loix du royaume. Ah! c'étoit bien faire que de lui remettre la maiſon; il eſt naturel qu'elle jouiſſe de l'héritage de ſon époux. Vous m'aviez fait ſentir tout cela par votre lettre du 23 Octobre; j'ai à vous remercier des bons ſentiments que vous m'avez inſpirés.

J'ai l'honneur, monſieur, de vous ſaluer.

L. J. X. — d'Aché.

Le trente un Décembre mil huit cent & onze, je ſouſſigné en qualité de fondé de pouvoir de M. Iwan, domicilié à Vervier, déclare avoir loué comme je loue par cette, pour le terme de trois années conſécutives, qui prendront cours au premier Mars mil huit cent douze & finiront à pareil jour lesdits trois ans révolus, à M. Louis-Joseph-Xavier Dachet, demeurant présentement à Voroux-Goreux ici présent & acceptant la maison, jardin & prairie y attenante, connue vulgairement sous la désignation de la maison de l'hôpital de Baviere située dans la commune de Seraing sur Meuse, entre ses joindants bien connus au preneur parmi payant chaque année cent quatre vingt-neuf francs au jour de la St. André, trente Novembre, en payant au pardessus les contributions personnelles & celles de portes & fenêtres, celles foncières étant à charge du bailleur, conditionné que le preneur devra habiter par lui-même ladite maison, jardin & prairie en bon père de famille, sans pouvoir l'arriere louer, ne fut que du consentement du bailleur.

Le tout sous obligation comme en matière de fermage.

Fait double à Liege les jour, mois & an que dessus.

L. J. de Ponthiere, qquâ.

L. J. X. d'Aché.

Au pied est écrit : Louis Dejong ; c'est le nom de celui qui a les clefs de la maison. *Louis Dejong* ; comment tout s'arrange ! sa majesté l'empereur m'a qualifié de Louis par décret du 19 Julliet 1792 ; mon procureur se nommoit *Dejorghe* ; & mon avocat, Derons ; il demeuroit rue d'Aremberg.

Fin du douzième Mémoire.